1/9/82   36.-

TETZNER: Sonderveranstaltungen

BOORBERG
TASCHEN-
KOMMENTAR

Sonderveranstaltungen und Sonderangebote im Einzelhandel nach der Anordnung vom 4. 7. 1935

von
Dipl.-Ing.
Dr. jur. Dr.-Ing. Heinrich Tetzner
Rechtsanwalt in Traunstein

Richard Boorberg Verlag Stuttgart · München · Hannover

CIP-Kurztitelaufnahme der Deutschen Bibliothek

Tetzner, Heinrich:
Sonderveranstaltungen und Sonderangebote im Einzelhandel
nach der Anordnung vom 4. 7. 1935
[vierten siebten neunzehnhundertfünfunddreißig]
von Heinrich Tetzner.
Stuttgart, München, Hannover: Boorberg, 1979.
(Boorberg-Taschenkommentare)
ISBN 3-415-00706-5

Satz und Druck: Phil. L. Fink, Groß-Gerau
Einband: Fikentscher, Darmstadt
© Richard Boorberg Verlag GmbH & Co,
 Stuttgart · München · Hannover 1979

Vorwort

Die bei zunehmendem Wettbewerb für die tägliche Praxis im Einzelhandel immer wichtiger werdende Anordnung vom 4. 7. 1935 ist in der Rechtslehre stiefmütterlich behandelt und seit meiner 1959 erschienenen Arbeit nirgends ausführlich kommentiert worden. Die Materie ist inzwischen durch die Auslegungsarbeit unserer Gerichte gründlich durchforstet worden und die wirtschaftlichen und organisatorischen Verhältnisse im Distributionssystem unseres Einzelhandels haben sich seither grundlegend verändert. Eine vertiefte Kommentierung der Anordnung nach dem neuesten Stand entspricht daher einem viel bemerkten Bedürfnis.

Die Anordnung vom 4. 7. 1935 ist, wie heute unstreitig feststeht, nach wie vor rechtswirksam. Zweifel können m. E. allenfalls hinsichtlich des § 1 Abs. 2 AO bestehen. Vgl. dazu § 1 Rdn 87 ff. Sicher ist die AO kein gesetzestechnisches Meisterwerk. Sie stammt auch aus einer Zeit, die ihre wirtschaftspolitische Ausrichtung auf anderer Ebene suchte. Diese Eigenschaft teilt die AO indessen mit vielen anderen unstreitig weiterhin geltenden Normen aus den Jahren nach 1932 und es kommt da ganz besonders auf eine überlegte, verfassungskonforme Auslegung an. Ich bin heute nicht mehr der Meinung, daß der Gesetzgeber eingreifen sollte. Es gäbe dafür zwei Wege. Der eine wäre die Ersetzung der Anordnung durch eine andere gesetzliche Regelung. Aber — ganz abgesehen von der Frage vom Beruf unserer Zeit zur Gesetzgebung —: wäre davon wirklich viel zu erhoffen? Auch ein neues, perfektionistisch ausgearbeitetes Gesetz wird die in der werblichen Dynamik liegenden Schwierigkeiten sicher nicht auch nur entfernt durch Konkretisierung der zu verbietenden Sachverhalte bewältigen. Der Wettbewerb erinnert nach wie vor in seinen pathologischen Erscheinungsformen an die lernäische Hydra: schlägt man einen Kopf ab, so wachsen zwei andere nach. Ein neues Gesetz wird also nur neue Rätsel aufgeben. Der andere Weg wäre die ersatzlose Streichung der Anordnung. Damit fiele die Bekämpfung der in Frage stehenden Werbemethoden im

Wesentlichen in den Problemkreis der §§ 1 und 3 UWG. Für die Rechtssicherheit wäre da aber wohl wenig gewonnen. Denn heute liegt zur Anordnung vom 4. 7. 1935 eine drei Jahrzehnte umfassende Rechtsprechung aus der Nachkriegszeit vor, die zusammen mit der Rechtslehre viele Auslegungsfragen der Anordnung im Grundsätzlichen geklärt hat. Die Situation ist daher heute durchaus anders als noch vor zwanzig Jahren. Beim Wegfall der Anordnung würden viele Auslegungsfragen — dann eben bei den §§ 1 und 3 UWG — auftauchen. Die Rechtssicherheit wäre also auf lange Zeit sehr gering. Mir scheint es daher heute nicht opportun, die Anordnung aufzuheben. Richtiger scheint es mir, mit ihr weiterzuleben, sie aber betont vom Standpunkt der Topik aus auszulegen, d. h. in sachbezogenem Denken im Gegensatz zum rein begrifflichen Denken. Ich war daher bemüht, die vielschichtigen Konsequenzen der diskutierten Auslegungsfragen an einer reichen Kasuistik aufzuzeigen und von dieser Seite her die Analyse aufzubauen. Die Sachverhalte der erörterten, oft weit verstreuten und nur dem Spezialisten zugänglichen Urteile habe ich dabei meist ausführlich wiedergegeben. Es kommt nach einer alten Lebensweisheit auch selten etwas Besseres nach — und vielleicht lebt Handel und Wandel mit einem „schlechten" Gesetz, das durch die Rechtspraxis inzwischen vertieft behandelt worden ist, jedenfalls vor der Hand besser als mit den Produkten einer eifrigen Legislative unserer Tage[*], die von der tiefen Symbolik der legendären Berichte über alte Zeiten, die ihre Gesetze in steinerne Tafeln eingruben, kaum mehr etwas zu lernen bereit ist.

8224 Fehling (Chiemgau),
im Februar 1979
Heinrich Tetzner

---

[*] Ein herausgegriffenes, die Anordnung vom 4. 7. 1935 betreffendes Beispiel dafür sind die Art. 139 Abs. 4 und 321 Abs. 1 EGStGB vom 2. 3. 74 (BGBl I, 469). Die Bestimmung in Art. 321 Abs. 1, soweit sie sich auf den auch die Anordnung betreffenden § 10 Abs. 1 Nr. 3 UWG in der Fassung des Art. 139 EGStGB bezieht, haben **hervorragende** Kenner unseres Wettbewerbsrechtes übersehen — und es ist daraus nicht ihnen ein Vorwurf zu machen, sondern dem auf die Transparenz der Normen so wenig bedachten Gesetzgeber bzw. der vorgeschalteten Ministerialbürokratie.

Inhalt

Schrifttum: Kommentierungen der Anordnung vom 4. 7. 1935 und systematische Darstellungen 9

Zeitschriften und Entscheidungssammlungen und ihre Abkürzungen 10

Text der Anordnung des Reichswirtschaftsministers vom 4. 7. 1935 (AO) 11

Einleitung: Überblick über die rechtliche Regelung besonderer Verkaufsveranstaltungen (§§ 7 bis 9 a UWG) 13

  1. Besondere Werbekraft — Verbraucherbezogene Auslegung der Anordnung 13
  2. Die drei Arten von Ausverkäufen 18
  3. Der Erlaß der Anordnung betr. Sonderveranstaltungen vom 4. 7. 1935 20
  4. Entlokalisierung der Sonderveranstaltungen 23
  5. Auslegungsgrundsätze der Anordnung 24

Kommentar zur Anordnung vom 4. 7. 1935

§ 1 Begriff der Sonderveranstaltungen 29

  I. Das Recht der Sonderveranstaltungen 31
  1. Die Ermächtigung in § 9 a UWG und Grundsätzliches zur Anordnung 31
  2. Fortbestand der Anordnung, aber Wegfall der Ermächtigung in § 9 a UWG 33
  3. Mängel der Anordnung 37
  4. Konkurrenz der Anordnung mit anderen Normen . . 37
  5. Einschreiten der Polizei bei unzulässigen Sonderveranstaltungen 41
  6. Ordnungswidrigkeit unzulässiger Sonderveranstaltungen 44
  II. Die Legaldefinition der Sonderveranstaltungen 47
  1. Ausscheidung solcher Veranstaltungen, die unter die §§ 7 bis 9 UWG fallen 47
  2. Die vier positiven Begriffsmerkmale der Sonderveranstaltung im Sinne der Anordnung (§ 1 Abs. 1 AO) . . . 48
  3. Die „zulässigen Sonderangebote" (§ 1 Abs. 2 AO) . . . 137
  III. Preisgegenüberstellung bei Sonderveranstaltungen und Sonderangeboten 230

§ 2 Verbot des Abhaltens von Sonderveranstaltungen und Ausnahmen davon 232
1. Begriff des Abhaltens von Sonderveranstaltungen . . . 232
2. Folgen des Abhaltens untersagter Sonderveranstaltungen 233
3. Auflockerung des grundsätzlichen Verbots (§ 2 Abs. 2 AO) 234
4. Streitwert 235
5. Klagantrag 243

§ 3 Jubiläumsverkäufe 245
1. Jubiläumsverkäufe als Unterfälle sonst untersagter Sonderveranstaltungen zulässig 246
2. Nötig ist das Abhalten „zur Feier des Bestehens eines Geschäftes" 248
3. Kreis der Teilnahmeberechtigten (§ 3 Abs. 3 AO) . . . 249
4. Erfordernis der Geschäftskontinuität. Zeitliche Unterbrechungen 251
5. Angabe der Preisermäßigung in Prozenten 258
6. Vorschriften über Beginn und Dauer von Jubiläumsverkäufen (§ 3 Abs. 4 AO) 258
7. Irreführende Alterswerbung 265

§ 4 Resteverkäufe 266
1. Resteverkäufe als Sonderveranstaltungen im Sinne der Anordnung 266
2. Besondere Voraussetzungen für Resteverkäufe 268
3. Resteverkäufe und Beteiligung am Schlußverkauf . . . 269
4. Verhältnis des § 4 zu § 1 Abs. 2 AO. Resteverkäufe als zeitlich begrenzte Angebote 270

§ 5 Ausnahmegenehmigung durch die höhere Verwaltungsbehörde 272

§ 6 (überholt) 273

Anhang
1. Aus der amtlichen Begründung zum Gesetz zur Änderung des Gesetzes gegen den unlauteren Wettbewerb vom 26. 2. 1935 274
2. Verordnung des BWM über Sommer- und Winterschlußverkäufe vom 13. 7. 1950, geändert durch VO vom 28. 7. 1969 275
3. Fundstellenverzeichnis der zitierten BGH-Entscheidungen 277

Sachregister 280

Schrifttum

1. Kommentierungen der Anordnung vom 4. 7. 1935 und systematische Darstellungen

Eine andere ausführliche Spezialkommentierung der Anordnung liegt nicht vor.

In den **Kommentaren zum Gesetz gegen den unlauteren Wettbewerb** wird die Anordnung bei § 9 a UWG mit erläutert, so bei

von Gamm, Gesetz gegen den unlauteren Wettbewerb (1975), Seite 106—109;

von Godin, Wettbewerbsrecht, 2. Aufl. (1974), Seite 285–288;

Hefermehl, Wettbewerbsrecht, 12. Aufl. (1978), Seite 1229–1249;

Reimer — von Gamm, Wettbewerbs- und Warenzeichenrecht, 4. Aufl., 2. Bd (1972), Seite 432–435.

Bei Kamin/Schweitzer-Faust, Kommentar zu den Verkaufsveranstaltungen im Handel, 3. Aufl. (1978), wo auch die Ausverkäufe, Räumungsverkäufe, Saisonschlußverkäufe und Konkurswarenverkäufe behandelt werden, wird die Anordnung vom 4. 7. 1935 auf den Seiten 85—123 besprochen. Die Darstellung, die nicht in Kommentarform gehalten ist, bringt reiche Kasuistik auch aus der Rechtsprechung der Instanzgerichte.

2. Zeitschriften und Entscheidungssammlungen und ihre Abkürzungen

AWR	Archiv für Wirtschaftsrecht
BayObLGStr NF	Entscheidungen des Bayerischen Obersten Landesgerichts in Strafsachen, Neue Folge
BB	Der Betriebsberater
BGHStr	Entscheidungen des Bundesgerichtshofs in Strafsachen, Amtliche Sammlung
BGHZ	Entscheidungen des Bundesgerichtshofs in Zivilsachen, Amtliche Sammlung
DÖV	Die Öffentliche Verwaltung
DW	Der Wettbewerb (Mitteilungen der Zentrale zur Bekämpfung unlauteren Wettbewerbs)
GA	Gutachten des Gutachterausschusses für Wettbewerbsfragen, gebildet von den Spitzenorganisationen der gewerblichen Wirtschaft
GRUR	Gewerblicher Rechtsschutz und Urheberrecht, Inlandsteil
GRUR Int.	Gewerblicher Rechtsschutz und Urheberrecht, Internationaler Teil
JR	Juristische Rundschau
JW	Juristische Wochenschrift
JZ	Juristenzeitung
MA	Der Markenartikel (Zeitschrift)
MDR	Monatsschrift für Deutsches Recht
Nds Rechtspfl	Niedersächsische Rechtspflege
NJW	Neue Juristische Wochenschrift
RGZ	Entscheidungen des Reichsgerichts in Zivilsachen, Amtliche Sammlung
UWG	Gesetz gegen den unlauteren Wettbewerb
WRP	Wettbewerb in Recht und Praxis
WuW	Wirtschaft und Wettbewerb
ZZP	Zeitschrift für Zivilprozeß

Anordnung des Reichswirtschaftsministers vom 4. 7. 1935 (AO)

(Deutscher Reichsanzeiger und Preußischer Staatsanzeiger Nr. 158 v. 10. 7. 1935)

Auf Grund des § 9 a des Gesetzes gegen den unlauteren Wettbewerb in der Fassung des Reichsgesetzes vom 26. Februar 1935 (Reichsgesetzblatt I S. 311) wird zur Regelung von Verkaufsveranstaltungen besonderer Art, die nicht den Vorschriften der §§ 7 bis 9 des Gesetzes gegen den unlauteren Wettbewerb unterliegen (Sonderveranstaltungen), hiermit angeordnet:

§ 1

(1) Sonderveranstaltungen im Sinne der nachstehenden Vorschriften sind außerhalb des regelmäßigen Geschäftsverkehrs stattfindende Verkaufsveranstaltungen im Einzelhandel, die, ohne Ausverkäufe oder Räumungsverkäufe zu sein, der Beschleunigung des Warenabsatzes dienen und deren Ankündigungen den Eindruck hervorrufen, daß besondere Kaufvorteile gewährt werden.

(2) Sonderveranstaltungen sind nicht Sonderangebote, durch die einzelne nach Güte oder Preis gekennzeichnete Waren ohne zeitliche Begrenzung angeboten werden und die sich in den Rahmen des regelmäßigen Geschäftsbetriebes des Gesamtunternehmens oder der Betriebsabteilung einfügen.

§ 2

(1) Die Abhaltung von Sonderveranstaltungen wird untersagt.

(2) Die Vorschrift des Absatzes 1 gilt nicht
  a) für Jubiläumsverkäufe, die den Vorschriften des § 3 entsprechen;
  b) für Resteverkäufe nach Maßgabe des § 4.

§ 3

(1) Jubiläumsverkäufe dürfen zur Feier des Bestehens eines Geschäftes nach Ablauf von jeweils 25 Jahren abgehalten werden. Ihre Veranstaltung ist nur zulässig, wenn das Unter-

nehmen den Geschäftszweig, den es bei der Gründung betrieben hat, die angegebene Zeit hindurch gepflegt hat.

(2) Der Wechsel des Firmennamens oder des Geschäftsinhabers ist für die Zulässigkeit der Veranstaltung von Jubiläumsverkäufen ohne Bedeutung.

(3) Am Jubiläumsverkauf des Gesamtunternehmens dürfen auch Zweigniederlassungen und Verkaufsstellen teilnehmen, die nicht so lange wie das Stammhaus bestehen. Eigene Jubiläumsverkäufe von Zweigniederlassungen oder Verkaufsstellen finden nicht statt.

(4) Der Jubiläumsverkauf muß in dem Monat beginnen, in den der Jubiläumstag fällt. Die Verkaufszeit beträgt längstens 12 Werktage. Sonn- und Feiertage, die durch Anordnung der höheren Verwaltungsbehörde für den Verkauf freigegeben sind, werden in die Verkaufszeit nicht eingerechnet.

§ 4

(1) Besondere Resteverkäufe dürfen während der letzten drei Tage der Saisonschluß- und Inventurverkäufe (Sommerschluß- und Winterschlußverkäufe) in für diese Verkaufsveranstaltungen zugelassenen Waren abgehalten werden.

(2) Als Reste sind nur solche aus früheren Verkäufen verbliebene Teile eines Ganzen anzusehen, bei denen der verbliebene Teil, für sich genommen, nicht den vollen Verkaufswert mehr hat, den er im Zusammenhang mit dem Ganzen besessen hat.

§ 5

Die höhere Verwaltungsbehörde kann nach Anhörung der zuständigen amtlichen Berufsvertretungen von Handel, Handwerk und Industrie Ausnahmen von den Vorschriften der §§ 2 bis 4 gestatten.

§ 6

Meine Anordnung vom 14. Mai 1935 (Deutscher Reichsanzeiger Nr. 112) zur Regelung von Verkäufen, die zur Wende eines Verbraucherabschnittes regelmäßig stattfinden, bleibt unberührt.

Einleitung

Überblick über die rechtliche Regelung besonderer Verkaufsveranstaltungen (§§ 7 bis 9 a UWG)

1. Verbraucherbezogene Auslegung der Anordnung . . 1–3
2. Die drei Arten von Ausverkäufen 4–7
3. Der Erlaß der Anordnung betr. Sonderveranstaltungen vom 4. 7. 1935 . . . . 8, 9
4. Entlokalisierung der Sonderveranstaltungen 10
5. Auslegungsgrundsätze der Anordnung 11–15

1. Verbraucherbezogene Auslegung der Anordnung

Das Gesetz gegen den unlauteren Wettbewerb regelt in seinen §§ 7 bis 9 a das Recht der besonderen Verkaufsveranstaltungen im weitesten Sinne. **1**

Seit langem war die Regelung des Rechtes solcher besonderen Verkaufsveranstaltungen umstritten. Die große, faszinierende Anziehungskraft, die alle sich als „besondere Gelegenheiten" hinstellenden Verkaufsveranstaltungen auf die Umworbenen ausüben, die Gefahr, die solche Verkaufsveranstaltungen daher für den Verbraucher darstellen, die sie aber auch für den Wettbewerbsfrieden bedeuten, ist unverkennbar. Andererseits verlangt die Wirtschaft die besonnene Zulassung solcher „besonderer" Verkaufsveranstaltungen, die auch **Kleinbetrieben** im Handel Marketingbemühungen möglich machen.

Soweit die Ankündigung oder Durchführung derartiger Veranstaltungen eine Täuschung der umworbenen Verkehrskreise befürchten läßt, greift meist die Vorschrift des § 3 UWG ein, die ganz allgemein irreführende Werbung und damit

Einleitung

auch irreführende Angaben über die Preisbemessung einzelner Waren **oder des gesamten Angebots,** also sog. „Lockvogelwerbung[1]", verbietet. Es ist aber nicht zu verkennen, daß gerade bei den hier in Frage stehenden Veranstaltungen der Nachweis etwa der Irreführungsgefahr oft schwierig und langwierig ist, so daß eine Verhinderung im Wege der einstweiligen Verfügung nicht selten scheitern wird. Der Erlaß einer Spezialregelung schien daher dem Gesetzgeber notwendig.

2 Bei der Auslegung des Wettbewerbsrechtes im allgemeinen und damit auch der Anordnung vom 4. 7. 1935 — im folgenden meist kurz als AO bezeichnet — ist die im Privatrecht heute ganz allgemein durchgesetzte Entwicklung vom Individualrecht zum sozialen Recht zu beachten. Zwar findet der Wettbewerb zwischen den Mitbewerbern statt. In seinen soziologischen Wirkungen reicht er aber weit hinaus über die Interessen der miteinander um den Kunden und seine — nur einmal zu vergebende — Kaufkraft kämpfenden Mitbewerber und greift stark in die Interessen aller Marktbeteiligten und damit der Allgemeinheit ein. Während früher als wesentlicher Grund für die spezielle Regelung in den §§ 7 ff. UWG nicht so sehr der Schutz der Verbraucher angenommen wurde, sondern der Schutz der Mitbewerber gegenüber Verkaufsmethoden, die ihrer Natur nach geeignet sind, allgemein die gesunden wirtschaftlichen Verhältnisse zu untergraben und ein auf solider kaufmännischer Kalkulation aufbauendes Warenangebot in Frage zu stellen, wird jetzt längst auch bei der

---

1 Zur Lockvogelwerbung etwa Monika Lorenz, GRUR 1976, 512, Droste, GRUR 1976, 466, ferner § 1 Rdn 144 und Fußnote 68.
Welches „image" Sonderveranstaltungen einem Geschäft geben können, untersuchte eine demoskopische Befragung (Allensbach), über die Geiger (MA 1968, 414) berichtet hat. Danach schlossen **damals 46 %** der Befragten aus der Werbung mit Sonderangeboten auf eine **generelle Preiswürdigkeit** des betreffenden Geschäftes. Es wird solchenfalls das Sonderangebot vom Verkehr in einer gefährlichen Nachbarschaft zum Lockvogelangebot eingeordnet! Mir scheint das Ergebnis der Befragung allerdings jedenfalls **für heute,** bei der Flut von Sonderangeboten, weit überhöht. Vgl. auch BGH 7. 7. 78, WRP 1978, 655.

Auslegung des § 9 a UWG und damit der AO — entsprechend der ganz allgemein verstärkten Tendenz zum Verbraucherschutz — der **Schutz der Verbraucher** vor Verkaufsveranstaltungen, die durch ihre Ankündigung und Aufmachung nach der Lebenserfahrung zu unbesonnenem Kaufen verführen, betont und unter überlegter Interessenabwägung der individuellen und sozialrechtlichen Auswirkungen eine einseitige Betonung des Konkurrentenschutzes, von der noch BGH 25. 3. 58 (GRUR 1958, 395) ausgeht, abgelehnt[2].

Eine solche abgewogene Synthese der gegeneinander stehenden Interessen auch bei der Auslegung der AO vorzunehmen ist die wichtige Aufgabe des Richters.

Das Recht ist ja grundsätzlich der Überbau der gesellschaftlichen Verhältnisse. Die soziologischen Impulse der Werbung verschieben sich seit vielen Jahrzehnten zunehmend dadurch, daß der Verbraucher vom passiven Objekt werblicher Maßnahmen, das vom Wettbewerbsrecht, das primär als Schutznormenkomplex der Wettbewerber gegenüber wettbewerbsfremdem Handeln ihrer Mitbewerber verstanden wurde, nebenher „auch mit" reflektorisch geschützt wird, zum aktiv am werblichen Geschehen Beteiligten geworden ist. Die Verbraucher sind heute als gesellschaftliche Gruppe in unserem werblichen und wettbewerblichen System anerkannt. BGH

---

[2] Das gilt für das ganze Wettbewerbsrecht. So hat kürzlich wieder BGH 4. 11. 77 (NJW 1978, 542) zu § 7 RabG (Mengenrabatt) betont, daß der beschleunigte Abbau hoher Lagerbestände, die durch die technische Entwicklung und Überproduktion entstanden sind, „. . . im Interesse der Hersteller, des Handels **und vor allem auch der Verbraucher**" liegt (es handelte sich um Taschenrechner).
Kritisch, aber m. E. nicht überzeugend, dazu etwa M. Lehmann in seiner anregenden Anmerkung zu BGH 6. 7. 77, GRUR 1977, 794. Bei Beurteilung der Frage, wie die umworbenen Verkehrskreise — oft Hausfrauen — die Ankündigung und Durchführung einer Sonderveranstaltung auffassen und welche ihren Kaufentschluß motivierende Kraft solche Verkaufsveranstaltungen ausstrahlen, kommt es darauf an, welchen Eindruck die Werbung auf einen „nicht (völlig) unbeachtlichen Teil" der in Frage stehenden Verkehrskreise ausübt — eine Fragestellung, die ganz allgemein im Wettbewerbsrecht, insbesondere bei §§ 1 und 3 UWG, seit langem vertieft durchdacht worden ist.

28. 4. 78 (JZ 1979, 68 — Tierbuch) spricht unter Hinweis auf BGH 4. 7. 75 (BGHZ 65, 68) vom „Sinn des Leistungswettbewerbs und der Funktion der Verbraucher in dieser Ordnung". Ihre Funktion als notwendige aktive Marktbeteiligte und als Gegenspieler der Mitbewerber wird zunehmend bei wettbewerbsrechtlicher Auslegung beachtet und findet auch in der Gesetzgebung ihren Niederschlag. Das Preisangabenrecht ist z. B. jetzt in der Preisangaben-VO vom 10. 5. 1975 (BGBl I, 98) auch auf den Bereich der Dienstleistungen erstreckt worden: grundsätzlich soll eben durch die Preisangaben-VO, die ein **Verbraucher**schutzgesetz ist, dem Verbraucher die seinen ökonomischen Entscheidungen vorausgehende Informationsgewinnung und Informationsverarbeitung erleichtert werden. Die AO erwähnt den Verbraucher nicht. Der Begriff des Verbrauchers wird aber auch bei Auslegung der AO wichtig, weil sich die AO nur auf Verkaufsveranstaltungen „im Einzelhandel" bezieht. Die Begriffsbestimmung des Verbrauchers ist in unserer Rechtssprache nicht einheitlich und muß jeweils aus der ratio legis abgeleitet werden. Gerade im Einzelhandel unterliegt der Verbraucher nach Ansicht des Gesetzgebers infolge seiner wirtschaftlichen Unerfahrenheit und seines Mangels an Markttransparenz leicht einer gefährlichen unsachlichen Beeinflussung und aus diesem Blickpunkt ist er Schutzobjekt der AO[3].

---

3 Unser Wettbewerbsrecht hat, ausgehend vom UWG, einen **Funktionswandel** durchgemacht. Während ursprünglich nur der Schutz der Mitbewerber als Schutzzweck anerkannt wurde und der Schutz der Verbraucher sich nur als Reflex aus den Klagen der Mitbewerber ergab (sog. „individualrechtliches Verständnis" des Schutzzwecks des UWG), ging RG 24. 1. 28 (RGZ 120, 47) zur sozialrechtlichen Theorie des Schutzzwecks des UWG über: das UWG dient danach auch dem Schutz der Allgemeinheit. Diese Komponente ist dann ständig weiter ausgebaut worden (z. B. RG 24. 6. 39, RGZ 160, 385; BGH 22. 1. 57, BGHZ 23, 365; BGH 26. 2. 65, BGHZ 43, 278; BGH 6. 10. 72, GRUR 1973, 210 und ständig). Zu einer Erweiterung der Aktivlegitimation für den einzelnen Verbraucher als individuell Betroffenen hat diese Schutzzweckerweiterung in der BRD aber noch nicht geführt: nur soweit Ansprüche über § 823 BGB etwa aus § 3 UWG konstruiert werden können, besteht eine Aktivlegitimation, dann aber eben wegen unerlaubter Handlung. Vgl.

Es ergibt sich so als Folge des Funktionswandels, den unser **3** Wettbewerbsrecht durchgemacht hat, auch für die rechtliche Wertung werblicher Vorgänge eine zunehmende **Verbraucherorientierung**. Die durch das Gesetz vom 21. 7. 1965 (BGBl I, 625) erfolgte Änderung des § 13 UWG beleuchtet die Situation: Der Verbraucher ist nicht mehr nur ein reflektorisch geschütztes Objekt im Wettbewerbsrecht, sondern er wird, wo wesentliche Verbraucherbelange in Frage stehen, als ein Träger eigener, selbständiger Interessen beachtet; eine heute weit fortgeschrittene Entwicklung, an der auch die Auslegung der AO nicht vorbeisehen darf. Zu beachten ist aber, daß § 13 Abs. 1a UWG **in den Fällen des § 9a UWG** und damit bei Verstößen gegen die AO den **Verbraucher**verbänden **keine** Klagelegitimation gibt. Schon die amtliche Begründung zu § 9a UWG (vgl. dazu Anhang Nr. 1) betont jedoch, daß der Reichswirtschaftsminister die Ermächtigung, Bestimmungen zur Regelung von Verkaufsveranstaltungen besonderer Art zu treffen, erhalten habe, um Unzuträglichkeiten, die sich „auch für das kaufende Publikum ergeben", begegnen zu können. Unser ganzes Wettbewerbsrecht, zu dem auch die AO gehört, darf eben nicht allein aus seiner Konkurrenzbezogenheit verstanden werden. Es muß vielmehr stets auch das Allgemeininteresse, das durch die Interessenlage der Verbraucher in ihrer Eigenschaft als Werbeadressaten ins

---

dazu v. Falckenstein in der Mitarbeiterfestschrift für Eugen Ulmer (1973), S. 307; Sack, NJW 1975, 1303; Schricker, GRUR Int. 1976, 315, und Krüger-Nieland, WRP 1979, 1.
Anders ist die Rechtslage in der **Schweiz**. Dort gibt das Schweizer UWG vom 30. 9. 1943 in Art. 2 Abs. 2 auch dem durch unlauteren Wettbewerb in seinen wirtschaftlichen Interessen tangierten Kunden ein Klagerecht!
Der vom Bundestag an den Ausschuß verwiesene Entwurf eines Gesetzes zur Änderung des UWG (BT-Drucks. 8/2145) gibt in seinem § 13a auch dem letzten Verbraucher (Abnehmer) einen Schadenersatzanspruch und evtl. ein Rücktrittsrecht, sofern er durch eine schuldhafte Zuwiderhandlung gegen § 10 UWG zur Abnahme bestimmt worden ist. Wenn der Entwurf Gesetz wird, so ist die Frage, ob Zuwiderhandlungen gegen die AO Ordnungswidrigkeiten gem. § 10 Abs. 1 Nr. 3 UWG sind (vgl. § 1 Rdn 15), auch insoweit **zivilrechtlich** bedeutsam.

Spiel kommt, also der Gesichtspunkt des Verbraucherschutzes, bei der Auslegung unter lebensnaher Interessenabwägung berücksichtigt werden. Vgl. dazu — herausgegriffen — Simitis, Verbraucherschutz, Schlagwort oder Rechtsprinzip? (1976); Reich, Zivilrechtstheorie, Sozialwissenschaften und Verbraucherschutz (ZZP 1974, 187) und betont unter kartellrechtlicher Sicht Goll (GRUR 1976, 486).

Diese **Verbraucherbezogenheit der AO** wird auch von der Rechtsprechung zunehmend beachtet und der Auslegung liegt die Erwägung zugrunde, daß der Letztverbraucher durch die AO vor unüberlegtem Kaufen, d. h. vor einem Kaufen, dem kein ruhiger Leistungsvergleich vorausgeht, geschützt werden soll (vgl. dazu auch Fußnote 3). Die Begriffsbestimmung des Verbrauchers ist in unserer Rechtssprache — wie erwähnt — nicht einheitlich. Der Verbraucher als wesentlicher Marktbeteiligter **gerade im Einzelhandel,** auf den die AO abstellt, wird aber vom Gesetzgeber als schutzbedürftig anerkannt, weil er **gruppentypisch** in der Gefahr ist, werblichen Einflüssen, wie sie auch von Sonderveranstaltungen ausgehen, kritiklos zu unterliegen.

2. Die drei Arten von Ausverkäufen

4 Unser UWG, das zunächst in § 6 Vorschriften über den Konkurswarenverkauf trifft, regelt dann in den §§ 7 bis 9 das Ausverkaufswesen im weiteren Sinne[4].

---

[4] Es sei schon hier betont, daß die §§ 7 bis 9 UWG ebenso wie die zufolge der Ermächtigung des § 9 UWG ergangene VO über Saisonschlußverkäufe v. 13. 7. 50 sich grundsätzlich auf **alle** Wirtschaftsstufen beziehen, also auch den **Großhandel** betreffen. Demgegenüber beschränkt sich die Sonderregelung der sog. Sonderveranstaltungen in der Anordnung des Reichswirtschaftsministers v. 4. 7. 1935 unstreitig auf Verkaufsveranstaltungen „im Einzelhandel". Sie kann also nicht auf Verkaufsveranstaltungen angewandt werden, die ein Hersteller oder ein Großhändler durchführt, um dadurch den Umsatz einer Vielzahl von im einzelnen dem Verkehr nicht ersichtlichen Einzelhändlern hinsichtlich eines bestimmten Erzeug-

Die drei Arten von Ausverkäufen

Das UWG unterscheidet in seinen §§ 7 bis 9 drei Formen solcher gesetzlich zugelassener Verkaufsveranstaltungen, nämlich den **Ausverkauf,** den **Teilräumungsverkauf** und den **Schlußverkauf.** Darüber hinaus untersagt die auf Grund der Ermächtigung in § 9 a UWG ergangene Anordnung vom 4. 7. 1935 weitgehend die Abhaltung von Verkaufsveranstaltungen besonderer Art **im Einzelhandel, wenn** sie außerhalb des regelmäßigen Geschäftsverkehrs stattfinden und, ohne Ausverkäufe oder Räumungsverkäufe zu sein, der Beschleunigung des Warenabsatzes dienen und ihre Ankündigungen den Eindruck der Gewährung besonderer Kaufvorteile hervorrufen.

§ 7 UWG regelt die **eigentlichen Ausverkäufe,** denen stets die endgültige Aufgabe des gesamten Geschäftsbetriebes oder eines Filialbetriebes oder der fraglichen Warengattung als „Ausverkaufsgrund" dient. § 7 a UWG behandelt sog. **ausverkaufsähnliche Veranstaltungen** („Räumungsverkäufe"). Bei diesen ist der Anlaß nicht die endgültige Aufgabe des Geschäftsbetriebes oder bestimmter Warengattungen, sondern ein vorübergehender „ausreichender", aber stets auch auf außergewöhnlichen Umständen beruhender Räumungszwang. Die Räumung ist daher bei den Ausverkäufen nach §§ 7 oder 7 a UWG Selbstzweck, ganz im Gegensatz zu den unten erwähnten „Schlußverkäufen" (§ 9) und den „Sonderveranstaltungen". Veranstaltungen nach den §§ 7 oder 7 a UWG müssen bei der zuständigen Behörde angezeigt werden (§§ 7 b, d UWG); in beiden Fällen ist stets das Vor- und Nachschieben von Ware verboten (§ 8 UWG). Im Falle eines Ausverkaufs wegen Geschäftsaufgabe gilt auch die Vorschrift des § 7 c UWG über das sog. Sperrjahr.

---

nisses zu fördern, weil — und solange — dadurch nicht in den Wettbewerb auf der Einzelhandelsstufe eingegriffen wird, sondern lediglich der Umsatz **des betreffenden Erzeugnisses,** das weitgehend überall im Einzelhandel erhältlich ist, gefördert wird. Dabei wird **für das Erzeugnis als solches** geworben und nicht für den Warenabsatz bei bestimmten Einzelhändlern. Vgl. dazu § 1 Rdn 18 bis 24.

Einleitung

6 Handelt es sich bei den Ausverkäufen der §§ 7 und 7 a UWG um Veranstaltungen, denen **außergewöhnliche** Umstände oder die absolute Aufgabe des Geschäftes, also Situationen eines sehr starken Räumungszwangs, zugrunde liegen, so steht als wirtschaftlich bedeutsamste Gruppe neben diesen Fällen von Ausverkaufsveranstaltungen „abnormaler Art" die große Gruppe derjenigen Veranstaltungen, bei denen zwar ebenfalls ein beschleunigter Warenabsatz angestrebt wird, wobei aber die dafür maßgebenden Umstände **nicht pathologisch** sind, sondern **im regelmäßigen Geschäftsverkehr der fraglichen Branche immer wieder auftauchen.**

7 Für eine wichtige Gruppe derartiger periodisch wiederkehrender Fälle schafft § 9 UWG die Grundlage der gesetzlichen Regelung. Es handelt sich dabei um die sog. **Abschnittsschlußverkäufe,** also die Sommer- und Winterschlußverkäufe. Sie unterliegen der besonderen Regelung der auf Grund der Ermächtigung in § 9 UWG ergangenen Verordnung des Bundeswirtschaftsministers über Sommer- und Winterschlußverkäufe v. 13. 7. 1950 (BAnz. Nr. 135; vgl. dazu Anhang Nr. 2)[5].

3. Der Erlaß der Anordnung betr. Sonderveranstaltungen vom 4. 7. 1935

8 Neben diesen auf Grund des § 9 UWG einer engen Regelung unterworfenen, „quasi-periodisch" und zeitlich nahezu einheitlich in den Wirtschaftsgebieten der Bundesrepublik durchgeführten Veranstaltungen der sog. Abschnittsschlußverkäufe muß aber noch Raum bleiben für weitere, den Bedürfnissen der Branche oder des einzelnen Unternehmens **elastisch angepaßte** Verkaufsveranstaltungen.

Ihre rechtliche Regelung war bis zum Gesetz v. 26. 2. 1935 offengelassen. Man bezeichnete solche Veranstaltungen daher

---

[5] Wichtig ist dabei, daß sich diese „Schlußverkäufe" nur auf bestimmte Waren, die § 2 der VO v. 13. 7. 1950 festlegt, erstrecken dürfen.

früher als sog. „freie" Sonderveranstaltungen, weil sie nur den allgemeinen wettbewerbsrechtlichen Vorschriften unterlagen. Der Rechtszustand war unbefriedigend. Der solide Einzelhandel, der seine Preise gewissenhaft kalkuliert und eine willkürliche Preisschaukelei ablehnt, wurde durch eine Überfülle wilder und unkontrollierbarer Sonderveranstaltungen (Aussteuertage, Kindertage, Weiße Wochen, Ultimotage, Gelegenheitsangebote) beunruhigt, die nicht aus den vernünftigen und mit den Erfordernissen der Wettbewerbswirtschaft im Einklang stehenden Bedürfnissen der betreffenden Branche herauswuchsen oder durch die besonderen Umstände des Veranstalters veranlaßt waren. Solche Veranstaltungen können auf die Umworbenen eine sehr große Zugkraft ausüben und sie zu unüberlegten Kaufentschlüssen veranlassen. Die Gefahr, daß solche Wettbewerbsmethoden die Mitbewerber zur Nachahmung zwingen, also den gesunden Wettbewerb überwuchern und ersticken, ist evident. Durch das Gesetz v. 26. 2. 1935 (RGBl I, 311) wurde daher der Reichswirtschaftsminister in § 9 a UWG ermächtigt, „zur Regelung von Verkaufsveranstaltungen besonderer Art, die nicht den Vorschriften der §§ 7 bis 9 UWG unterliegen, Bestimmungen zu treffen". Auf Grund dieser Ermächtigung erging dann die **Anordnung des Reichswirtschaftsministers v. 4. 7. 1935** (RAnz. Nr. 158 v. 10. 7. 1935), die im folgenden als AO bezeichnet wird[6].

Das Kammergericht hat in einem Urteil v. 29. 9. 55 (NJW 1956, 596) betont, es sei Sinn und Zweck der Anordnung, „den wirtschaftlich schwächeren Kleinhandel vor den erdrückenden Werbemethoden konkurrenzkräftiger Unternehmen, wie

---

[6] Vgl. dazu auch G. Maier, WRP 1967, 398. Bereits unter dem 14. 3. 1935 hatte der Reichswirtschaftsminister eine Anordnung erlassen (RAnz. Nr. 65), die bestimmte, daß im Jahre 1935 Verkaufsveranstaltungen in der Art der sog. „Weißen Wochen" nicht vorgenommen werden durften, wobei die Bezeichnung der Veranstaltung unerheblich war. Diese Anordnung ist dann durch die Anordnung v. 4. 7. 35 gegenstandslos geworden.

Einleitung

der Großfirmen und Warenhäuser, zu schützen". War das — worüber übrigens die amtliche Begründung zu § 9a UWG (auszugsweise abgedruckt im Anhang Nr. 1) nichts sagt — wirklich ein Ziel der Anordnung, so muß festgestellt werden, daß es auch nicht annähernd erreicht worden ist und daß der Gesetzgeber dieses Ziel wohl überhaupt nicht erreichen kann. Daß gerade die Großbetriebe — man denke etwa an unsere führenden und infolge ihrer Größe sehr leistungsfähigen Warenhäuser, Supermärkte oder Versandhäuser — die von der Anordnung freigelassenen Möglichkeiten gewisser Sonderangebote auf das intensivste ausnutzen können (und müssen), beweist jeder Blick in den Inseratenteil einer größeren Tageszeitung. Die Gleichheit des werblichen Starts ist auch hier nicht wieder herzustellen, wenn auch M. Lehmann (GRUR 1977, 796) zuzugeben ist, daß besonders Sonderangebote auch für kleine Handelsbetriebe eine Möglichkeit eröffnen, ihre Marketingbemühungen abwechslungsreich zu gestalten. Daß sich auch da diese Möglichkeiten in den Grenzen des Kleinbetriebes halten, ist für die mittelständische Wirtschaft schicksalhaft. Die konzentrationsfördernde Kraft der klassischen und modernen Werbemittel[7] schiebt alle guten Vorsätze des Gesetzgebers beiseite[8] und mit der Konzentration der Unternehmen wächst auch die Bereitschaft der Menschen zur Gleichschaltung, zum Manipuliertwerden, immer mehr.

---

7 Vgl. dazu Heft 4 der „Mittelstandspolitischen Schriften" (Bonn, Mai 1956), insbesondere den Beitrag von Fritz W. Meyer und meinen Beitrag ebenda.
8 Die Mittelstandsförderung ist ein Problem aller modernen Industrieländer. Alle Versuche, den Konzentrationsprozeß aufzuhalten und gleiche Marktchancen für alle Betriebsgrößen zu schaffen, erweisen sich aber immer deutlicher als **unzureichend.** Man mag diese Entwicklung etwa durch Kreditprogramme mit gezielter Hilfe oder durch Ausbildungseinrichtungen, Gewerbeförderungs- und Beratungsstellen, in denen die mittelständischen Betriebe über Betriebsführungsfragen und moderne Betriebsrationalisierung unterrichtet werden, verlangsamen; aufhalten kann man sie nicht. Der „Verlust der Mitte" schreitet immer weiter fort. Die Technik ist auch da unser Schicksal (H. Tetzner, Mitt. d. Dtsch. PAe 1977, 2).

4. Entlokalisierung der Sonderveranstaltungen

Der örtliche Einzugsbereich von Verkaufsveranstaltungen aller Art ist schon deshalb wichtig, weil jeder werbliche Tatbestand nach seiner **Wirkung auf die Umworbenen** beurteilt werden muß, diese Wirkung aber von Ort zu Ort unterschiedlich sein kann.

10

Ursprünglich handelte es sich bei den „besonderen Verkaufsveranstaltungen" großenteils um örtlich begrenzt wirksame Veranstaltungen. Der „klassische" Einzelhandel war ortsfest, der Marktanteil des ambulanten Gewerbes trat zurück. Inzwischen hat sich aber auch da vieles geändert. Das Aufkommen der Großunternehmungen mit einem weit verzweigten Filialnetz (Möbelhäuser, Lebensmittelhandel, Konfektionshäuser, Einkaufszentren, Filialketten usw.), dann aber auch die stark gestiegene Bedeutung des Versandhandels, bewirken eine wachsende **Entlokalisierung** auch der Sonderveranstaltungen. Die volkswirtschaftliche Bedeutung der in Frage stehenden Bestimmungen ist also sehr gestiegen: Gerade von den Sonderveranstaltungen kann man immer weniger sagen, daß ihnen nur örtliche Bedeutung zukäme, und die Saisonschlußverkäufe unserer bekannten Großstadtfirmen strahlen längst bis in den dunkelsten Winkel der Provinz und saugen die für diese modernen „Volkskauffeste" aufgespeicherte Kaufkraft vom Land in die Großstadt. Auch an diesen strukturellen Änderungen darf die Auslegung der AO nicht vorbeisehen.

Durch die Treibhausluft staatlich gesteuerter Maßnahmen ist nicht entscheidend zu helfen: Der Mensch ist auch hier das Maß aller Dinge, und die rapid um sich greifende Kollektivierung des immer manipulierbarer werdenden Menschen in seinen geistigen Bezirken entfernt uns immer weiter von den wahrhaft liberalen Voraussetzungen eines Staates, der seinen Bürgern die Freiheit im Staate (nicht vom Staate!) gewährleistet.
Auch Schricker-Lehmann (WRP 1977, 289) sind der Ansicht, daß die AO heute keine mittelstandschützende Funktion mehr hat. Vgl. zum Grundsätzlichen auch Raiser, JZ 1961, 465.

5. Auslegungsgrundsätze der Anordnung

11 Bei Auslegung der AO ist grundsätzlich zu beachten, daß diese aus einer Zeit stammt, in der unsere Wirtschaft **staatlich außerordentlich stark gelenkt** wurde. Die Anordnung muß zwar gesetzestreu, aber unter Berücksichtigung der Ordnungsprinzipien, die unser Grundgesetz festlegt[9], ausgelegt werden.

Es stellt eben die aus der Blütezeit des totalen Staates mit seiner planwirtschaftlichen Tendenz stammende und unter Nichtachtung **fundamentaler** rechtsstaatlicher Grundsätze geborene AO eine Regelung dar, bei deren Auslegung der Richter ganz besonders die Prinzipien des **Rechtsstaates** beachten muß. Andernfalls entsteht eine Verbotsnorm von **uferloser Weite**, die mit den rechtsstaatlichen Grundsätzen ebenso in Widerspruch gerät wie mit der Rechtsvernunft. Es wird dann eine große Zahl von Tatbeständen getroffen, die vom Verbot frei sein müssen, weil sie im gesunden marktwirtschaftlichen Verkehr unentbehrlich sind und mit dem lauteren wirtschaftlichen Wettbewerb nicht in Widerspruch stehen.

12 Gerade die AO stellt also die Gerichte betont vor die Aufgabe, eine gesetzestreue Auslegung zu finden, die sich nicht durch uferlose Ausdehnung des Verbotes selbst widerlegt[10]. Das Verbot der AO muß — nachdem die AO seinerzeit in polizeistaatlicher Weise im Verwaltungswege ergangen ist — ganz besonders darauf geprüft werden, daß es sich innerhalb der Schranken hält, die jeder Verbotsnorm durch die Verfassung gezogen sind. Denn auch die AO steht unter dem **Vor-**

---

9 Dazu zuletzt etwa Tettenhausen, Neuer Streit um die Wirtschaftsordnung, BB 1977, 1167. Zu der viel erörterten Frage „Grundgesetz und Wirtschaftsverfassung", auf die hier nicht näher eingegangen werden kann, vgl. auch Lerche, Werbung und Verfassung (1967), Seite 69 ff. (mit zahlreichen Hinweisen).
10 LG Köln 24 O 53/58 v. 11. 3. 59 (unveröffentlicht) hält eine ausdehnende Auslegung auch deshalb für unzulässig, weil die Anordnung eine auf Ermächtigung beruhende Verwaltungsverordnung ist.

rang der Verfassung: Das Grundgesetz ist nicht nur eine unüberwindliche Schranke für den Gesetzgeber, sondern auch eine verbindliche Richtlinie für die Auslegung, die daher stets **verfassungskonform** sein muß. Oft wird sich nur eine vorsichtige **restriktive** Auslegung der fernab von allen rechtsstaatlichen Garantien und unter einem ganz anderen Wirtschaftssystem entstandenen AO noch in den Rahmen unseres Grundgesetzes einfügen. Es müssen die Grundsätze individueller Freiheit und sozialer Gebundenheit (Art. 20, 28, 79 GG) in Einklang gebracht werden (Sozialstaatsprinzip) und immer muß beachtet werden, daß die AO nicht etwa dazu mißbraucht werden darf, solche Beeinträchtigungen der Wettbewerber zu vermeiden, die nun einmal zum Wesen einer Wettbewerbswirtschaft gehören[11]. Eine ausdehnende Auslegung der Anordnung verbietet sich, falls man Verstöße gegen die AO als Ordnungswidrigkeiten ansieht (vgl. § 1 Rdn 15), auch wegen des strafrechtlichen Analogieverbotes[12].

Diese Erwägungen rechtfertigen aber nicht die Kritik, die M. **13** Lehmann (GRUR 1977, 795), weitgehend auf den Überlegungen der ordoliberalen Schule aufbauend, an der AO vorträgt. Daß Sonderangebote generell preisdämpfende und inflationshemmende Wirkung entfalten können, ist seit jeher unbestritten, ebenso, daß eine Intensivierung des (lauteren!) Wettbewerbs durch preisaktive Werbemaßnahmen erwünscht ist. Die AO hindert ja auch nicht generell die Ankündigung von Sonderangeboten oder die Durchführung von Sonderveranstaltungen, sondern stellt sie im Hinblick auf ihre „Gefährlichkeit" für den Verbraucher — der ein „Zwang zur Nachahmung" bei den Mitbewerbern entspricht — unter zugegeben sehr restriktive Normen. Denn ein freier Wettbewerb mit seinem Interessenpluralismus funktioniert nur, wenn alle Wettbewerber die ökonomischen Spielregeln einhalten —

---
11 BGH 22. 1. 52, BGHZ 5, 1; BGH 27. 1. 56, GRUR 1956, 223; BGH 22. 10. 57, GRUR 1958, 233 und ständig.
12 Gilt auch für Ordnungswidrigkeiten (vgl. § 3 OWiG und § 1 Rdn 15 am Ende).

Einleitung

und dazu gehört auch die Einhaltung der Schranken, die das Wettbewerbsrecht aufrichtet. Nicht Preissenkungen, günstige Angebote oder überhaupt Preiselastizität und preisaktive Sonderangebote sollen als solche verhindert werden. Es soll nur ein Werben kontrolliert werden, das wenngleich nicht so schnell zur „Kaufhysterie", so doch nach der Lebenserfahrung leicht zur Gefahr unsachlicher Beeinflussung der umworbenen Verkehrskreise hinsichtlich ihrer Kaufentschließungen führt. Der **legislatorischen Berücksichtigung typischer Gefahrenlagen** besonders bei den Letztverbrauchern begegnet man gerade im Wettbewerbsrecht sehr häufig (z. B. §§ 6 a, 6 b UWG) und schon die amtliche Begründung zu § 9 a UWG (auszugsweise abgedruckt im Anhang Nr. 1) erwähnt neben den Mitbewerbern auch **„das kaufende Publikum" als Schutzobjekt.** Auch die Gefahr einer Täuschung eines nicht unbeachtlichen Teils der Umworbenen (vielfach Hausfrauen) steht bei derartigen Verkaufsveranstaltungen oft im Hintergrund und es ist nicht zu verkennen, daß ohne eine solche — sicher sehr beengende — Konkretisierung ein rechtzeitiges Einschreiten gegen Sonderveranstaltungen oder Sonderangebote, die diese Gefahren global setzen, oft sehr schwierig wäre. Im einstweiligen Verfügungsverfahren wird es meist schwer sein, unlautere Werbung — etwa durch Anreißen oder unter Zeitdruck setzen — glaubhaft zu machen und auch im Hauptsacheverfahren wird der Nachweis oft nicht gelingen. Das UWG ist daher oft eine recht stumpfe Waffe. Handelt es sich um formal von der AO erfaßte Sachverhalte, die nach Lage des Falles ohne große Bedeutung sind, so mag der Richter das bei der Streitwertfestsetzung berücksichtigen: der „Angriffsfaktor" (vgl. § 2 Rdn 6 ff.) einer solchen formal gegen die AO verstoßenden Handlung ist dann relativ klein.

14 Ganz allgemein ist bei der Auslegung wettbewerbsrechtlicher Normen zu beachten, daß sie sich betont mit dem **Wirtschaftsleben** befassen. Wirtschaft ist aber **Funktion, nicht**

Substanz. Wirtschaft ist — ebenso wie Kunst oder Wissenschaft oder Recht — eine Erscheinung **menschlicher Innerlichkeit,** die zwar Veränderungen in der Welt der Objekte bewirkt, **primär** jedoch in einer Reihe **psychischer Akte** besteht. Gerade die Auslegung von Rechtsnormen, die sich mit der Regelung des Wirtschaftslebens befassen, muß also aus **zwei** Wurzeln — vom Normencharakter und vom Normenobjekt her — das Funktionale und die daraus resultierende Dynamik respektieren. So kann nicht genug bei der auch bei Auslegung der AO so bedeutsamen Beurteilung der Frage, welche Auffassung die in Frage stehenden Verkehrskreise von werblichen Sachverhalten wie etwa von der Ankündigung und Durchführung einer Verkaufsveranstaltung haben, beachtet werden, daß diese Auffassung ständigen Wandlungen (auch durch die sich so stark verschiebende Alterszusammensetzung der Bevölkerung) unterliegt, so daß also ein Praejudizienkult hier besonders bedenklich ist. Vgl. dazu (zu § 1 UWG) etwa BGH 29. 5. 70, GRUR 1970, 557.

Die Frage, wie ein „nicht (völlig?) unbeachtlicher Teil der in Frage stehenden Verkehrskreise" eine Werbung versteht, wird seit vielen Jahrzehnten in Literatur und Praxis insbesondere zu den §§ 1 und 3 UWG diskutiert. Diese Frage ist entsprechend auch im Problemkreis der AO zu beurteilen. Eine solche Beurteilung setzt die **richtige Absteckung der in Frage kommenden Verkehrskreise** voraus. Daß da Unterschiede zwischen Nord und Süd und zwischen Ost und West zu beachten sein können, ist bekannt. Zu wenig beachtet wird aber oft der Umstand, daß sich die in Frage stehenden Verkehrskreise inzwischen durch die (**regional** sehr unterschiedliche!) **Zuwanderung der Gastarbeiter und ihrer Familien** sehr wesentlich umstrukturiert haben können. Das muß der Richter beachten; das muß aber auch bei **demoskopischen Befragungen** beachtet werden, die nur dann überzeugend sind, wenn der Kreis der Befragten auch die Gastarbeiter und ihre Familien, soweit sie zu den von der Werbung

Einleitung

angesprochenen Verkehrskreisen gehören, umfaßt. Nur dann ist die Befragung repräsentativ.

Daß übrigens bei der Befragung der Gastarbeiter und ihrer Familien die Formulierung der Fragen und die Befragung selbst sehr schwierig ist, liegt nahe. Im übrigen ist es ständige Rechtsprechung des BGH, daß es, wenn es sich um Waren handelt, „wie sie vom allgemeinen Publikum im alltäglichen Geschäftsverkehr erworben zu werden pflegen", einer Meinungsumfrage nicht bedarf. Der Richter wird in solchen Fällen in der Regel selbst für hinreichend sachkundig gehalten, um die Feststellungen über die Verkehrsauffassung zu treffen (so zuletzt wieder BGH 28. 4. 78, JZ 1979, 68 — Tierbuch).

Allerdings ist der Aussagegehalt einer Werbung bei der Vielschichtigkeit der umworbenen Verkehrskreise oft ebenso unterschiedlich wie deren sozialtypische Reaktion auf werbliche Aktivitäten. Es läßt sich dann aus einer Schicht des Verkehrs heraus nicht beurteilen, wie **andere** Schichten die fragliche Werbung verstehen. **Verneint** der Richter z. B., daß er eine Ankündigung als zeitlich begrenzt versteht (§ 1 Abs. 2 AO), so schließt das keineswegs aus, daß andere Verkehrskreise die Ankündigung doch als zeitlich begrenzt verstehen (vgl. BGH 13. 7. 62, NJW 1962, 2149; BGH 2. 4. 71, GRUR 1971, 365; beide Urteile zu § 3 UWG). Anders, wenn der Richter in einem Fall, in dem er nach dem oben Gesagten für hinreichend sachkundig gehalten wird, die zeitliche Begrenzung der Ankündigung **bejaht:** dann ist davon auszugehen, daß ein rechtlich erheblicher Teil der Umworbenen das Angebot so versteht. Für Spirituosen bejaht BGH 29. 10. 69 (BGHZ 53, 339) überzeugend diese Sachkunde bei irreführender Werbung (§ 3 UWG, „Eurospirituosen").

Zur Frage, ob und inwieweit der Richter die Auffassung der beteiligten Verkehrskreise ohne deren Befragung verläßlich feststellen kann, vgl. Schramm, GRUR 1973, 453.

Kommentar zur Anordnung des Reichswirtschaftsministers vom 4. 7. 1935

(Deutscher Reichsanzeiger und Preußischer Staatsanzeiger Nr. 158 v. 10. 7. 1935)

Auf Grund des § 9a des Gesetzes gegen den unlauteren Wettbewerb in der Fassung des Reichsgesetzes vom 26. Februar 1935 (Reichsgesetzblatt I S. 311) wird zur Regelung von Verkaufsveranstaltungen besonderer Art, die nicht den Vorschriften der §§ 7 bis 9 des Gesetzes gegen den unlauteren Wettbewerb unterliegen (Sonderveranstaltungen), hiermit angeordnet:

§ 1 Begriff der Sonderveranstaltungen

(1) Sonderveranstaltungen im Sinne der nachstehenden Vorschriften sind außerhalb des regelmäßigen Geschäftsverkehrs stattfindende Verkaufsveranstaltungen im Einzelhandel, die, ohne Ausverkäufe oder Räumungsverkäufe zu sein, der Beschleunigung des Warenabsatzes dienen und deren Ankündigungen den Eindruck hervorrufen, daß besondere Kaufvorteile gewährt werden.

(2) Sonderveranstaltungen sind nicht Sonderangebote, durch die einzelne nach Güte oder Preis gekennzeichnete Waren ohne zeitliche Begrenzung angeboten werden und die sich in den Rahmen des regelmäßigen Geschäftsbetriebes des Gesamtunternehmens oder der Betriebsabteilung einfügen.

Inhalt der Erläuterungen

I. Das Recht der Sonderveranstaltungen
1. Die Ermächtigung in § 9a UWG und Grundsätzliches zur Anordnung 1, 2
2. Fortbestand der Anordnung, aber Wegfall der Ermächtigung in § 9a UWG 3–7

3.	Mängel der Anordnung	8
4.	Konkurrenz der Anordnung mit anderen Normen	9-11
5.	Einschreiten der Polizei bei unzulässigen Sonderveranstaltungen	12-14
6.	Ordnungswidrigkeit unzulässiger Sonderveranstaltungen	15

II. Die Legaldefinition der Sonderveranstaltungen im Sinne der Anordnung vom 4. 7. 1935

1. Ausscheidung solcher Veranstaltungen, die unter die §§ 7 bis 9 UWG fallen 16
2. Die vier positiven Begriffsmerkmale der Sonderveranstaltung im Sinne der Anordnung (§ 1 Abs. 1 AO) (§ 1 Abs. 1 AO)
   a) Allgemeines 17
   b) Verkaufsveranstaltungen im Einzelhandel . . . 18-34
   c) die außerhalb des regelmäßigen Geschäftsverkehrs stattfinden 35-62
   d) die der Beschleunigung des Warenabsatzes dienen 63-65
   e) und deren Ankündigungen den Eindruck der Gewährung besonderer Kaufvorteile hervorrufen . 66-86
3. Die „zulässigen Sonderangebote" (§ 1 Abs. 2 AO)
   a) Verhältnis von Abs. 1 und Abs. 2. Ist § 1 Abs. 2 rechtswirksam? 87-95
   b) Reihenfolge bei der Prüfung 96-99
   c) Sonderangebote „im weiteren Sinne" 100
   d) § 1 Abs. 2 stellt keinen „Ausnahmetatbestand" auf. Beweislast 101
   e) Die vier Erfordernisse nach § 1 Abs. 2
      aa) Allgemeines 102-104
      bb) Angebot „einzelner" Waren 105-114
      cc) Kennzeichnung nach Güte oder Preis . . 115-121
      dd) Angebot „ohne zeitliche Begrenzung" . . 122-165
      ee) Einfügung der Verkaufsveranstaltung in den Rahmen des „regelmäßigen Geschäftsbetriebes" des Veranstalters . . . 166-181

III. Preisgegenüberstellung bei Sonderveranstaltungen und Sonderangeboten 182-183

I. Das Recht der Sonderveranstaltungen

1. Die Ermächtigung in § 9 a UWG und das Grundsätzliche zur Anordnung

Durch die AO wurde aus dem großen, inhomogenen Gebiet **1** der „freien Sonderveranstaltungen" ein sehr beachtlicher Teil, allerdings unter **klarer Einschränkung auf den Einzelhandel**[13], für unzulässig erklärt. Man bezeichnet die unter das Verbot der AO fallenden Sonderveranstaltungen oft als „unerlaubte" Sonderveranstaltungen und unterscheidet sie so von den unter die §§ 7 bis 9 UWG fallenden bzw. von den durch die AO begrifflich nicht erfaßten Verkaufsveranstaltungen, insbesondere von den nach § 1 Abs. 2 AO „zulässigen Sonderangeboten" oder von solchen Verkaufsveranstaltungen, die zwar an sich Sonderveranstaltungen im Sinne der AO sind, aber nach den §§ 2 bis 5 der AO vom Verbot ausgenommen sind.

Das **Kernmerkmal** aller von der AO erfaßten Verkaufsveran- **2** staltungen ist ihr **Stattfinden „außerhalb des regelmäßigen Geschäftsverkehrs"**, d. h. außerhalb eines Geschäftsverkehrs, wie er in der fraglichen Branche in Unternehmen von der Vertriebsart und Größenordnung des Veranstalters von nicht unbeachtlichen Teilen der Umworbenen für „re-

---

13 Vgl. Fußnote 4; § 1 Rdn. 18 ff. Im Großhandel fehlt eine der AO entsprechende Spezialregelung. Dort existiert noch ungestört das Gebiet der „freien Sonderveranstaltungen". Es ist das wegen der unterschiedlichen Verhältnisse, insbesondere wegen der viel kritischeren Mentalität des fachkundigen Einzelhändlers gegenüber „Sonderveranstaltungen" eines Großhändlers, unbedenklich.
Das wird dadurch bestätigt, daß ähnliche Verkaufsveranstaltungen auf der Großhandelsebene praktisch nur in Gestalt von Einzelangeboten vorkommen, bei denen ein Durchblick viel leichter möglich ist als bei den massiven Sonderveranstaltungen ähnlich denen des § 1 Abs. 1 AO. Auf den fachkundigen, kritisch einkaufenden Händler wirkt eben das für den Letztverbraucher so gefährliche Zauberwort „Sonderveranstaltung" wenig. Der Kaufmann interessiert sich aber für günstige Einzelangebote, ähnlich denen des § 1 Abs. 2 AO, deren angebliche Kaufvorteile er prüfen kann.

I. Das Recht der Sonderveranstaltungen

gelmäßig" gehalten wird (vgl. dazu § 1 Rdn 35 ff.). Verkaufsveranstaltungen in dieser Sphäre sind nach der Lebenserfahrung — wenn die weiteren Merkmale des § 1 Abs. 1 AO vorliegen — grundsätzlich geeignet, auf die Umworbenen Kaufreize auszuüben, denen nicht unbeachtliche Teile der Verbraucher unüberlegt nachgeben. Der Gesetzgeber befürchtet von solchen vom Verkehr als „irregulär" empfundenen Verkaufsveranstaltungen eine zu starke Werbewirkung — „zu stark" nämlich für die Aufrechterhaltung eines gesunden Wettbewerbs —, eine Erwägung, die ganz allgemein im Wettbewerbsrecht, so etwa im Rabatt- und Zugaberecht und im Problemkreis der allgemeinen Wertreklame (§ 1 UWG) immer wieder auftaucht (vgl. etwa BGH 4. 7. 75, BGHZ 65, 68 oder BGH 30. 6. 76, BB 1976, 1203). Die Abgrenzung des Begriffes des „gesunden", „vernünftigen" Wettbewerbs ist dabei die Hauptsache und als gesund (vgl. dazu § 1 Rdn 40 ff.) wird man einen Wettbewerb z. B. dann **nicht** ansehen können, wenn er durch Ausnutzung wirtschaftlicher Machtstellungen (und nicht durch Leistung!) den Zugang zum Markt einschneidend gefährdet oder wenn er die Mitbewerber zur Nachahmung zwingt und damit zu einem Wettbewerbskampf führt, der die Umworbenen beunruhigt, belästigt oder bevormundet. Es wird dann nicht in erster Linie auf Grund von Leistungsvergleichen gekauft. Allerdings ist keineswegs schlechthin jede Werbung, die mit anderen Mitteln als mit Güte und Preiswürdigkeit des Angebots auf den Kaufentschluß der Umworbenen Einfluß zu nehmen sucht, wettbewerbsfremd (BGH 7. 10. 58, GRUR 1959, 138). Je weiter sich eine Werbung aber vom Leistungswettbewerb entfernt, je mehr also, unter dem Gesichtspunkt der Leistung betrachtet, „sachfremde" Einflüsse auf den Kaufentschluß einwirken, um so stärker wird das ins Gebiet des Wettbewerbsfremden hinüberziehende und damit aus dem Bereiche des gesunden, vernünftigen Wettbewerbs hinausschiebende Spannungsverhältnis zum Leistungswettbewerb (BGH 19. 12. 75, WRP 1976,

172, zur Wertreklame, § 1 UWG), der immer der Orientierungspunkt für den „regelmäßigen Geschäftsverkehr" der Branche im Sinne des § 1 AO bleiben muß.

Fehlt es an diesem entscheidenden Kriterium des „Stattfindens außerhalb des regelmäßigen Geschäftsverkehrs", so **entfällt die Anwendung der AO von vornherein.** Aber auch Verkaufsveranstaltungen, die außerhalb des regelmäßigen Geschäftsverkehrs stattfinden und deren Abhaltung beim Vorliegen der sonstigen Merkmale des § 1 Abs. 1 AO nach § 2 AO grundsätzlich untersagt ist, sind als sog. zulässige Sonderangebote keine „Sonderveranstaltungen" im Sinne der AO, werden also von dieser nicht erfaßt, wenn sie die Voraussetzungen des § 1 Abs. 2 erfüllen. Eine wesentliche Voraussetzung solcher „zulässiger Sonderangebote" ist ihr „Einfügen in den Rahmen des regelmäßigen Geschäftsbetriebes des Gesamtunternehmens oder der Betriebsabteilung". Vgl. dazu § 1 Rdn 167 ff., 176.

2. Fortbestand der Anordnung, aber Wegfall der Ermächtigung in § 9 a UWG

Die Frage, ob die Anordnung des Reichswirtschaftsministers v. 4. 7. 1935 noch **geltendes Recht** ist, war lange Zeit nicht unbestritten. 3

Weitgehend unstreitig ist heute, daß die in § 9 a UWG dem Reichswirtschaftsminister erteilte **Ermächtigung,** auf Grund derer die AO erlassen worden ist, durch Art. 80 Abs. 1, Art. 129 Abs. 3 GG **außer Kraft gesetzt** worden ist[14]. Die Ermächtigung in § 9 a UWG verstößt wegen ihrer Unbestimmtheit und ihres Umfangs gegen Art. 129 Abs. 3 GG.

---
14 Vgl. dazu etwa Habscheid, WuW 1953, 526 und GRUR 1953, 76; H. Tetzner, NJW 1953, 1049; OLG Koblenz 24. 9. 54, WRP 1955, 125; KG 29. 9. 55, NJW 1956, 596; OLG Hamburg 7. 2. 57, WRP 1957, 83; BVerwG 12. 12. 57, GRUR 1958, 200.

I. Das Recht der Sonderveranstaltungen

4 Daraus folgt aber nicht, daß auch die auf Grund der Ermächtigung des § 9 a UWG erlassene AO hinfällig geworden ist. Denn durch das Erlöschen von Ermächtigungen ist nicht auch das auf Grund der betreffenden Ermächtigung seinerzeit rechtswirksam geschaffene Recht, soweit es nicht seinem Inhalt nach mit rechtsstaatlichen Grundprinzipien und dem GG unvereinbar ist, hinfällig geworden[15]. Vgl. dazu Maunz-Dürig-Herzog, Grundgesetz (1976), Art. 129 Rdn 2 (mit zahlreichen Nachweisen aus der höchstrichterlichen Rechtsprechung). Zur Frage der verfassungsrechtlichen Prüfung der AO gem. Art. 100 Abs. 1 Satz 1 GG vgl. § 1 Rdn 15.

Auch der **Gesetzgeber** behandelt die AO als geltendes Recht. Das ergibt sich aus dem EGStGB vom 2. 3. 1974 (BGBl I, 469). In Art. 139 Nr. 4 EGStGB ist § 10 UWG geändert worden: Wer vorsätzlich oder fahrlässig einer Rechtsverordnung nach § 9 a UWG zuwiderhandelt, handelt ordnungswidrig, soweit die fragliche Rechtsverordnung für einen bestimmten Tatbestand auf die Bußgeldvorschrift des § 10 Abs. 1 Nr. 3 UWG verweist. Nach Art. 321 Abs. 1 EGStGB ist aber bei der nach § 9 a UWG erlassenen Anordnung vom 4. 7. 1935 die vorerwähnte, in § 10 Abs. 1 Nr. 3 UWG grundsätzlich vorgeschriebene Verweisung **nicht** erforderlich, weil diese AO vor dem 1. 1. 1975 erlassen worden ist. Das zeigt also, daß auch nach Ansicht des Gesetzgebers die Anordnung vom 4. 7. 1935 **rechtsgültig** ist. Vgl. dazu § 1 Rdn 15.

5 Allerdings spiegelt schon die Bezeichnung als „Anordnung" die polizeistaatliche Atmosphäre der Entstehungszeit der AO wider. Die Anordnung „paßt durchaus in das damalige System der polizeistaatlichen Regelung des Gewerberechts, da sie mit grundsätzlichen Verboten arbeitet und die Freigabe im Einzelfalle dem Ermessen der Verwaltungsbehörde anheimgibt. Die Freiheit gewerblicher Betätigung wird

---
[15] LG Köln 30. 9. 53, GRUR 1954, 37; BFH 23. 10. 52, BStBl. III 1953, 23; BGHSt. 5, 12; BGH 16. 11. 56, BGHZ 22, 167; BGH 25. 3. 58, GRUR 1958, 395; BayObLGSt. 24. 10. 51, NF 1, 531.

dadurch eingeengt" (OLG Hamburg 7. 2. 57, WPR 1957, 83). Spengler betont, daß „der schöpferischen Phantasie enge Grenzen gesetzt sind, da die Verkaufsveranstaltungen besonderer Art nach allen Seiten hin durch gesetzliche Fallstricke eingeengt sind". Auch KG 29. 9. 55 (NJW 1956, 596) läßt durchblicken, daß die in der AO enthaltenen Vorschriften eine „vielleicht zu weitgehende Beschränkung und Gängelung der Gewerbetreibenden darstellen....". Immerhin ist aber die in der AO getroffene Regelung im Grunde vernünftig und mit dem GG und rechtsstaatlichem Denken bei verfassungskonformer Auslegung nicht schlechthin unvereinbar (KG 29. 9. 55, NJW 1956, 596; BGH 25. 3. 58, GRUR 1958, 395). Das LG Köln 30. 9. 53 (GRUR 1954, 37) vertritt sogar die Ansicht, daß die Regelung der AO inzwischen so weitgehend in das Rechtsbewußtsein der beteiligten Verkehrskreise eingedrungen sei, daß danach unzulässige Sonderveranstaltungen schon von sich aus Verstöße gegen § 1 UWG darstellen - was wohl in dieser Allgemeinheit zu weit geht.

Heute ist der Fortbestand der AO unstreitig[16]

Schon oben ist betont worden, daß fast allgemein der § 9 a **6** UWG nicht mehr für rechtsgültig angesehen wird[17]. Daraus ergibt sich, daß nach einer Aufhebung der AO eine neue Re-

---

16 Habscheid, NJW 1953, 1419; GRUR 1953, 76; WuW 1953, 526; Kamin, WRP 1955, 123; Scheyhing, WuW 1953, 380; Hefermehl, Wettbewerbsrecht, 12. Aufl., S. 1230; v. Godin-Hoth, Wettbewerbsrecht, S. 286; Reimer-v. Gamm, WWR (4. Aufl.) S. 433; v. Gamm, UWG, S. 104; OLG Koblenz 18. 1. 52, GRUR 1952, 246; VG Freiburg 7. 4. 54, GRUR 1954, 357; OLG Koblenz 24. 9. 54, WRP 1955, 125; OLG Köln 14. 12. 54, WRP 1955, 130; BayObLG 4. 11. 53, GRUR 1954, 276; BayObLGStr. 20. 3. 56, NF 6, 75; OVG Lüneburg 13. 4. 56, WRP 1957, 17; OLG Hamburg 7. 2. 57, WRP 1957, 83; BVerwG 12. 12. 57, WRP 1958, 30; BGH 25. 3. 58, GRUR 1958, 395; BGH 29. 6. 61, GRUR 1962, 36 und ständig; BVerfG 23. 6. 70, WRP 1970, 311 (vgl. Fußnote 17); BVerwG 29. 11. 77, NJW 1978, 1492.
17 So schon Habscheid, GRUR 1953, 76, der überhaupt die Klärung des in Frage stehenden Problems sehr gefördert hat, und OVG Lüneburg 13. 4. 56, WRP 1957, 17 unter Hinweis auf BVerwG 29. 5. 55, DÖV 1955, 347. BVerfG 23. 6. 70, WRP 1970, 311, läßt die Frage offen: „Die Gültigkeit dieser auf gesetzlicher Grundlage ergangenen Anordnung wäre aber durch einen etwaigen nachträglichen Wegfall der sie tragenden Ermächtigungsvorschrift nicht berührt worden".

gelung der wichtigen Materie **im Verordnungswege** nicht mehr erfolgen kann, weil es an einer rechtswirksamen Ermächtigung fehlt. Es müßte also ein Bundesgesetz ergehen (unstr.; z. B. Reimer, WRP 1963, 342). Weil der Rechtsbestand des § 9 a UWG offenbar auch im Bundesjustizministerium schon früh bezweifelt wurde (vgl. dazu das Schreiben des Bundeswirtschaftsministers an die Hauptgemeinschaft des Deutschen Einzelhandels, abgedruckt bei Habscheid, GRUR 1953, 76), ist wohl die Anordnung vom 4. 7. 1935[18] nach dem Krieg nicht außer Kraft gesetzt worden. Man fürchtete mit Recht die Schwerfälligkeit der Gesetzgebungsorgane und die Einflüsse der Lobby. Außerdem ist kaum zu hoffen, daß durch eine neue gesetzliche Regelung für die Wirtschaft viel gewonnen wäre. Heute besteht zur AO eine viele Jahrzehnte umfassende Rechtspraxis und sinnvoller als der Ruf nach dem Gesetzgeber ist die Forderung an den Richter, die AO lebensnah und verfassungskonform auszulegen.

7 Eine weitere Folge des Umstandes, daß die Ermächtigung des § 9 a UWG als erloschen anzusehen ist, ist, daß der Bundeswirtschaftsminister **nicht mehr zur authentischen Interpretation der AO befugt** ist[19]. Der Bundeswirtschaftsminister hat sich — teilweise im Einverständnis mit dem Bundesjustizminister — mehrfach durch Erlasse oder Schreiben an Verbände oder Ministerien der Länder zur AO geäußert[20]. Diesen Äußerungen kommt also **keine authentische Kraft** zu. Sie stellen lediglich die Ansicht des Bundeswirtschaftsministers dar, an die die Gerichte bei der Auslegung der AO **nicht** gebunden sind.

---

18 Im Gegensatz zu der auf Grund des unstreitig weitergeltenden § 9 UWG ergangenen Saisonschlußverkaufsanordnung v. 14. 5. 1935, die inzwischen durch die VO des Bundeswirtschaftsministers v. 13. 7. 1950 ersetzt worden ist!
19 Das übersieht VG Würzburg 3. 12. 52 (GRUR 1953, 450).
20 So z. B. in einem Erlaß Nr. II — 3 — 17661/50 v. 10. 1. 1951 an das Wirtschaftsministerium Württemberg-Hohenzollern (zitiert im Urteil des VG Würzburg v. 3. 12. 52, GRUR 1953, 450) und in einem Schreiben an die Hauptgemeinschaft des Deutschen Einzelhandels (abge-

3. Mängel der Anordnung

Zweifellos ist die AO schon gesetzestechnisch kein Meisterwerk. Ihre Fassung ist in entscheidenden Punkten **unklar und unvollständig**[21]. Heute ist aber die Auslegung der AO durch Rechtslehre und Rechtsprechung so gefördert worden, daß die bestehenden Zweifel grundsätzlich keine anderen sind als die, die bei wettbewerbsrechtlichen Normen unvermeidlich entstehen. Das gilt besonders für die Frage, wie die umworbenen Verkehrskreise die Ankündigung oder die Aufmachung einer Verkaufsveranstaltung verstehen. Durch ein neues Gesetz würde notwendig ein Zustand geschaffen, der die Rechtssicherheit erneut absinken läßt, da dann auf lange Zeit jede Gerichtspraxis fehlen würde. Vgl. dazu auch das im Vorwort Gesagte.

8

4. Konkurrenz der Anordnung mit anderen Normen

Ein Verstoß gegen die AO kann mit mehreren anderen Rechtsnormen konkurrieren. Zivilrechtlich ist eine Konkurrenz besonders möglich mit § 3 UWG (irreführende Werbung), mit dem Rabattgesetz, der ZugabeVO und mit den §§ 823, 826 BGB. Dagegen ist eine Konkurrenz mit den §§ 7 bis 9 UWG **nicht** möglich. Das ergibt § 9 a UWG, der den Reichswirtschaftsminister nur ermächtigte, zur Regelung von Verkaufsveranstaltungen besonderer Art, die **nicht** den Vorschriften der §§ 7 bis 9 UWG unterliegen, Bestimmungen zu

9

---

druckt bei Habscheid, GRUR 1953, 76). Im Erlaß v. 3. 12. 1952 wird ausgeführt, daß auch die Veranstaltungen von Wandergewerbetreibenden unter die AO fallen, was heute seit langem unstreitig ist. Im Schreiben an die Hauptgemeinschaft des Deutschen Einzelhandels wird die Ansicht vertreten, daß die AO noch gültig sei, auch wenn — was dahingestellt gelassen wird — die Ermächtigung des § 9 a UWG erloschen sein sollte. Im letzteren Falle handelt es sich also nicht um eine Auslegung, sondern um die Stellungnahme des Ministers zur Rechtsnatur und zur Frage des Fortbestehens der AO.

21 Überraschenderweise lobt v. Godin auch in der 1974 erschienenen 2. Auflage seines „Wettbewerbsrechts" auf Seite 287 die „klare Fassung" des § 9 a UWG und die „genaue Einzelregelung der ministeriellen AO".

I. Das Recht der Sonderveranstaltungen

treffen. Und dasselbe ergibt sich auch aus der Präambel der AO (vgl. § 1 Rdn 10, 16). Vgl. dazu auch § 4 Rdn 4.

10 Ankündigung und Durchführung einer unerlaubten Sonderveranstaltung sind oft auch gleichzeitig unlauterer Wettbewerb im Sinne des § 1 UWG. Das betont schon LG Köln 30. 9. 53 (GRUR 1954, 37) unter Hinweis darauf, daß die in der AO getroffene Regelung inzwischen so weit in das Rechtsbewußtsein der beteiligten Verkehrskreise gedrungen sei, daß „Sonderveranstaltungen, die nach der AO unzulässig sind, zugleich als unvereinbar mit den Grundsätzen des lauteren Wettbewerbs empfunden werden" (vgl. dazu aber § 1 Rdn 5 am Ende). Zutreffend betont aber Droste (GRUR 1958, 398), daß man Handelsunüblichkeit, also ein Handeln außerhalb des regelmäßigen Geschäftsverkehrs der Branche, nicht immer mit Unlauterkeit gleichsetzen kann, ebenso wie auch Handelsbräuche Handelsunsitten sein können und dann eben als Handelsmißbräuche unlauter sind. Sonderveranstaltungen können besonders dadurch irreführend sein, daß sie in unmittelbarer Nähe, also kurz vor Beginn der sog. Saisonschlußverkäufe, veranstaltet werden (vgl. dazu schon Schreying, WuW 1956, 504). Der Verkehr nimmt dann an, es handle sich bereits um diese vom Publikum immer mit Spannung erwarteten Saisonschlußverkäufe, für die der Verbraucher spart und seine Bedarfsdeckung aufschiebt. Derartige **„vorweggenommene Schlußverkäufe"** und ihr Gegenstück, die im Anschluß an die Saisonschlußverkäufe stattfindenden Sonderveranstaltungen, die das Publikum als **„verlängerte Schlußverkäufe"** versteht, können dann durch das **Zusatzmerkmal** der Nachbarschaft zu den Schlußverkaufszeiten Verstöße gegen § 9 UWG in Verbindung mit der AO des Bundeswirtschaftsministers über Sommer- und Winterschlußverkäufe v. 13. 7. 1950 (BAnz. Nr. 135, abgedruckt im Anhang Nr. 2), außerdem aber auch Verstöße gegen die §§ 1 und 3 UWG sein. Sie finden aus der Sicht des Publikums im Vorgriff oder im Nachgriff auf einen Schlußverkauf statt und werden zu diesem

gerechnet (BGH 9. 1. 76, GRUR 1976, 702). Bei der heute **ganz allgemeinen Verbreitung** von Sonderverkäufen vor Beginn der Saisonschlußverkäufe, die schon BGH 23. 6. 61 (GRUR 1962, 36) festgestellt hat, glaube ich allerdings, daß der Verkehr **jetzt** weitgehend darüber im Bilde ist, daß es sich dabei noch nicht um den Saisonschlußverkauf handelt, der doch auch immer in den letzten Tagen vor Beginn durch alle möglichen „heimlichen Verführer" (verhängte Schaufenster usw.) in charakteristischer Weise angekündigt wird und sich auch in seiner aufdringlichen, lauten Durchführung von solchen vorher laufenden Verkaufsveranstaltungen meist stark abhebt. Der Verkehr erwartet solche preisgünstige Einkaufsgelegenheiten jetzt geradezu in den Wochen vor den Saisonschlußverkäufen und unterscheidet sie von dem nachfolgenden „eigentlichen" Schlußverkauf. Anders lag es bei dem von BGH 4. 11. 77 (GRUR 1978, 112) entschiedenen Fall (vgl. § 1 Rdn 146). Jedenfalls sind derartige vorweggenommene oder verlängerte Schlußverkäufe deshalb allein — falls nicht die Voraussetzungen der AO **zusätzlich** vorliegen — grundsätzlich keine Verstöße gegen die Anordnung vom 4. 7. 1935. Denn die Beurteilung solcher Sachverhalte liegt außerhalb des Rahmens der AO: Die Fälle der §§ 7 bis 9 UWG werden von § 9 a bzw. von der auf Grund des § 9 a UWG ergangenen Anordnung vom 4. 7. 1935 nach dem ganz eindeutigen Wortlaut des § 9 a UWG und der Präambel zur Anordnung vom 4. 7. 1935 nicht erfaßt (unstreitig, GA 2/1954). Es liegt also bei „vorweggenommenen Schlußverkäufen" bzw. bei zu früher Ankündigung nur ein Verstoß gegen § 9 UWG und die VO vom 13. 7. 1950 vor. Außerdem wird dabei gegen das UWG verstoßen (vgl. dazu BGH 23. 6. 61, GRUR 1962, 36). Es besteht hier für die Heranziehung der Anordnung auch kein praktisches Bedürfnis, weil da neben dem Verstoß gegen § 9 UWG regelmäßig auch irreführende Werbung (§ 3 UWG) vorliegt. M. E. ist übrigens das Schlußverkaufs**ende** (Resteverkaufswirbel!) eine **massive Zaesur:** 7 Tage

I. Das Recht der Sonderveranstaltungen

später (so BGH 9.1.76) wird der Verkehr kaum noch einen „verlängerten Schlußverkauf" annehmen!

Verkaufsveranstaltungen, die infolge ihrer zeitlichen Nähe zu den Saisonschlußverkaufszeiten gegen das UWG verstoßen (s. o.), finden stets außerhalb des regelmäßigen Geschäftsverkehrs im Sinne des § 1 Abs. 1 AO statt und können sich auch nie gem. § 1 Abs. 2 AO in den Rahmen des regelmäßigen Geschäftsbetriebs des Veranstalters einfügen. Ihre Abhaltung ist daher, wenn die sonstigen Merkmale des § 1 AO vorliegen, nur **subsidiär**, d. h. falls kein Verstoß gegen die VO vom 13. 7. 1950 vorliegt, nach § 2 Abs. 1 AO untersagt. Vgl. dazu § 1 Rdn 48 ff., 166.

Zur Abhaltung von **Jubiläumsverkäufen** nach § 3 AO **in zeitlicher Nähe** der Saisonschlußverkaufszeiten bzw. zur **Überdeckung** der in § 3 Abs. 4 AO **vorgeschriebenen Jubiläumsverkaufszeit** mit den Saisonschlußverkaufszeiten vgl. § 3 Rdn 23. Da § 3 Abs. 4 AO die Zeit, in der Jubiläumsverkäufe im Sinne des § 3 AO abgehalten werden dürfen, festlegt, sind hier zeitliche Kollisionen vom Gesetzgeber gleichsam vorprogrammiert. Der Veranstalter muß dabei alles ihm Zumutbare tun, um Irreführungen der Verbraucher zu verhindern.

11 In der Nähe der gesetzlich festgelegten Schlußverkaufstermine (man gibt gewöhnlich eine Karenzzeit von 14 Tagen vor und nach der Saisonschlußverkaufszeit an) können also Sonderangebote, die sonst während des Jahres gem. § 1 Abs. 2 AO zulässig sind, von der AO erfaßt werden, weil sie der Verkehr als „zeitlich begrenzt" ansieht, auch wenn sonst dahingehende Ankündigungen nicht vorliegen. Die Umworbenen können zu der Ansicht kommen, daß auch solche Sonderangebote — mögen sie auch noch nicht zu den Saisonschlußverkäufen gehören — doch nur während der Schlußverkaufszeit, die im Bewußtsein der Verbraucher in diesen Wochen sehr dominiert, gelten. Die zeitliche Nachbarschaft mit den Saisonschlußverkäufen kann diese Ansicht bei einer nicht unbeträchtlichen Zahl der Umworbenen hervorrufen (vgl. Gieseke, WRP 1959, 4). Dabei ist es gleichgültig, ob die angebotenen Waren solche sind, die im Saisonschlußverkauf nicht verkauft werden dürfen, denn der Verkehr kennt die Liste der in den Saisonschlußverkäufen zugelassenen Waren nur selten genauer. Vgl. dazu § 1 Rdn 157 und auch den Fall BGH 4. 11. 77 (BB 1978, 61), ausführlich besprochen bei § 1 Rdn 146. Schops (WRP 1975, 647) bezeichnet zutreffend die Grenze zwischen den Abschnittsschlußverkäufen und den Sonderangeboten als „sehr flüssig".

5. Einschreiten der Polizei bei unzulässigen Sonderveranstaltungen

Über die Frage, ob und unter welchen Voraussetzungen die 12 Polizei Sonderveranstaltungen, die gegen die AO verstoßen, verhindern kann, vgl. ausführlich Habscheid (GRUR 1953, 422). Er kommt, ebenso wie Spengler (RWP Blattei Bd. 4, II, 490), im Gegensatz zu VG Freiburg 7. 4. 54 (GRUR 1954, 357) zu dem heute noch weniger überzeugenden Ergebnis, daß die Verhütung unlauteren Wettbewerbs „zuvörderst eine Angelegenheit der Kaufmannschaft und ihrer auch im Interesse der Allgemeinheit zu Prozeßstandschaftern erhobenen Verbände" ist. Ein Einschreiten der Polizei hält er danach allenfalls dann für möglich, „wenn Gefahr im Verzug ist und kriminelle Verstöße gegen die §§ 15, 17 bis 20 UWG vorliegen": Die Polizei darf dann im Interesse der öffentlichen Sicherheit und Ordnung auch gegen unzulässige Sonderveranstaltungen eingreifen, falls gerichtliche Hilfe (einstweilige Verfügung) nicht rechtzeitig zu erlangen ist. „Die Maßnahmen der Polizei dürfen aber auch da nur vorläufigen Charakter haben" (OVG Lüneburg 13. 4. 56, WRP 1957, 17; OLG Koblenz 12. 4. 73, BB 1973, 1188; zu § 8 UWG). Die Polizeiaufgaben-Gesetze der Länder haben inzwischen die Materie weitgehend geregelt. Für Bayern bestimmt Art. 2 des BayPAG vom

I. Das Recht der Sonderveranstaltungen

24. 8. 78 (GVBl. S. 561) z. B., daß der Schutz privater Rechte der Polizei nach dem PAG nur dann obliegt, „wenn gerichtlicher Schutz nicht rechtzeitig zu erlangen ist und wenn ohne polizeiliche Hilfe die Verwirklichung des Rechts vereitelt oder wesentlich erschwert werden würde".

13 Gegen diesen **Grundsatz der Subsidiarität**, wonach die Polizei auch in **Wettbewerbssachen** grundsätzlich nur eingreifen darf, falls das ordentliche Gericht nicht rechtzeitig eingreifen kann, ist das Bedenken vorgebracht worden, daß die Polizei ja ein Einschreiten der Zivilgerichte gar nicht veranlassen kann und oft auch gar nicht weiß, ob etwa ein Antrag auf Erlaß einer einstweiligen Verfügung schon eingereicht ist. Das VG Freiburg führt dazu im Urteil v. 7. 4. 54 (GRUR 154, 35) aus, das öffentliche Recht habe im Wettbewerbsrecht ebenso wie auf vielen anderen zivilrechtlichen Gebieten mit der Einschaltung der Verwaltungsbehörden einen nicht zu übersehenden Einbruch in den ursprünglich allein der bürgerlichen Rechtsordnung zugehörigen Bereich des UWG erzielt. Nachdem das UWG gerade im Ausverkaufswesen den Verwaltungsbehörden vielfach weitreichende Genehmigungs- und Kontrollbefugnisse gegeben hat[22], sei es nicht zu rechtfertigen, hier polizeiliches Einschreiten ganz allgemein davon abhängig zu machen, daß die Zivilgerichte nicht rechtzeitig zu Hilfe gerufen würden. Jedenfalls muß aber ein polizeiliches Eingreifen immer die **große Ausnahme** sein und muß auch im Hinblick darauf, daß hier leicht die Existenz der Betroffenen auf dem Spiele stehen kann und die Rechtslage oft einigermaßen zweifelhaft ist, stets **sehr maßvoll** und unter Beachtung des **Verhältnismäßigkeitsgrundsatzes** erfolgen, den die Polizei ganz allgemein beachten muß (vgl. OLG Koblenz 12. 4. 73, BB 173, 1188; zu § 8 UWG). Der Verhältnismäßigkeitsgrundsatz ist auch in den Polizeiaufgaben-Gesetzen

---

[22] So auch in § 5 AO! Vgl. zu den prinzipiellen Fragen auch Frey, WRP 1965, 164, der sich mit dem polizeilichen Einschreiten gegen unzulässige Ausverkäufe und Räumungsverkäufe beschäftigt, und BVerwG 29. 11. 77, NJW 1978, 1492.

der Länder positivrechtlich verankert. Vgl. etwa für Bayern Art. 4 des BayPAG vom 24. 8. 1978 (GVBl S. 561; Kommentar dazu von Martin-Samper, 9. Aufl. 1979). Die Polizei muß stets unter mehreren möglichen und geeigneten Maßnahmen diejenigen treffen, die den einzelnen und die Allgemeinheit am wenigsten beeinträchtigen und bei denen nicht ein Schaden zu erwarten ist, der erkennbar außer Verhältnis zu dem rechtmäßig beabsichtigten Erfolg steht. Die Maßnahmen sind nur solange zulässig, bis ihr Zweck erreicht ist oder bis sich zeigt, daß ihr Zweck nicht erreichbar ist. Vgl. dazu auch BVerwG 29. 11. 77, NJW 1978, 1492.

Die Polizei hat sich daher auf wettbewerbsrechtlichem Gebiete grundsätzlich gegebenenfalls auf **kurzfristige Maßnahmen,** die nur vorläufigen Charakter haben dürfen, zu beschränken (Habscheid, GRUR 1953, 422; OVG Lüneburg 13. 4. 56, WRP 1957, 17). Alle darüber hinausgehenden Maßnahmen sind rechtswidrig. Sie stellen einen enteignungsgleichen Eingriff dar und verpflichten die öffentliche Hand nach Art. 14 GG zum Schadenersatz (BGH 25. 4. 60, NJW 1960, 1149). Habscheid kritisiert daher mit Recht das Urteil des VG Würzburg v. 3. 12. 52 (GRUR 1953, 450). Dort war vom Stadtrat einem Wandergewerbetreibenden die Durchführung einer Verkaufsveranstaltung als Verstoß gegen die AO untersagt worden. Das Verwaltungsgericht Würzburg hielt das Verbot aufrecht, ohne sich mit der Frage auseinanderzusetzen, ob die Polizei zu einem so eingreifenden Vorgehen überhaupt berechtigt war. Tatsächlich geht eine solche polizeiliche Verhinderung einer (wenngleich in unzulässiger Weise angekündigten) bereits begonnenen Sonderveranstaltung **weit** über das **erforderliche** Einschreiten hinaus. Es genügt in derartigen Fällen, gegen die **unzulässigen Teile** der Ankündigung oder Durchführung der Verkaufsveranstaltung einzuschreiten, im übrigen aber gegen den Veranstalter ein Ordnungswidrigkeitsverfahren einzuleiten. Hier dem Zuwiderhandelnden einfach generell das Handwerk zu legen (wie es auch VG **14**

I. Das Recht der Sonderveranstaltungen

Freiburg 7. 4. 54, GRUR 1954, 357 für zulässig hält) stellt eine bedenkliche Willkür dar und kann zu beachtlichen Schadenersatzansprüchen führen.

6. Ordnungswidrigkeit unzulässiger Sonderveranstaltungen

15 Ob Verstöße gegen die AO Ordnungswidrigkeiten nach § 10 Abs. 1 Nr. 3 UWG sind und daher mit Geldbußen von 5 DM bis 10 000 DM geahndet werden können (§ 10 Abs. 2 UWG; § 17 Abs. 1 OWiG), ist fraglich. Hefermehl (Wettbewerbsrecht, 1978, S. 1252) bejaht das ohne Diskussion der nachstehend erörterten Bedenken. Soweit gegen die Bejahung der Ordnungswidrigkeit von v. Gamm (UWG, 1975, § 10 Anm. 3) und von Fuhrmann (in Erb-Kohlhaas, Strafrechtl. Nebengesetze, 2. Aufl. Bd III, 44. Erg.-Lfg zu U 43) vorgebracht wird, daß die in § 10 Abs. 1 Nr. 3 UWG vorgeschriebene Verweisung auf diese Bußgeldvorschrift in der AO fehle, überzeugt das nicht. Dabei wird übersehen, daß diese Verweisung nach dem — höchst unglücklich versteckten — Art. 321 Abs. 1 EGStGB vom 2. 3. 1974 (BGBl I, 469) nicht erforderlich wäre, weil die AO **vor dem 1. Januar 1975 erlassen worden** ist. Bedenken gegen die Bejahung der Ordnungswidrigkeit nach § 10 Abs. 1 Nr. 3 UWG bei Verstößen gegen die AO bestehen aber im Hinblick auf **Art. 103 Abs. 2 GG,** auf den v. Gamm (a.a.O.) nur ergänzend kurz hinweist. Das fundamentale rechtsstaatliche Prinzip der Berechenbarkeitsfunktion des Strafrechts, eine verfassungsrechtlich garantierte Voraussetzung des Schuldstrafrechts, steht der Bejahung einer Ordnungswidrigkeit hier entgegen. Insoweit überzeugen m. E. die gründlichen Überlegungen, die Fuhrmann (a.a.O.) anstellt. Denn auch die Geldbuße ist eine staatliche Unrechtsfolge, die nach Art. 103 Abs. 2 GG ebenso wie eine Strafe nur für eine bestimmte Handlung ausgesprochen werden kann (Maunz-Dürig-Herzog, Grundgesetz, Art. 103 Rdn 114 mit zahlreichen Nachweisungen). Der Blankettatbestand des § 10 Abs. 1 Nr. 3 UWG enthält aber **ledig-**

lich eine Bußgeldandrohung. Es fehlt da die materiellrechtliche Festlegung des ordnungswidrigen Tatbestandes und es wird lediglich auf Rechtsverordnungen, die nach den §§ 9, 9 a und 11 UWG ergangen sind, verwiesen. So für § 10 Nr. 4 (alt) UWG schon OLG Stuttgart 19. 9. 69, BB 1969, 1287. Fuhrmann bezweifelt auch unter Hinweis auf Göhler, Ordnungswidrigkeitengesetz (5. Aufl. 1977), vor § 1, 4 B, daß die in den §§ 9, 9 a und 11 UWG enthaltenen Ermächtigungen den Voraussetzungen des Art. 80 Abs. 1 GG und der dazu ergangenen Rechtsprechung des Bundesverfassungsgerichts entsprechen. Es ist auch zu beachten, daß durch die Fassung des § 10 Abs. 1 Nr. 3 UWG in Art. 139 Nr. 4 EGStGB vom 2. 3. 1974 (BGBl I, 469) der Vorschrift des § 1 OWiG entsprochen werden sollte. Dazu genügt es aber m. E. nicht, wenn dann gleichzeitig durch Art. 321 Abs. 1 EGStGB „hinten herum" alles wieder beim alten belassen werden soll und also **materiell** § 1 OWiG nicht erfüllt wird.

Falls Verstöße gegen die AO Ordnungswidrigkeiten nach Abs. 1 Nr. 3 UWG darstellen, würden daraus, wenn der z. Z. vorliegende Entwurf eines Gesetzes zur Änderung des UWG Gesetz wird, auch zivilrechtliche Ansprüche des geschädigten Abnehmers hergeleitet werden können. Vgl. dazu Fußnote 3 und § 2 Rdn 3.

Bis zum EGStGB vom 2. 3. 1974 war nach h. M. eine **richterliche Prüfung der AO nach Art. 100 Abs. 1 Satz 1 GG** nicht zulässig, weil die AO **bis dahin** vom Gesetzgeber noch nicht bestätigt worden war. So noch BVerfG 23. 6. 70 (NJW 1970, 1594). Jetzt hat aber m. E. der Gesetzgeber im EGStGB vom 2. 3. 74 durch Art. 139, 321 Abs. 1 (s. o. und § 1 Rdn 4) die AO „in seinen Willen aufgenommen" und damit bestätigt. Eine Prüfung der AO nach Art. 100 Abs. 1 Satz 1 GG auf ihre Verfassungsmäßigkeit ist daher **heute** zulässig. M. E. gilt das nicht nur für die Frage der Strafbarkeit von Zuwiderhandlungen gegen die AO, um die es sich bei der Norm des § 10 Abs. 1 Nr. 3 UWG handelt, sondern ganz allgemein. Es wäre wenig überzeugend, wenn lediglich die Frage der Strafbarkeit (Ordnungswidrigkeit) verfassungsrechtlich nachgeprüft werden könnte, nicht aber die dieser zugrundeliegenden Normen der AO. Mit der Anordnung der Strafbarkeit von Zuwiderhandlungen gegen die AO im EGStGB vom 2. 3. 1974 (Art. 139, 321) hat der Gesetzgeber alle Normen der AO in seinen Willen aufgenommen und einer verfassungsrechtlichen Nachprüfung durch den Richter zugänglich gemacht. Die AO ist dadurch richterlich nachprüfbares „nachkonstitutionelles Recht" geworden (vgl. BVerfGE 3, 48).

§ 3 OWiG wiederholt den Grundsatz des Art. 103 Abs. 2 GG für das **Recht der Ordnungswidrigkeiten.** Es kann also eine Handlung **auch als Ordnungswidrigkeit** nur dann geahndet werden, wenn das gesetzlich bestimmt war, bevor die Handlung begangen wurde. Die oben erörterte Frage, ob schuldhafte Verstöße gegen die AO Ordnungswidrigkeiten sind, gewinnt damit auch **zivilrechtlich** Bedeutung. Wenn nämlich Verstöße gegen die AO Ordnungswidrigkeiten darstellen, ist es zufolge des strafrechtlichen Analogieverbotes auch unzulässig, den **zivil**rechtlichen Kreis eines Verbotes durch Analogie zu erweitern, falls dieses Verbot — was bei der AO zutreffen würde — zugleich Tatbestand einer Ordnungswidrigkeit ist. Denn wenn an ein und denselben objektiven Tatbestand sowohl zivilrechtliche wie strafrechtliche (hier ordnungswidrigkeitsrechtliche) Sanktionen geknüpft sind, ist eine **einheitliche** Beurteilung der Analogiefrage im Interesse der Rechtssicherheit und der Rechtseinheit unerläßlich (BGH 24. 2. 78, BB 1978, 1487, zu § 1 Abs. 3 ZugabeVO; vgl. auch BVerfG 11. 4. 67, GRUR 1967, 605; Hoth, GRUR 1977, 233). Das Analogieverbot verbietet aber nur eine **erweiternde** Auslegung der Strafnorm. Ausnahmetatbestände, die das Verbot **einschränken,** oder gesetzliche Bestimmungen, die eine Einschränkung der Legaldefinition eines Begriffes enthalten, der einer Verbotsnorm zugrunde liegt (wie § 1 Abs. 2 AO), können durch analoge Auslegung erweitert werden.

II. Die Legaldefinition der Sonderveranstaltungen im Sinne der Anordnung vom 4. 7. 1935

1. Ausscheidung solcher Veranstaltungen, die unter die §§ 7 bis 9 UWG fallen

Gesetzestechnisch arbeitet die AO — ähnlich wie die ZugabeVO — mit einem grundsätzlichen Verbot der Sonderveranstaltungen im Sinne der AO (§ 2 Abs. 1) und mit der Zulassung von drei Gruppen von Ausnahmen, nämlich den Jubiläumsverkäufen, den Resteverkäufen und den — nur sehr selten bewilligten — behördlich gestatteten Ausnahmen. Vgl. dazu § 2 Rdn 5; § 3 Rdn 1; § 5 Rdn 1, 2.

Den **Begriff der Sonderveranstaltungen** im Sinne der Anordnung vom 4. 7. 1935 legt § 1 der AO **gesetzlich fest**. Trotz dieser Legaldefinition bereitet aber die Abgrenzung des Begriffes der Praxis seit jeher **erhebliche Schwierigkeiten**.

Zunächst scheiden unstreitig bei Anwendung der AO alle solchen Veranstaltungen aus, die den Vorschriften der §§ 7 bis 9 UWG unterliegen. Das ergibt klar § 9 a UWG, der den ehemaligen Reichswirtschaftsminister nur zum Erlaß von Bestimmungen zur Regelung solcher Verkaufsveranstaltungen „besonderer Art" ermächtigte, „die nicht den Vorschriften der §§ 7 bis 9 unterliegen" und auch der Eingangssatz der Anordnung vom 4. 7. 1935 und ihr § 1 bringen das ganz eindeutig nochmals zum Ausdruck, indem dort alle Verkaufsveranstaltungen ausgenommen werden, die „Ausverkäufe oder Räumungsverkäufe" sind. Vgl. § 1 Rdn 9 ff. § 9 a UWG und die zufolge der da erteilten Ermächtigung ergangene AO sind gegenüber den §§ 7 bis 9 UWG und der auf Grund des § 9 ergangenen SchlußverkaufsVO (abgedruckt im Anhang unter Nr. 2) **subsidiär**.

16

II. Legaldefinition der Sonderveranstaltungen

2. Die vier positiven Begriffsmerkmale der Sonderveranstaltung im Sinne der Anordnung (§ 1 Abs. 1 AO)

a) Allgemeines

17 § 1 Abs. 1 der AO bestimmt, daß als Sonderveranstaltungen im Sinne der Anordnung anzusehen sind

aa) Verkaufsveranstaltungen im Einzelhandel,

bb) die „außerhalb des regelmäßigen Geschäftsverkehrs" stattfinden,

cc) die, ohne Ausverkauf oder Räumungsverkauf zu sein, der Beschleunigung des Warenabsatzes dienen,

dd) und deren Ankündigung den Eindruck hervorruft, daß besondere Kaufvorteile gewährt werden.

Alle diese Voraussetzungen müssen nebeneinander (kumulativ) vorliegen.

Vielfach **überdecken** sich diese Merkmale des § 1 Abs. 1. So kann z. B. dadurch, daß eine Ankündigung den Eindruck der Gewährung besonderer Kaufvorteile hervorruft (oben dd), die Veranstaltung durch Qualität und Quantität dieser Vorteile aus dem regelmäßigen Geschäftsverkehr der Branche (oben bb) herausgeschoben werden. Vgl. auch § 1 Rdn 54, 63. Aber auch mit den Merkmalen des § 1 Abs. 2 (sog. „zulässiges Sonderangebot") überschneiden sich die Merkmale des Abs. 1 mitunter (vgl. § 1 Rdn 97). So kann z. B. durch die Art und Weise der Ankündigung der Gewährung besonderer Kaufvorteile und durch deren Beschaffenheit bei den Umworbenen der Eindruck eines „zeitlich begrenzten" Angebotes entstehen (vgl. dazu § 1 Rdn 61, 97, 122 ff., 170). Eine Kommentierung des § 1 AO muß daher, wenn sie den Benutzer auch diagonal orientieren soll, auf diese Nahtstellen der Wirkung der einzelnen Merkmale immer verweisen. Eine streng systematische Darstellung würde diese Zusammenhänge nicht deutlich machen.

b) Verkaufsveranstaltungen im Einzelhandel

18 Damit wird zunächst festgelegt, daß sich die AO **nur auf den Einzelhandel** bezieht, also auf die sog. letzte Wirtschaftsstufe, die unmittelbar **an den Letztverbraucher** umsetzt. Ob der Veranstaltende **auch Hersteller oder Großhändler** ist, ist ohne Bedeutung, wenn die Verkaufsveranstaltung im Warenverkauf an den Letztverbraucher besteht und den Wettbewerb der Einzelhändler **auf der Einzelhandelsstufe** beeinflußt (vgl. dazu § 1 Rdn 23, 24 und etwa BGH 24. 11. 72, GRUR 1973, 416; BGH 14. 12. 73, GRUR 1974, 341). Letztverbraucher sind jedoch nicht Käufer, die die Waren **als Geschäftsgeschenke** an ihre Geschäftsfreunde (anders beim „privaten" Verschenken!) verschenken. Vgl. dazu das zu § 1 RabattG ergangene Urteil des BGH v. 3. 7. 74, GRUR 1975, 320, wo es aber am Schluß heißt: „Daß die Kunden der Beklagten **gelegentlich** die erworbenen Artikel für ihren Eigenbedarf oder für die Weitergabe an ihre Mitarbeiter abzweigen, macht sie nicht zu letzten Verbrauchern." Vgl. BGH 22. 12. 65, BGHZ 45, 1; BGH 16. 11. 73, NJW 1974, 460.

19 Im einzelnen ist die **Abgrenzung des Begriffs des Letztverbrauchers** noch umstritten. Der Begriff wird auch anderweitig im Wettbewerbsrecht wichtig, so bei § 1 RabattG und bei den §§ 6 a, 6 b UWG. Er ist jeweils nach dem Schutzzweck und damit dem **Schutzobjekt** der in Frage stehenden Norm zu bestimmen.

Ausgangspunkt ist, daß Großhandel und Einzelhandel die beiden wichtigen, funktionell unterschiedenen Gruppen von Unternehmungen sind, die als institutionelle Träger die absatzwirtschaftlichen Aufgaben des Handels erfüllen. Sie unterscheiden sich nach wirtschaftswissenschaftlicher Auffassung durch den **Adressatenkreis,** an den sich ihr ökonomisches Tun richtet. Im Gegensatz zum Großhandel setzt dabei der Einzelhandel an Letztverbraucher (Konsumenten) und nicht an Produzenten (Weiterverarbeiter) oder Wiederver-

II. Legaldefinition der Sonderveranstaltungen

käufer (Einzelhändler) ab (vgl. etwa G. Wöhl, Einf. i. d. allg. Betriebswirtschaftslehre, 10. Aufl., 1970, S. 346).

20 Der Begriff des Einzelhandels und damit des Letztverbrauchers ist auch bei § 1 Abs. 1 AO nach dem Schutzzweck der Norm abzustecken. Heute ist anerkannt, daß die AO nicht einseitig den Schutz der Wettbewerber gegenüber ihren Mitbewerbern bezweckt, sondern sehr maßgeblich auch den **Schutz der Verbraucher** (vgl. dazu Einleitung vor § 1 Rdn 2). Die AO geht dabei von der besonderen Anfälligkeit der vom Einzelhandel angesprochenen Kreise aus. **Gruppentypisch** ist dabei für den Letztverbraucher als Adressaten des Einzelhandels seine unkritische Hinnahme von Werbeappellen. Dem entspricht nach der ratio legis die besondere Schutzbedürftigkeit der Letztverbraucher.

21 Ist der Verkauf von Waren an **gewerbliche** Letztverbraucher ein Verkauf im Einzelhandel, der gegebenenfalls von § 1 AO erfaßt wird? Ich verneine das, weil beim **gewerblichen** Letztverbraucher bei **solchen** Einkäufen nicht die „gruppentypische" Gefahrenlage eintritt, auf der die AO aufbaut. Der Malermeister, der Farben einkauft, die er bei Ausführung seiner Aufträge verarbeitet, der Gastwirt, der Hotelporzellan kauft oder der Bäcker, der Mehl kauft, sind bei ihren Kaufentschlüssen nicht gruppentypisch in Gefahr, ihre Kaufentschließung beim Einkauf auf Verkaufsveranstaltungen, bei denen besondere Kaufvorteile gewährt werden, unter Beiseitelassung von Preis- und Qualitätsvergleichen zu treffen. Sie kaufen, auch wenn ihnen Sonderangebote gemacht werden, grundsätzlich mit kritischem Leistungsvergleich ein, gehören bei **derartigen** Käufen also nicht zu dem nach der Lebenserfahrung gefährdeten Personenkreis, der das Schutzobjekt der AO ist. Die in anderen Normenkreisen angebrachte Differenzierung danach, ob der Gewerbetreibende die Waren dann mehr oder weniger stark verarbeitet, entfällt daher hier von vornherein. BGH 11.11.77 (BB 1978, 56) vertritt übrigens überzeugend zu § 6 a UWG die Ansicht, daß Gewerbetreibende, die Waren zur gewerblichen Ver- oder Bearbeitung erwerben, **keine** Letztverbraucher („Endverbraucher") sind. **Denn mit dem Erwerb der Ware durch sie ist die Reihe der Umsatzgeschäfte noch nicht abgeschlossen; die Waren werden vielmehr nach Ver- oder Bearbeitung weiter umgesetzt** (veräußert) und nicht nur zur Nutzung zur Verfügung gestellt, wie z. B. ein Billard in einer Gastwirtschaft.

Zu § 6 a UWG liegt jetzt die gründliche Monographie von Schricker-Lehmann, Der Selbstbedienungsgroßhandel (1976), vor mit Diskussion der Rechtsprechung und Rechtslehre, auf die verwiesen wird. Die heute bei der zunehmenden Mischaktivität großer Handelsunternehmen (vgl. dazu § 1 Rdn 22) sehr aktuelle Frage, wie es zu beurteilen ist, wenn ein gewerblicher Verwerter privaten Eigenbedarf „mit" deckt, wird unterschiedlich beantwortet. Ausführlich dazu BGH 11. 11. 77, BB 1978, 56 (zu § 6 a UWG). Teilweise wird bei § 6 a UWG davon ausgegangen, daß bei solchen Käufen gewerblicher Verbraucher die vom Gesetzgeber unterstellte gruppentypische Schutzbedürftigkeit entfällt, weil Gewerbetreibende auch bei privaten Mitkäufen nicht unerfahren und unkritisch, sondern als Geschäftsleute einkaufen. Andere unterscheiden zwischen der Mitdeckung branchenfremden oder brancheneigenen Bedarfs: Nur bei Mitkäufen brancheneigenen privaten Bedarfs sei es gerechtfertigt, die kritische Einstellung des Gewerbetreibenden zu beachten. Meist wird eine Toleranzgrenze hinsichtlich der Privatbedarfsdeckung angenommen, wie sie auch im oben (§ 1 Rdn 18 am Ende) zitierten Urteil des BGH v. 3. 7. 74 (GRUR 1975, 320) und in den Urteilen des BGH v. 11. 11. 77 (BB 1978, 56) und v. 4. 11. 77 (GRUR 1978, 112 — 10 Prozent; zur PreisangabenVO) zugebilligt wird.

Ausführlich zum Begriff des „letzten Verbrauchers" und zu den vorerwähnten Problemen BGH 11. 10. 74 (GRUR 1975, 375, mit zahlreichen Nachweisungen) und BGH 11. 11. 77 (BB 1978, 56); beide Urteile zu § 6 a UWG; ferner zu § 1 RabattG BGH 7. 5. 76 (GRUR 1977, 264).

II. Legaldefinition der Sonderveranstaltungen

BGH 11. 10. 74 (GRUR 1975, 375, zu § 6 a Abs. 2 UWG) verweist auf § 9 Ziff. 1 RabattG: Wenn dort Gewerbetreibenden unter den Voraussetzungen des § 9 Ziff. 1 RabattG Sonderpreise gewährt werden dürfen, so bedeutet das nach Ansicht des BGH nicht, „daß sie deshalb nicht als letzte Verbraucher zu gelten hätten. Denn die Einfügung dieser Ausnahmevorschrift in das Rabattgesetz, das ausschließlich den Verkehr zwischen Einzelhändler und letztem Verbraucher regelt, wäre überflüssig, wenn nicht der Gesetzgeber auch diese Personen als letzte Verbraucher angesehen hätte". Bei Beachtung des speziellen Schutzzwecks der AO können allerdings m. E. diese Überlegungen **bei Auslegung der AO nicht herangezogen werden. Ein einheitlicher Begriff des letzten Verbrauchers quer durch das ganze Wettbewerbsrecht scheitert an den unterschiedlichen Schutzzwecken und Schutzobjekten der Normen.**

Vgl. im neueren Schrifttum zum Begriff des Letztverbrauchers etwa Fischötter, GRUR 1975, 376; Goll, NJW 1975, 1822; Schulze zur Wiesche, WRP 1975, 636 und Einleitung vor § 1 Rdn 3.

22 Die Vertriebsform ist gleichgültig. Es fallen also auch das Wandergewerbe, der Versandhandel, der Vertrieb durch Automaten, Discounter oder Konsumvereine unter die AO[23]. Dabei kann sich der Kundenkreis teilweise aus **gewerblichen Verbrauchern zusammensetzen.** In solchen Fällen ist die AO anwendbar auf Verkaufsveranstaltungen, die sich auch an Letztverbraucher wenden und ihnen zugänglich sind. Schon seit langem nehmen ja Vertriebsformen zu, durch die sowohl im Einzelhandel, also im Verkauf an den letzten Verbraucher, wie auch im Großhandel, also an Wiederverkäufer oder gewerbliche Verbraucher verkauft wird. Solche „unternehmerische Diversifikationsmaßnahmen" in Gestalt verstärkter

---

[23] Heute unstreitig; Habscheid, WuW 1953, 527; VG Würzburg 3. 12. 52, GRUR 1953, 450; BayObLG 4. 11. 53, GRUR 1954, 276; OVG Lüneburg 13. 4. 56, WRP 1957, 17; OLG Hamburg 7. 2. 57, WRP 1957, 83.

Wahrnehmung von Einzelhandelsfunktionen neben der Großhandelsfunktion, also durch eine zunehmende „Mischaktivität", sind heute in vielen Branchen zu beobachten, so etwa bei Fahrrädern, Mopeds, Fotoapparaten, Elektroartikeln, Textilien, Kfz-Ersatzteilen und Kfz-Zubehör oder bei Brennstoffen. Wenngleich von betriebswirtschaftlicher Seite eine solche Diversifikation nur als Übergangslösung angesehen und davon ausgegangen wird, daß sich das Unternehmen auf längere Sicht eindeutig für eine Wirtschaftsstufe wird entscheiden müssen[24], sind solche Mischaktivitäten zwischen Einzelhandel und Großhandel heute sehr verbreitet. Ein solches Unternehmen ist hinsichtlich seiner werblichen Aktivität durch Verkaufsveranstaltungen von der AO nur insoweit betroffen, als sich die Ankündigung und Durchführung der Aktionen **auch an Letztverbraucher** wendet und sich also auf der Einzelhandelsstufe auswirkt. Im einzelnen können dabei ähnliche Schwierigkeiten auftreten wie bei § 6a UWG im Selbstbedienungsgroßhandel: Die Mischaktivität kann zur Folge haben, daß Aktionen, die auf der Großhandelsstufe unbedenklich sind, rechtlich den Beschränkungen des Einzelhandels nach der AO unterworfen sind. Für die rechtliche Beurteilung der aktuellen Frage, ob und in welchem Umfange die Deckung des Eigenbedarfs eines gewerblichen Verbrauchers die Großhandelsebene durchbricht und eine Aktion auf der Einzelhandelsstufe darstellt und damit grundsätzlich der AO unterworfen wird, sind die Lösungsvorschläge, die zu dem ähnlich bei § 6a UWG auftauchenden Problem gemacht werden und die schon in § 1 Rdn 18 angedeutet wurden, interessant. Vielfach wird nur die Deckung des **branchenfremden** Eigenbedarfs[25] des gewerbli-

---

24 Batzer-Greipl, Marketingperspektiven des Großhandels . . ., herausgeg. vom Ifo-Institut für Wirtschaftsforschung, 1974.
25 Früher war beim traditionellen Fachgroßhandel mit seinem branchenspezifisch ausgewählten Sortiment nur die „Mitdeckung" des branchen- bzw. betriebsidentischen Eigenbedarfs möglich, während die fortschreitende Sortimentsausweitung im Selbstbedienungsgroßhandel immer mehr Gelegenheit dazu gibt, auch den
(Fortsetzung Seite 54)

II. Legaldefinition der Sonderveranstaltungen

chen Verbrauchers für schädlich erachtet. Aber diese ist im modernen SB-Großhandel kaum zu unterbinden, weil eine Aufteilung des Angebots nach Branchen schwer durchführbar ist und auch wesentliche Vorteile des modernen Selbstbedienungshandels aufhebt oder beschneidet und den Charakter dieses Distributionssystems grundlegend verändert.

Entscheidend ist grundsätzlich der Gegensatz zum Großhandel, also zu einem Absatz (nur) an solche Abnehmer, die ihrerseits die fragliche Ware wieder nach Ver- oder Bearbeitung gewerblich weiterveräußern, so daß also mit dem Erwerb der Ware durch sie die Reihe der Umsatzgeschäfte noch nicht abgeschlossen ist (BGH 11. 11. 77, BB 1978, 56). Es muß aber m. E. hier die weitere, aus dem Schutzzweck der AO abzuleitende Erwägung angestellt werden, daß Verkaufsveranstaltungen, die sich nur an Käufer wenden, die ihren „gewerblichen Bedarf ihrer Branche" einkaufen, auch deshalb nicht von der AO erfaßt werden, weil bei ihnen die gruppentypische Gefahrenlage der Letztverbraucher, von der die AO ausgeht, nicht besteht (vgl. vorstehend und § 1 Rdn 19). Wenn ein Bäcker in der Mühle Mehl einkauft, so handelt er als Geschäftsmann und mit **kritischer Überlegung** und Preis- und Qualitätsvergleich, auch wenn ihm ein Sonderangebot gemacht wird.

23 Verkaufsveranstaltungen, die ein Unternehmer für seine Grossisten oder die ein Grossist für den Einzelhandel durchführt, werden nicht von der AO erfaßt, solange die Aktionen **nicht auf den Wettbewerb im Einzelhandel** durchgreifen, also nicht geeignet sind, Umsatzverschiebungen zwischen den **Mitbewerbern auf der Einzelhandelsstufe** herbeizuführen.

---

branchen- bzw. betriebs**fremden** Eigenbedarf mit einzukaufen. Vgl. dazu BGH 22. 12. 65, BGHZ 45, 1; ferner BGH 16. 11. 73, GRUR 1974, 474; BGH 11. 11. 77, BB 1978, 56 (zu § 6 a UWG) und vertieft die Probleme bei § 6 a UWG diskutierend G. Schricker und M. Lehmann, Der Selbstbedienungsgroßhandel (Schriftenreihe des Max-Planck-Instituts für ausl. und internat. Patent-, Urheber- und Wettbewerbsrecht, Bd. 4), 1976.

Wenn ein **Hersteller** Verkaufsaktionen in Gestalt von Sonderveranstaltungen veranlaßt, kommt es in gleicher Weise darauf an, ob diese geeignet sind, sich auf den Wettbewerb zwischen den Mitbewerbern (Einzelhändlern) **auf der Einzelhandelsstufe** auszuwirken. Das wurde im Fall OMO (BGH 26. 2. 65, GRUR 1965, 542) verneint: Die an der von der Herstellerin des Waschmittels OMO veranstalteten Verkaufsaktion teilnehmenden Einzelhändler blieben ungenannt. Sie waren für den Verkehr eine unbestimmte Vielzahl und erschienen dem Verkehr nicht als Veranstalter. Als solcher wurde von den umworbenen Verbrauchern vielmehr die Herstellerfirma OMO angesehen. Die Verbraucher konnten die zur Einführung des Artikels verteilten Scheine **bei dem sehr weiten Vertrieb von OMO praktisch in jedem Einzelhandelsgeschäft einlösen**. Eine Veranlassung, ein **bestimmtes** Geschäft zum Nachteil der Mitbewerber aufzusuchen, bestand also nicht. Es wurde nur ein Erzeugnis, eben OMO, vom Hersteller herausgestellt, ohne daß ein Einfluß auf den Wettbewerb auf der Einzelhandelsstufe ausgeübt wurde: Die Aktion griff nicht umsatzverschiebend auf die Mitbewerber auf der Einzelhandelsstufe durch, sondern förderte nur ganz allgemein den Absatz von OMO gegenüber den Konkurrenzerzeugnissen. **Anders** lag es bei BGH 24. 11. 72 (GRUR 1973, 416): Die Porzellanfabrik Arzberg veranstaltete eine Porzellanumtauschaktion „Aus Alt mach Arzberg", an der in Frankfurt ein, in Berlin 14 **namentlich dem Verkehr genannte** Einzelhändler teilnahmen, die bereit waren, für die Fa. Arzberg gebrauchtes Porzellan in „Arzberg-Gutscheine" umzutauschen. Es waren also **nur einige wenige** Einzelhändler, bei denen für je 1 Pfund „altes Porzellan" 1 DM für den Kauf von Arzberg-Porzellan gutgeschrieben wurde. Damit war aber diese Aktion, anders als im vorstehend erörterten OMO-Fall, geeignet, den Wettbewerb **auf der Einzelhandelsstufe** zu beeinflussen. Denn diejenigen (ihrer Zahl nach keineswegs unbedeutenden) Einzelhändler, die Arzberg nicht führten oder die sich

II. Legaldefinition der Sonderveranstaltungen

an der Aktion nicht beteiligten, wurden gegenüber den an der Aktion teilnehmenden Einzelhändlern in ihrem Wettbewerb benachteiligt, wobei eben zu beachten ist, daß Arzberg-Porzellan — im Gegensatz zum Waschmittel OMO — keineswegs praktisch in jedem einschlägigen Einzelhandelsgeschäft verkauft wird. In solchen Fällen kann also, wie schon BGH 16. 6. 71 (GRUR 1972, 125) ausgeführt hat, auch ein Unternehmen, das seiner Funktion nach einer dem Einzelhandel vorgelagerten Wirtschaftsstufe angehört, im Sinne des § 1 Abs. 1 AO im Einzelhandel tätig werden, wenn es sich unmittelbar an die Letztverbraucher wendet, sei es, daß ein primär als Hersteller tätiges Unternehmen gleichzeitig **auch als Filialunternehmen im Einzelhandel** die Endverbraucher direkt über seine eigenen Filialen beliefert, also auch auf der Einzelhandelsstufe sich betätigt, oder daß ein reiner Herstellerbetrieb damit einverstanden ist, daß eine von ihm in die Wege geleitete und weitgehend finanzierte Verkaufsveranstaltung von den Einzelhändlern den Verbrauchern gegenüber als Aktion der Herstellerin bezeichnet wird, an deren Kosten sich diese beteiligt und dabei — etwa durch ein in einem Gutschein vereinbartes Zahlungsversprechen — selbst in ein Vertragsverhältnis zum Letztverbraucher tritt.

24 Mit der Frage, wann eine Verkaufsveranstaltung „im Einzelhandel" stattfindet, befaßt sich auch BGH 23. 5. 75 (BB 1975, 1079). Dort warb die Herstellerin der Opalstrumpfwaren in der Tagespresse wie folgt: „20 Jahre Opal. Jubiläumsstrumpfhose zum halben Preise. Statt 4,95 DM jetzt nur 2,48 DM empf. Preis. Für alle starken Figuren — überall bei Ihrem Kaufmann". Das wurde überzeugend **nicht** als eine von der AO erfaßte Verkaufsveranstaltung angesehen. Denn eine solche Werbung verschiebt bei der großen, für den Verbraucher unübersehbaren Anzahl von Einzelhändlern, die Opalstrumpfhosen führen, den Wettbewerb auf der Einzelhandelsstufe zwischen diesen Händlern untereinander nicht. Es liegt vielmehr nur eine Werbung für das Erzeugnis **als solches** und nicht für die dieses vertreibenden Einzelhändler vor. Dabei ist wichtig, daß die Firma Opal nicht auch selbst gleichzeitig ihre Erzeugnisse an Letztverbraucher vertrieb. Die Veranstaltung fand also nicht im Einzelhandel statt und die AO war nicht anwendbar. Der Sachverhalt war da ganz ähnlich wie im oben diskutierten Fall OMO (BGH 26. 2. 65, GRUR 1965, 542). Auch da handelte es sich (nur) um eine mittelbare Verkaufsförderung durch die Verbraucherwerbung der Herstellerin, die selbst nicht an Letztverbraucher verkaufte, sondern mit ihrer Werbung und der Verkaufsveranstaltung die Einführung ihres Erzeugnisses auf dem Wege des Verkaufs durch eine Vielzahl ungenannter, ihre Ware führender Einzelhändler mit ihrem „Einführungspaket zum Kennenlernen" förderte. Die Fallgestaltung erinnert etwas an die Gemeinschaftswerbungen von Verbänden etwa für Blumen, Obst, Ziegel usw: Es wird da für ein nur gattungsmäßig umschriebenes Erzeugnis geworben, der Umsatz dieser Waren soll also ganz allgemein im Einzelhandel gefördert werden, nicht aber soll der Wettbewerb zwischen den Einzelhändlern, die diese Waren vertreiben, beeinflußt werden. Allerdings kann auch durch solche Verkaufsveranstaltungen, wenn man die Dinge sehr abstrakt betrachtet, auf der Einzelhandelsstufe ganz allgemein eine Umsatzverschiebung erfolgen: so etwa durch eine Werbung generell für Blumen ein Umsatzeinbruch bei Süßwaren usw. Der Verbraucher kann ja sein Geld nur einmal ausgeben. Das wird aber hingenommen und BGH 23. 5. 75 (BB 1975, 1079) betont ausdrücklich, daß die Anwendbarkeit der AO nicht auf **jede** Herstellerwerbung erstreckt werden könne, „die sich im Wettbewerb der Einzelhändler untereinander auswirken kann", was allerdings wiederum nicht dahin verstanden werden darf, daß dieses oben herausgestellte Merkmal der Eignung der Verkaufsveranstaltung zur Umsatzverschiebung zwischen den Einzelhändlern nicht doch **weitgehend** das punctum saliens sein muß, soweit es sich dabei nicht lediglich um Reflexwirkungen handelt, die bei wettbewerblicher Betätigung unvermeidbar im Marktmechanismus eintreten. Solche Ausstrahlungen werden eben hingenommen, wenn sie nicht gezielt — etwa durch namentliche Nennung von Einzelhändlern oder auf ähnliche Weise — herbeigeführt werden und so die Herstellerwerbung dahin ausgerichtet wird, den Wettbewerb auf der Einzelhandelsstufe zu beeinflussen. In den oben besprochenen Fällen OMO und Opal lag es auch so, daß diese Erzeugnisse **sehr weit verbreitet** im Einzelhandel überall vertrieben wurden und die Wirkung der Verkaufsveranstaltung im Verhältnis der Einzelhändler zueinander „anonym" war. Ganz anders war die wettbewerbliche Auswirkung im Fall Porzellan-Umtausch (BGH 24. 11. 72, GRUR 1973, 416), wo von einer **lediglich mittelbaren** Förderung im Hinblick auf die relativ wenigen Einzelhändler, die an der Aktion der Herstellerin teilnahmen, nicht mehr gesprochen werden konnte: Da wurde in den Wettbewerb auf der Einzelhandelsstufe gezielt eingegriffen und wenn eine Herstellerfirma ihre fraglichen Erzeugnisse nicht nur über den Einzelhandel vertreibt, sondern diese **auch selbst über ihre eigenen Filialen an die Letztverbraucher verkauft,** dann findet eine Verkaufsveranstaltung **notwendig im Einzelhandel statt** und die AO ist anzuwenden. So lag es in den Fällen BGH 16. 6. 71, GRUR 1972, 125; BGH 3. 11. 72, GRUR 1973, 653 und BGH 14. 12. 73, GRUR 1974, 341.

25 Es muß sich um **Veranstaltungen** handeln. Ob dadurch, daß die AO hier von „Veranstaltungen" spricht, **besonders intensive Maßnahmen** verlangt werden, ist nicht unstreitig. Teilweise wird angenommen, daß der Begriff der Sonderveranstaltung eine Aktion größeren Umfanges voraussetze, daß also als Sonderveranstaltung nur angesehen werden könne, was in der Form einer erheblich gesteigerten Entfaltung werbender Kraft in Reklame, äußerer Verkaufsorganisation, Warenangebot, günstiger Preisgestaltung und zeitlicher Umgrenzung von der normalen Geschäftsabwicklung in der

Branche abweiche, was sich der ganzen Aufmachung und der normalen Verkaufsbemühung nach als etwas Einmaliges, zeitlich eng Umgrenztes und daher als eine zum raschen Kauf zwingende Veranstaltung gibt[26]. Der Wortsinn legt die Vorstellung nahe, daß es sich bei einer Verkaufsveranstaltung um eine Aktion handelt, bei der die Umworbenen auf breiterer Basis, sei es wegen der Sortimentsbreite oder wegen der Auswahl unter gleichen Waren, im größeren Rahmen, bei einer Vielzahl einzelner Angebote, einkaufen können. Vgl. dazu (zu § 1 **Abs. 2** AO) auch § 1 Rdn 87 ff.

Der Bundesgerichtshof ist dieser Auffassung aber in seinem 26 **Urteil v. 25. 3. 58 (GRUR 1958, 395) entgegengetreten** und heute ist es ganz allgemeine Gerichtspraxis, daß der Begriff der Verkaufsveranstaltungen im Sinne des § 1 Abs. 1 AO **nicht auf Aktionen größeren Umfangs beschränkt ist** (vgl. etwa Borck, WRP 1959, 42; OLG Bremen 23. 4. 70, BB 1970, 1151, ausführlich zitiert in § 1 Rdn 111, 148; OLG Stuttgart 31. 10. 73, WRP 1973, 665). Die Begründung geht dahin, daß die Bestimmung des § 1 Abs. 2 AO für diese Auslegung spricht. Da dort ausdrücklich „Sonderangebote" unter bestimmten Voraussetzungen vom Begriff der „Sonderveranstaltungen" im Sinne des § 1 Abs. 1 AO **ausgenommen** werden, werde damit zum Ausdruck gebracht, daß auch Angebote, die sich nur auf einzelne Waren beziehen und daher nicht notwendig Aktionen größeren Ausmaßes darstellen, Sonderveranstaltungen im Sinne des § 1 Abs. 1 AO sein können. Das ist überzeugend, wenn man — wie ganz allgemein die Rechtslehre und Rechtsprechung — diskussionslos davon ausgeht, daß § 1 Abs. 2 AO rechtswirksam ist. Es bestehen dagegen aber Bedenken: Es fragt sich m. E., ob diese Bestimmung von der Ermächtigung in § 9 a UWG gedeckt ist, die nur die Regelung von Verkaufsveranstaltungen besonderer

---

[26] OLG Koblenz 18. 1. 52, GRUR 1952, 246; OLG Koblenz 24. 9. 54, WRP 1955, 125; ebenso OLG Stuttgart als Vorinstanz von BGH 25. 3. 58, GRUR 1958, 395; Kamin, WRP 1955, 123. Vgl. dazu auch § 1 Rdn 90.

II. Legaldefinition der Sonderveranstaltungen

Art umfaßt, „die nicht den Vorschriften der §§ 7 bis 9 UWG unterliegen". Die Ermächtigung in § 9 a UWG und damit die AO stehen also in engem und unmittelbarem Zusammenhang mit den Vorschriften der §§ 7 bis 9 UWG und mit der dort geregelten Materie. Da handelt es sich aber durchweg um Verkaufsveranstaltungen, die selten stattfinden und die ihrer Natur nach weitgreifende, massive und den eingefahrenen Geschäftsbetrieb „durcheinanderbringende" Vorbereitungen erfordern. Falls also — womit sich BGH 25. 8. 58 (GRUR 1958, 395) nicht auseinandersetzt — § 1 Abs. 2 AO wegen Überschreitung der Ermächtigung in § 9 a UWG rechtsunwirksam ist, dann würde auch der — zunächst sehr einleuchtende — Hinweis auf Abs. 2 bei der Auslegung des Abs. 1 nicht überzeugen. Vgl. dazu auch § 1 Rdn 87.

Heute muß also davon ausgegangen werden, daß der Begriff der Verkaufsveranstaltung im Sinne des § 1 Abs. 1 AO **nicht** auf Aktionen größeren Umfanges beschränkt ist.

Es wird leicht übersehen, daß auch nach dieser Rechtsprechung nur „größere" Veranstaltungen nicht erforderlich sind. In einem Urteil vom 28. 4. 78 (JZ 1979, 68 — Tierbuch) hat der BGH dazu jetzt klargestellt, daß keineswegs jede werbliche Aktivität im Verkaufsangebot als „Veranstaltung" im Sinne des § 1 Abs. 1 AO anzusehen ist. Das Urteil, das auch in § 1 Rdn 39, 65 und 88 besprochen ist, geht vielfach Gedankengänge, die ich bei Erörterung der Frage, ob § 1 Abs. 2 AO von der Ermächtigung des § 9 a UWG gedeckt ist, bereits in einem Aufsatz in GRUR 1976, 129 vorgetragen habe. Das Urteil läßt zwar dahingestellt, welche Anforderungen im einzelnen erfüllt sein müssen, um dem Begriff einer Veranstaltung im Sinne des § 1 Abs. 1 AO zu genügen. Es betont aber, daß es, „auch wenn man insoweit geringe Anforderungen stellen wollte", jedenfalls nicht genügt, wenn es sich lediglich um eine bestimmte, wenngleich auffallend günstige Preisforderung handelt: es muß bei einer Verkaufsveranstaltung im Sinne des § 9 a UWG mehr vorliegen als bestimmte Preisstellungen für sich allein. Preisaktivität ist zwar das weitaus häufigste Werbemittel bei Verkaufsveranstaltungen im Sinne des § 1 Abs. 1 AO. Sie begründet aber **für sich allein** noch nicht das Vorliegen einer „Veranstaltung". Schon der „umgangssprachliche Sinn der Worte ›Verkaufsveranstaltung besonderer Art (§ 9 a UWG)‹ und ›Sonderveranstaltungen‹ sowie der Hinweis auf den durch die Ankündigung der Sonderveranstaltung hervorgerufenen Eindruck" legt, wie der BGH betont, diese Auslegung nahe. Es müssen also, damit eine Verkaufsveranstaltung im Sinne des § 1 Abs. 1 AO vorliegt, noch andere werbliche Aktivitäten entfaltet werden als lediglich ein Angebot, das den Eindruck besonderer Kaufvorteile hervorruft — wobei übrigens nach der von mir in § 1 Rdn 39, 72 vertretenen Ansicht diese „besonderen Kaufvorteile" solche sein müssen, die sich gegenüber dem sonstigen Angebot **des Veranstalters** profilieren. Im von BGH 28. 4. 78 entschiedenen Fall bot eine Kaffeerösterei über ihr bundesweites Filialnetz außerordentlich günstig, aber durchaus **un**gekoppelt mit dem Kauf von Kaffee oder einer anderen Ware, ein Tierbuch an. Das wurde überzeugend **nicht** als Verkaufs**veranstaltung** im Sinne der AO angesehen. Das Urteil betont, daß eine andere Auslegung der AO weder durch den Wortlaut noch durch die auf die Gründe des Erlasses der AO hindeutenden Materialien (vgl. Anhang Nr. 1) gedeckt wäre und auch nicht durch die der AO im Rahmen der heutigen Wirtschaftsverfassung zukommenden Zwecke zu begründen ist. Diese Auslegung stehe „auch allein im Einklang mit dem für das UWG anerkannten Grundsatz, daß der Kaufmann seine Preise frei bilden kann und daß besondere Umstände vorliegen müssen, wenn diese Freiheit beschränkt werden soll. Solche Umstände können bei der Anwendung der AO ebensowenig wie bei der Anwendung des § 1 UWG schon darin allein gefunden werden, daß ein Preis vom marktüblichen auffallend abweicht".

Ich halte das Urteil für überzeugend. Es bestätigt auch mittelbar die Bedenken, die ich gegen die Rechtsgültigkeit von § 1

II. Legaldefinition der Sonderveranstaltungen

Abs. 2 AO in GRUR 1976, 129 und in § 1 Rdn 87 ff. zur Diskussion gestellt habe. Es muß bei § 1 Abs. 1 AO etwas „veranstaltet" werden, d. h. es muß ein mehr oder weniger ineinandergreifender, aus einer Anzahl von Einzelmaßnahmen sich aufbauender werblicher und betrieblicher Mechanismus in Gang gesetzt werden und nicht lediglich eine Ware im Rahmen des betriebswirtschaftlichen Ablaufs preisgünstig angeboten werden — was gegebenenfalls als „Lockvogelangebot" gegen das UWG verstoßen kann (vgl. § 1 Rdn 68).

27 Hahn (BB 1975, 18) weist darauf hin, daß in der Rechtsprechung hier zwei Tendenzen auf eine gewisse Angleichung von Sonderveranstaltungen im Sinne des § 1 Abs. 1 und Sonderangeboten im Sinne des § 1 Abs. 2 hinwirken. Sonderveranstaltungen im Sinne des § 1 Abs. 1 AO können nach der Rechtsprechung, wie vorstehend ausgeführt, auch im Angebot einzelner Waren bestehen, während beim von § 1 Abs. 2 AO gedeckten Sonderangebot die Abgrenzung des Begriffs der „einzelnen" Waren (vgl. dazu § 1 Rdn 105 ff.) von der Rechtsprechung großzügig vorgenommen wird. So bejaht z. B. BGH 23. 6. 61 (GRUR 1962, 36) ein Angebot „einzelner Waren" im Sinne des § 1 Abs. 2 AO noch beim Angebot eines Kaufhauses von ca. 3000 Stück der fraglichen Waren. Im Ergebnis führt das zu einer Annäherung der Abgrenzungen von Sonderangebot und Sonderveranstaltung, soweit die Abgrenzung **vom Warenangebot her** vorgenommen wird.

28 Es muß sich aber stets um **Verkaufs**veranstaltungen handeln und die fragliche Verkaufsveranstaltung muß in einem **Waren**angebot **im Einzelhandel** bestehen, und zwar eben im Sinne eines Verkaufsangebotes. Man muß sich daher klar werden über die Begriffe der **Ware,** des **Einzelhandels** und des **Verkaufs**angebotes **im Sinne der AO.** Eine Beschränkung auf bestimmte Arten von Waren, wie sie die Saisonschlußverkaufsverordnung vom 13. 7. 1950 (abgedruckt im Anhang Nr. 2) enthält, enthält die Anordnung vom 4. 7. 1935 **nicht.**

Vier Begriffsmerkmale

Der handelsrechtliche **Begriff der Ware** kann unstreitig für die Auslegung der AO **nicht** übernommen werden. Der Begriff der Ware wird bei der AO allgemein so abgegrenzt wie bei § 2 UWG, wofür zunächst manches spricht, da die AO unstreitig zum Wettbewerbsrecht im allgemeinen Sinne gehört. Danach wird der Warenbegriff funktionell bestimmt, d. h. Ware ist jedes Erzeugnis, das Gegenstand des Handels sein kann. Unstreitig gehören zu den Waren im Sinne des § 2 UWG nicht nur landwirtschaftliche Erzeugnisse, die § 2 UWG ausdrücklich nennt, sondern z. B. auch forstwirtschaftliche oder bergbauliche Erzeugnisse, Steine, Sand usw. Auch unbewegliche Waren (Grundstücke) werden zu den Waren im Sinne des § 2 UWG gerechnet (anders noch RGZ 134, 49). So wie bei § 2 UWG soll „jedes wirtschaftliche Gut, das wie eine Ware gehandelt wird", Ware im Sinne der AO sein — eine oft zu lesende Definition, die allerdings den zu definierenden Begriff mit sich selbst zu bestimmen versucht. Darunter werden dann auch z. B. „Werbeideen", Nachrichten, der elektrische Strom (RGZ 67, 232) und Rechte, z. B. Nutzungsrechte (Lizenzrechte!), gerechnet.

Diesen weiten, aus der Funktion des Gutes als Gegenstand **29** des Handelsverkehrs abgeleiteten Warenbegriff kann man aber m. E. bei Auslegung der AO nicht übernehmen. Die Entstehungsgeschichte, die systematische Stellung der AO bzw. des § 9 a UWG und der **Schutzzweck der AO** sprechen dagegen. Man darf hier den Begriff der Ware nicht generell aus dem „Handel" ableiten, sondern einschränkend nur aus dem **„Einzel**handel" im Sinne der AO. Weiter kann bei Auslegung der AO nur ein Einzelhandel, der sich an Käufer wendet, die nach der ratio legis als Letztverbraucher Schutzobjekte der AO sind (vgl. Einleitung vor § 1, Rdn 2, 3; § 1 Rdn 19 ff.), „Einzelhandel" im Sinne der AO sein. Gewerbetreibende, die für ihren gewerblichen Bedarf einkaufen, scheiden daher, wie schon oben ausgeführt, als Schutzobjekte aus. Verkaufsveranstaltungen, die nur solche Käufer berühren, sind also

II. Legaldefinition der Sonderveranstaltungen

keine „Verkaufsveranstaltungen im Einzelhandel" im Sinne der AO. Zwar sind Schutzobjekte der AO auch die Mitbewerber, aber eben nur im **Einzelhandel im Sinne der AO,** und der Wettbewerb als Institution wird hier auch nur geschützt im Hinblick auf die „gruppentypischen Gefahren", die Verkaufsveranstaltungen der in § 1 AO umschriebenen Art für Mitbewerber und für Letztverbraucher bringen, die nicht „als Gewerbetreibende" einkaufen, sondern als unerfahrene, für suggestive Werbung besonders anfällige Verkehrsteilnehmer.

Das Wort Einzelhandel hat im Sprachgebrauch auch eine sehr gezielte Bedeutung. Der Sprachgebrauch rechnet darunter m. E. nicht Verkaufsveranstaltungen von Grundstücksgesellschaften, die etwa durch Sonderangebote „billige Eigentumswohnungen" zum Kauf anbieten, wohl aber Verkaufsveranstaltungen von Baumaterialfirmen, bei denen privaten Letztverbrauchern Baumaterial, Zement, Sand, Kies und dgl. unter Gewährung besonderer Kaufvorteile angeboten werden. Auch der Antiquitätenhandel gehört zum Einzelhandel mit Waren im Sinne der AO. Man wird also m. E. den Begriff der **Ware** im Sinne der AO breiter fassen dürfen, wird ihn aber nicht auf unbewegliche Sachen erstrecken können, da diese nicht „im **Einzel**handel" angeboten werden. Die Begriffsbestimmung der Ware mag auch hier von der Funktion her mit erfolgen, aber eben, wie schon oben betont, nicht schlechthin vom „Handel" aus, sondern vom „**Einzel**handel".

Rechte aller Art — in Frage kommen insbesondere Nutzungsrechte (Lizenzen) — kann man m. E. nicht zu den Waren im Sinne der AO rechnen. Sie werden nicht im Einzelhandel verkauft. Vgl. dazu auch § 1 Rdn 32 zu den **Leasingverträgen.**

30 Die Begriffsbestimmung der „**Verkaufs**veranstaltung" scheint zunächst nicht schwierig. Unstreitig fallen darunter nicht Veranstaltungen, die als Ausstellung lediglich die interessierten Käuferkreise über das Warenangebot **unterrichten.** Eben-

so fällt z. B. ein „großes Geburtstagsgewinnspiel" anläßlich des einjährigen Bestehens eines Einkaufszentrums nicht unter die AO (OLG Frankfurt 18. 5. 72, BB 1972, 851; LG Düsseldorf 27. 6. 73, WRP 1973, 493). Zwar soll dadurch mittelbar der Warenabsatz beschleunigt werden, aber die Aktion hat „reinen Werbecharakter" und ist keine **Verkaufs**veranstaltung. Vgl. dazu auch § 3 Rdn 3.

Das Eintauschen (Inzahlungnehmen) gebrauchter Waren beim Kauf anderer Waren ist zwar ein Tausch. Es tritt aber wirtschaftlich gegenüber dem Kaufcharakter solcher Rechtsgeschäfte so zurück, daß derartige „Umtauschaktionen" (vgl. dazu § 1 Rdn 75, 139, 140) als Verkaufsveranstaltungen im Sinne der AO anzusehen sind. **31**

Vermieten[27] ist grundsätzlich kein Verkaufen. **32**

Hier verlangt aber das immer bedeutsamer werdende Rechtsinstitut des **Leasing** eine besondere Erörterung.

Leasing-Verträge — Blomeyer bezeichnet sie in NJW 1978, 973 als zivilrechtlich problematische Zwitter, die alle Schattenseiten des Kaufs mit denen der Miete verbinden — haben sehr unterschiedliche Inhalte. Für die Frage, ob die AO Anwendung finden kann, kommt nur ein Leasing in Betracht, das Waren (s. o.) betrifft und im Einzelhandel im Sinne der AO (s. o.) erfolgt. Das sind Leasingverträge, die man kurz als **„Mietkäufe"** bezeichnet. Soweit sich Veranstaltungen, die auf den Abschluß solcher Verträge hinzielen, an Verkehrskreise wenden, die als Geschäftsleute abschließen, entfällt die **sinngemäße** Anwendung der AO — denn nur um eine solche kann es sich überhaupt handeln — schon deshalb, weil die da Umworbenen nicht zu dem Personenkreis gehören, der gruppentypisch der Gefahr ausgesetzt ist, sich bei derartigen Aktionen unüberlegt und unkritisch vertraglich zu binden (vgl. § 1 Rdn 20). Aber diese Miet-Kauf-Verträge greifen längst in

---

[27] Zum Abschluß von Abonnementsverträgen über Waren vgl. BGH 14. 7. 65, GRUR 1966, 214 und § 1 Rdn 65.

II. Legaldefinition der Sonderveranstaltungen

das tägliche Leben des **privat** seinen Bedarf deckenden Letztverbrauchers hinüber. Solche Miet-Kauf-Verträge etwa für Radio- oder Fernsehgeräte, für Waschmaschinen oder für privat genutzte Personenkraftwagen werden immer häufiger abgeschlossen und zwar sowohl im traditionellen Einzelhandel wie auch im Versandhandel. In wohl 99 Prozent der Fälle führen derartige Verträge zum Kaufabschluß und ich glaube daher, daß die analoge Anwendung der AO auf Veranstaltungen, die zum Abschluß solcher Leasingverträge anreizen, die praktisch „Surrogatgeschäfte" für Kaufverträge sind, gerechtfertigt ist, wenn die sonstigen Voraussetzungen der AO erfüllt sind. Zwar ist die AO auf „**Verkaufs**veranstaltungen" abgestellt und zum Verkauf gehört als Hauptpflicht des Verkäufers die Eigentumsübertragung, die beim vorerwähnten Leasing immer gleichsam „phasenverzögert" durch ein vorgeschaltetes Mietverhältnis mit Kaufoption erfolgt. Beim sog. Finanzierungsleasing im unternehmerischen Bereich, bei dem die **Nutzungsmöglichkeit** im Vordergrund steht und ein Kauf nur selten erwogen wird, mag die Sache anders liegen als bei diesen Leasingverträgen des kleinen Mannes, der dabei praktisch in derselben gruppentypischen Gefahr ist wie bei den „eigentlichen" Verkaufsveranstaltungen, die die AO im Auge hatte. Das Leasing ist im unternehmerischen Bereich — und das sind die wirtschaftlich bedeutenden Fälle von Leasingverträgen — ein Beispiel dafür, daß auch in unserer Wirtschaftsordnung das Eigentum auf weiten Gebieten des Wirtschaftslebens immer mehr durch die **Nutzungsmöglichkeit der Güter** ersetzt wird. Die wichtigen Leasingverträge im Handel und Gewerbe etwa über große Maschinen, über den Fuhrpark oder auch über know-how, für die diese Ausrichtung typisch ist und durch die bei Schonung von Liquidität und Kapitaldecke und der Kreditlinie des Betriebes (das Kreditinstitut des Unternehmens wird durch ein solches Leasing nicht berührt) die Beschaffung von Investitionsgütern erreicht wird, scheiden für eine analoge Anwendung der AO der Natur der Sache nach aus. Anders aber die kleinen Miet-Kauf-Verträge, die auch bei uns jetzt zunehmend zur Anschaffung von Konsumgütern im Einzelhandel von denselben Verkehrskreisen abgeschlossen werden, die gruppentypisch bei Aktionen, wie sie § 1 AO umschreibt, in die Gefahr unüberlegten Kaufens kommen. Hier handelt es sich um Leasingverträge ganz anderer Art als im unternehmerischen Disponieren, wo meist der Kauf gerade **vermieden** werden soll und die **Nutzungsmöglichkeit** angestrebt wird, während bei den Miet-Kauf-Verträgen des privaten Endverbrauchers zwar **gekauft werden soll**, aber zeitlich verzögert unter Vorschaltung eben eines Mietverhältnisses. Die analoge Anwendung der AO auf Veranstaltungen, die auf den Abschluß solcher Mietkaufverträge im Einzelhandel mit Letztverbrauchern — die wirtschaftlich den **Abzahlungsgeschäften** nahestehen — hinzielen, ist daher m. E. rechtstreu. Die analoge Anwendung der AO ist, wenn man Verstöße gegen die AO nicht mehr als strafbedroht ansieht, auch insoweit unbedenklich geworden. Vgl. dazu § 1 Rdn 15; ferner § 1 StGB, Art. 103 Abs. 2 GG, § 3 OWiG.

Die AO erfaßt nur den Verkauf von **Waren**. Nicht erfaßt werden daher von der AO Veranstaltungen, die **gewerbliche Leistungen** betreffen, also etwa von Wäschereien, Leihbibliotheken, Schulen, Versicherungsgesellschaften, Bausparkassen, Architekten, Theatern, Konzertunternehmen, Zirkusunternehmen, Friseurgeschäften („Sonderaktion Dauerwelle") oder Fuhrunternehmen (vgl. § 1 Rdn 64). Auch Energieversorgungsunternehmen wie Elektrizitätswerke oder Fernheizwerke verkaufen keine Waren sondern Energie[28], soweit sie nicht z. B. Elektrogeräte vertreiben. Bei Autoreparaturwerkstätten ist die Sache schon fraglicher, weil mit der Reparatur von Kraftwagen regelmäßig ein Verkauf von Ersatzteilen

33

---

[28] Anders Wasserwerke oder Gaswerke! Bei Abgabe an gewerbliche Verbraucher fehlt es aber am Verkauf „im Einzelhandel"! Vgl. dazu § 1 Rdn 18.

II. Legaldefinition der Sonderveranstaltung

oder von Öl verbunden sein wird. Auf der Grenze stehen z. B. auch „Sonderangebote billiger Reisen" durch Reisebüros, weil Gesellschaftsreisen auch sachliche Leistungen einschließen (Verpflegung usw.). Man wird in solchen Fällen gemischter Angebote auf das **wirtschaftliche Schwergewicht des Angebotes** abstellen müssen, an dem sich auch die Auffassung der Umworbenen vom Inhalt der Veranstaltung mit orientiert. Ein Reisebüro, das Gesellschaftsreisen vermittelt, veranstaltet auch dem unbefangenen Wortgebrauch nach keine „Verkaufsveranstaltungen im Einzelhandel" und bezweckt nicht die Beschleunigung des Warenabsatzes, sondern die Förderung des Umsatzes in gewerblichen Leistungen[29]. Immer kommt es auf die einzelne Veranstaltung an. Wenn ein Unternehmen, das fast ausschließlich Waren verkauft, daneben auch gewerbliche Leistungen anbietet, so kann dieses Unternehmen Sonderveranstaltungen, die sich auf die Ankündigung gewerblicher Leistungen beschränken, veranstalten, ohne daß diese deshalb, weil seine Umsätze im übrigen und weit überwiegend Warenumsätze sind, in den Regelungsbereich der AO einbezogen werden[30].

Zu den vorstehend als „gemischte Angebote" bezeichneten Angeboten hat sich BGH 15. 2. 78 (GRUR 1978, 372) geäußert.

---

29 Die Beispiele lassen sich beliebig vermehren. Jeder Fall zeigt seine Besonderheiten. Man denke etwa an entsprechende Veranstaltungen von Kuranstalten, Fremdenverkehrsorganisationen usw. „Fahrten ins Blaue", die ein Verkehrsunternehmen veranstaltet, sind auch dann keine „Verkaufsveranstaltungen", wenn dabei Speisen und Getränke abgegeben werden. Das ist für den Charakter solcher Veranstaltungen peripher und tritt wirtschaftlich zurück hinter der zentralen, den Vertragscharakter bestimmenden Beförderungsleistung. Vgl. dazu § 1 Rdn 33, 34.
Auch wenn der Umsatz in gewerblichen Leistungen durch preisgünstige Angebote von **Waren** gefördert werden soll, fällt das nicht unter die AO (aber oft unter die ZugabeVO), denn es soll da nicht der Absatz von **Waren** beschleunigt werden. Dazu § 1 Rdn 65.
30 Beispiel: Ein Warenhaus verkauft Konzertkarten oder hat eine Abteilung für Gesellschaftsreisen. Daß in solchen Fällen die durch diese Aktion in das Warenhaus gelockten Kunden dann **auch Waren** kaufen, macht die Aktion nicht zur „Verkaufsveranstaltung" im Sinne der AO.

Es handelte sich da um eine „Bilderwerbewoche mit radikal herabgesetzten Preisen" für Farbfotos. Das wurde nicht als Verkaufsveranstaltung angesehen, obwohl dabei ja auch Kopierpapier mit verwendet und an den Kunden abgegeben wurde (vgl. dazu § 651 Abs. 1 BGB). Der BGH führt aus, daß hier keine Verkaufsveranstaltung angenommen werden könne, weil die angesprochenen Verkehrskreise das Angebot seinem Gesamteindruck nach als Angebot von gewerblichen Leistungen (Kopieren) auffassen. Dieser Gesamteindruck sei entscheidend für die sachliche Beurteilung (BGH 23. 6. 61, GRUR 1962, 42). Der Verkehr gehe nicht davon aus, daß er Kopierpapier kaufe. Damit stehe auch in Einklang, daß dieses Papier nicht in den Rechnungen als besonderer Warenposten aufgeführt werde. R. Sack kritisiert das Urteil in seiner anregenden Anmerkung in GRUR 1978, 372. Seine prozessualen Bedenken lasse ich hier unerörtert. Mir scheint aber das betonte Abstellen des BGH auf die Verkehrsauffassung **überzeugend** und es scheint mir das auch ein praktikabler Gesichtspunkt für die Beurteilung solcher Angebote — mag man sie nun als „gemischte Angebote" bezeichnen oder nicht — zu sein, bei denen eine Zusammensetzung des Angebots aus gewerblichen Leistungen und Warenhingabe vorliegt. Es wird dabei darauf ankommen, ob das Angebot so ungleichgewichtig, so „kopflastig" in Richtung des Leistungsanteils ist, daß dieser in der Verkehrsauffassung dominiert. Wenn Sack a.a.O. eine extensive Auslegung der AO fordert, um dem Gesetzeszweck, nämlich der Mittelstandsförderung, gerecht zu werden, so überzeugt das schon deshalb nicht, weil die AO nicht nur konkurrenzbezogen ausgelegt werden darf (vgl. Einleitung vor § 1, Rdn 2, 3; § 1 Rdn 20) und weil eine ausdehnende Auslegung auch dann bedenklich ist, wenn Verstöße gegen die AO Ordnungswidrigkeiten darstellen (vgl. § 1 Rdn 9, 15; § 2 Rdn 4).

Wenn das Ergebnis lediglich gewerbliche Leistungen sind, die sich nicht in einer Ware verkörpern, nimmt der Verkehr

II. Legaldefinition der Sonderveranstaltungen

keine „Verkaufsveranstaltung" an. Aber bei sehr vielen gewerblichen Leistungen — Autoreparatur, Malerarbeiten, Bauhandwerkerarbeiten usw. — liegt ein „gegenständliches Ergebnis" vor. Hat nun aber die Sache vorher schon dem Kunden gehört — wie die vom Schneider geflickte Hose, der gereinigte Rock oder die Schreibmaschine, die repariert worden ist — dann liegt nach der Verkehrsauffassung keine Verkaufsveranstaltung vor. Wird eine „billige Schreibmaschinenreparaturwoche" angekündigt, so ist der Inhalt der Verträge ja auch ganz unbestimmt: im einen Fall handelt es sich um die Auswechslung von Typen, andere Kunden bringen Maschinen, bei denen der Rücklauf nicht funktioniert usw. In solchen Fällen fehlt es — anders als bei der „Bilderwerbewoche" — an jeder gegenständlichen Fixierung, die sich vielmehr in der gewerblichen Leistung des Reparierens erschöpft. Es fehlt dabei auch am Einzelhandel: der Schneider **handelt** nicht, wenn er anbietet, Kleidung billig zu flikken. Zum Verkaufen gehört in der Vorstellung des Verkehrs der Erwerb einer dem Käufer bisher nicht gehörenden Ware, also ein Eigentumsübergang oder — wie beim Leasing-Vertrag (§ 1 Rdn 32) — ein wirtschaftlich diesem gleichkommender Vorgang. Der Eigentumsübergang etwa der Farbe beim Malermeister oder des Papiers bei der Photographie oder des Futters und Zwirns bei der geflickten Hose formt nicht die Auffassung des Verkehrs. Es sind diese verarbeiteten Materialien („Zutaten") auch keine Waren mehr, d. h. keine Sachen, die Güter des Handelsverkehrs sind. Und das entspricht auch § 651 **Abs. 2** BGB, wonach da weitgehend Werkvertragsrecht anzuwenden ist. Dagegen versteht der Verkehr Veranstaltungen, die sich auf Verträge richten, auf die § 651 **Abs. 1** BGB — und damit weitgehend Kaufvertragsrecht — anzuwenden ist, oft als Verkaufsveranstaltungen im Sinne der AO. Insoweit lag der von BGH 15. 2. 78 (GRUR 1978, 372) beurteilte Fall m. E. sehr auf der Grenze. Das Kopieren ist aber ein in der Verkehrsauffassung im Vordergrund stehender Vorgang, bei dem es auch auf Geschicklichkeit usw. besonders ankommt, so daß da die gewerbliche Leistung das Gesicht der Veranstaltung prägt und sie aus dem Kreise der Verkaufsveranstaltungen herausschiebt. Anders etwa, wenn eine Autoreparaturwerkstatt eine „billige Motor-Austausch-Woche" veranstaltet, bei der abgenutzte Automotoren gegen gute Motoren ausgetauscht werden. Da tritt in der Verkehrsauffassung die gewerbliche Leistung (Motoreneinbau) zurück gegenüber dem „Verkauf eines Austauschmotors", der da auch in der Rechnung als gesonderter Posten aufgeführt wird (anders als beim Farbphoto das Kopierpapier!). Dieses getrennte Ausgliedern, auf das auch BGH 15. 2. 78 (GRUR 1978, 372) hinweist, ist m. E. ein gutes, aber für sich allein nicht entscheidendes Indiz für die Beurteilung im Verkehr.

Wie sind die heute so verbreiteten Reisen zu beurteilen, bei denen eine billige Reise mit Mittagessen usw. nur das Mittel zum Zweck ist, die Fahrtteilnehmer zum („nicht obligatorischen") Besuch einer Verkaufsausstellung zu veranlassen? Da hinter solchen Fahrten der Veranstalter der Verkaufsveranstaltung (meist ein Wandergewerbetreibender) steht, der die Fahrt mitfinanziert, wird man auch diese Fahrt und nicht nur die Verkaufsveranstaltung selbst als Teil der Verkaufsveranstaltung, jedenfalls als deren Ankündigung, ansehen, auch wenn im Omnibus oder auf einer zwischengeschobenen Dampferfahrt auf der Donau oder auf dem Rhein Waren **nicht** angeboten werden. Es liegt für die umworbenen Verbraucher unübersehbar ein enger Zusammenhang vor und der Gesamteindruck ist der, daß die Fahrt ein Teil der Verkaufsveranstaltung ist und nur wegen dieser Veranstaltung stattfindet. Die Teilnehmer solcher Fahrten stecken sich daher erfahrungsgemäß auch immer entsprechendes Geld zum „Einkaufen" ein. Da aber derartige Verkaufsveranstaltungen **im Wandergewerbe** veranstaltet werden, finden sie meist **im regelmäßigen Geschäftsverkehr statt,** so daß dann also die

II. Legaldefinition der Sonderveranstaltungen

AO von vornherein nicht anwendbar ist. Vgl. dazu § 1 Rdn 35 ff., 159 ff. Solche Werbefahrten müssen aber auch daraufhin überprüft werden, ob unlauterer Wettbewerb (Kundenfang durch „Zubringerfahrten" usw.) vorliegt. Vgl. dazu die umfangreiche Rechtsprechung bei § 1 UWG. **Dann** finden solche Veranstaltungen stets außerhalb des regelmäßigen Geschäftsverkehrs (§ 1 Abs. 1 AO) statt und können sich auch nicht nach § 1 Abs. 2 AO in den Rahmen des regelmäßigen Geschäftsbetriebs des Veranstalters einfügen (vgl. § 1 Rdn 40, 166).

Die „Sonderfahrten", die die Bundesbahn veranstaltet mit Tanzvergnügen und Bewirtung, hält der Verkehr nicht für Verkaufsveranstaltungen. Das Gesicht solcher Sonderfahrten wird geprägt durch die **Transportleistung.** Solche Sonderfahrten finden heute außerdem im regelmäßigen Geschäftsbetrieb der Bundesbahn statt und gehören trotz ihrer Bezeichnung zum laufenden Angebot der Bundesbahn – ein Beispiel dafür, wie ein mächtiges Unternehmen mit Monopolstellung das „Branchenübliche" durch sein Geschäftsgebahren prägt (vgl. § 1 Rdn 35 ff., 40).

34 Ob in der Veranstaltung selbst Waren **zum Kauf angeboten** werden müssen oder ob es genügt, wenn die Veranstaltung dazu anregen soll, **später** zu kaufen, ist fraglich. Ich bin der Ansicht, daß die Veranstaltung den Verkauf unmittelbar fördern muß und eine lediglich mittelbare Förderung des Verkaufes durch die Nachwirkung und die mit der Veranstaltung durchgeführte Werbung nicht genügt, um die AO anzuwenden. Modeschauen, Vorführung von Werbefilmen (etwa in einer Gastwirtschaft) oder eine Möbelsonderschau und dgl., bei denen nur „gezeigt", aber nicht verkauft wird, sind ihrer Natur nach und auch in der Auffassung des Verkehrs keine Verkaufsveranstaltungen, sondern begrifflich davon zu unterscheidende **Werbeveranstaltungen**[31]. Zutreffend wird

---

31 Bei Banken oder Bausparkassen wird es auch regelmäßig am Verkauf von „Waren" fehlen: Sie wollen den Abschluß von Sparverträgen („Spartage") oder den Abschluß von Bausparverträgen för-

daher in DW 1957, 92 eine Musterschau nicht als Sonderveranstaltung im Sinne der AO angesehen, wenn dabei keine Verkäufe erfolgen und keine Bestellungen angenommen werden. Dasselbe muß aber auch gelten für einen „ladenfreien Sonntag", an dem sich das Publikum ohne die Möglichkeit einzukaufen oder Verkaufsgespräche anzuknüpfen im Geschäft umsehen kann. Diese Auslegung entspricht auch der **ratio legis:** die AO will die Wirtschaft vor einer Erschütterung und Beunruhigung durch auf unnormaler Kalkulation beruhende Verkaufangebote schützen (BGH 25. 3. 58, GRUR 1958, 395), nicht aber rein werbliche Veranstaltungen ohne Warenverkauf reglementieren, mögen sie auch auf preisgünstige Angebote hinweisen und damit später zu Käufen veranlassen. Für rein werbliche Veranstaltungen errichtet schon das UWG — insbesondere in seiner Generalklausel (§ 1) und in § 3 UWG — ausreichende Schranken gegen einen Mißbrauch.

c) Verkaufsveranstaltungen, die außerhalb des regelmäßigen Geschäftsverkehrs stattfinden

Die Veranstaltungen müssen „außerhalb des regelmäßigen Geschäftsverkehrs" stattfinden[32]. Darin liegt das **entscheidende Kriterium einer Sonderveranstaltung im Sinne der AO.** Gerade diese „Sonderstellung" schafft den Werbereiz, den solche Verkaufsveranstaltungen ausstrahlen und bei denen

---

dern. Der „Verkauf" von Wertpapieren ist zweifellos kein „Warenabsatz", wie ihn § 1 Abs. 1 AO voraussetzt. Es fehlt derartigen Veranstaltungen auch regelmäßig das weitere Erfordernis, daß die Ankündigung geeignet ist, den Eindruck der Gewährung „besonderer" Vorteile zu erwecken. Bei der Disziplin, die unsere in ihrem Geschäftsgebaren weitgehend miteinander konform gehenden seriösen Kreditinstitute wahren, bestünde auch kein Anlaß, hier reglementierend einzugreifen.

[32] Gottschick (AWR 1935, 1) betont, daß die Sonderveranstaltung „künstlich aufgezogen, gemacht" wird, daß sich bei ihr, weil dabei regelmäßig ganze große Warengruppen summarisch zum Verkauf gestellt werden, der Veranstalter nicht mit der einzelnen Ware befassen kann und daher eben versucht, die „besondere Gelegenheit"

(Fortsetzung Seite 74)

II. Legaldefinition der Sonderveranstaltungen

das umworbene Publikum leicht unter dem Eindruck steht, es könne eine Gelegenheit verpassen und zu spät kommen — bekanntlich eins der psychologisch wirksamsten Werbemomente.

36 Die AO umschreibt den Begriff des „regelmäßigen Geschäftsverkehrs" nicht. Es war daher streitig, ob sich der „regelmäßige Geschäftsverkehr" im Sinne des § 1 Abs. 1 AO nach **objektiven,** lediglich aus den für die fragliche Branche und für vergleichbare Unternehmen bestehenden allgemeinen Grundsätzen bestimmt oder ob es dabei auch auf die besonderen Verhältnisse des in Frage stehenden Unternehmens ankommt. Daß die Auffassung des Unternehmers darüber, ob sich sein Handeln innerhalb des regelmäßigen Geschäftsverkehrs hielt, unwesentlich ist, war stets unstreitig.

Auf die **Eigenart des jeweiligen Unternehmens** und auf seine **individuelle** Art des Geschäftsablaufs stellten z. B. noch ab OLG Bremen 6. 4. 55 (WRP 1955, 127) und das BayObLG in seiner Entscheidung v. 20. 3. 56 (WRP 1956, 80). Der BGH erklärte aber demgegenüber[33] schon in seinem Urteil v. 25. 3. 58 (GRUR 1958, 395), in dem er sich wohl erstmals mit der Auslegung der AO befaßte, daß in erster Linie **auf den in der betreffenden Branche üblichen und als angemessen empfundenen Geschäftsverkehr abzustellen sei** und betonte, daß die Vorschrift vornehmlich dem Schutz der Mitbewerber diene (was m. E. in dieser Einseitigkeit nicht richtig ist; vgl. Einleitung vor § 1 Rdn 2, 3; § 1 Rdn 20, 21). Schon ein Urteil des BVerwG v. 12. 12. 57 (GRUR 1958, 200) stellte m. E. im Ergebnis auf den **typischen** Ge-

---

dem Publikum mit einprägsamen Schlagworten begreiflich zu machen. Im Gegensatz dazu könne beim „Sonderangebot", das sich auf einzelne Waren beschränkt, durch Herausstellung von Preis und Qualität in einer die Marktübersicht der Verbraucher erweiternden Weise geworben werden. Ich bin in dieser Hinsicht allerdings sehr skeptisch: vgl. dazu § 1 Rdn 120, 121.

33 Ebenso wie z. B. OLG Oldenburg, NdsRpfl. 1954, 16; OLG Koblenz 24. 9. 54, WRP 1955, 125; OLG Lüneburg 13. 4. 56, WRP 1957, 17; OLG Köln 9. 9. 60, DW 1961, 86; OLG Celle 23. 11. 62, WRP 1963, 61 (wo der Umstand, daß der Verkehr an der Ankündigung Anstoß nahm, als Indiz für die Branchenunüblichkeit gewertet wird).

schäftsverlauf, also auf das **Branchenübliche** ab[34]. Wenn dort untersucht wird, ob der fragliche Verkauf von Textilwaren im Wandergewerbe dem regelmäßigen Geschäftsverkehr entsprach, wie er sich aus der Eigenart des Unternehmens des Klägers ergab, so soll damit wohl auf den **typischen Geschäftsablauf bei derartigen Wandergewerbetreibenden** abgestellt werden. Dabei ist wichtig, was aus der Sicht der Umworbenen in der fraglichen Branche üblich ist.

Der Ansicht des BGH ist beizutreten. Sie ist heute gesicherte 37 und ständige Rechtsprechung des BGH (vgl. etwa BGH 23. 6. 61, GRUR 1962, 42; BGH 12. 11. 74, GRUR 1975, 144) und der Instanzgerichte und sie wird auch in der Rechtslehre allgemein vertreten. Wenn allerdings BGH 25. 3. 58 (GRUR 1958, 395) die Abgrenzung des regelmäßigen Geschäftsverkehrs im Sinne des § 1 Abs. 1 AO **deshalb** „in erster Linie auf den in der betreffenden Branche üblichen und als angemessen empfundenen Geschäftsverkehr" abstellen will, weil die AO „in erster Linie dem Schutz der Mitbewerber dient", so überzeugt das heute nicht mehr. **Denn die Verbraucherbezogenheit der AO ist inzwischen allgemein anerkannt** (vgl. Einleitung vor § 1, Rdn 2, 3; § 1 Rdn 20). Daß der Begriff des regelmäßigen Geschäftsverkehrs nach objektiven, aus dem Branchenverhalten abzuleitenden „allgemeinen Gesichtspunkten", also aus den **geschäftlichen Usancen der Branche** und grundsätzlich **ohne Beachtung der individuellen geschäftlichen Verhältnisse**

---

34 Um darzutun, daß seine Verkaufsveranstaltung branchenüblich ist, kann also der Beklagte z. B. eine Sammlung entsprechender Ankündigungen von branchengleichen Firmen aus der letzten Zeit vorlegen: Daraus ergibt sich, daß die fragliche Branche ganz allgemein derartige Veranstaltungen ankündigt, so daß also das Publikum darauf „eingestellt" ist und nichts „Außergewöhnliches" dabei mehr erwartet. Vgl. BVerwG 29. 11. 77, NJW 1978, 1492.
Die Abgrenzung der „Branche" kann dabei streitig sein. Vgl. etwa BGH 16. 6. 71 (GRUR 1972, 125, ausführlich zitiert § 1 Rdn 136), wo offengelassen wurde, ob eine besondere „**Express-Kaffee-Branche**" anzunehmen ist oder nur eine Kaffee-Einzelhandelsbranche. Bei Erörterung der Abgrenzung der in Frage stehenden Branche können die im Kartellrecht angestellten Erwägungen zur Abgrenzung des „relevanten Marktes" Anregungen geben.

II. Legaldefinition der Sonderveranstaltungen

des Veranstalters zu bestimmen ist, zeigt aber § 1 Abs. 2 AO. Dort wird nämlich — im Gegensatz zum Abs. 1 — ausdrücklich abgestellt auf das Einfügen der Verkaufsveranstaltung in den Rahmen des regelmäßigen Geschäfts**betriebes** „des Gesamtunternehmens oder der Betriebsabteilung", also auf die **besonderen** Verhältnisse **des Veranstalters.** Es wirkt sich diese starre und wenig elastische Abgrenzung des Begriffs des „regelmäßigen Geschäftsverkehrs" im Sinne des § 1 Abs. 1 AO auch nicht wirtschaftsfeindlich aus, wie schon hier kurz angedeutet werden mag. Die Starrheit, die damit auch im Interesse der Rechtssicherheit in Kauf genommen wird, wird weitgehend wieder ausgeglichen durch das **nach individuellen Gesichtspunkten** festzulegende Merkmal des **„regelmäßigen Geschäftsbetriebs des Veranstalters"**, das § 1 Abs. 2 AO im Zusammenhang mit der Herausnahme der sog. „zulässigen Sonderangebote" aus dem Begriff der von der AO erfaßten Sonderveranstaltungen einführt (vgl. dazu § 1 Rdn 91). Dabei wird in elastisch sich den Verhältnissen des Einzelfalls anpassender Rechtsprechung bei den praktisch sehr bedeutsamen „Sonderangeboten", die auch für die mittelständische Wirtschaft wichtig sind, den wirtschaftlich gerechtfertigten, die Lauterkeit wettbewerblichen Verhaltens nicht gefährdenden Veranstaltungen, wenngleich sie „außerhalb des regelmäßigen Geschäftsverkehrs" stattfinden und mit der Gewährung besonderer Kaufvorteile starke Kaufreize ausüben (vgl. § 1 Rdn 66 ff.), Raum gegeben.

38 Wie sich der regelmäßige Geschäftsverkehr einer Branche **unter dem Zwang der wirtschaftlichen Verhältnisse ändern** kann, erleben wir derzeit im Kaffeespezialeinzelhandel. Schon seit länger als einem Jahrzehnt wurde dort eine Umsatzsteigerung durch Koppelung des Angebots von Kaffee mit branchenfremden Waren (Handtücher, Bettwäsche, Bücher usw.) angestrebt und zwar wurde diese Übung, über die Borck (WRP 1975, 75) berichtet, interessanterweise zunächst von kleinen und mittleren Betrieben entwickelt. Bald gingen dann auch die großen Kaffeeröstereien dazu über. Im Kaffee-Einzelhandel wurde nämlich der Wettbewerb mit Filialketten, Warenhäusern usw. für den Kaffee**spezial**einzelhandel immer schwieriger. Denn während im Einzelhandel mit breitem Sortiment Kaffee beachtlich unter den Selbstkosten angeboten werden konnte, weil der Kunde anläßlich des Kaffeekaufs viele andere, gewinnabwerfende Waren mitkaufte und der sortierte Einzelhandel also durch eine Mischkalkulation per saldo gut leben konnte, war das für den Kaffeespezialhandel nicht möglich. Um die Wettbewerbsgleichheit wieder herzustellen, boten daher die Kaffeeröstereien Kaffee gekoppelt mit branchefremden Artikeln günstig an.

Der BGH ist in einer Reihe grundsätzlicher Urteile diesen **Kopplungsangeboten** im Kaffeespezialeinzelhandel, die als nach § 1 UWG **unzulässige Vorspannangebote** beurteilt wurden, entgegengetreten (z. B. in den Urteilen v. 30. 6. 76, JZ 1977, 26, mit kritischer Anmerkung von mir).

Die Kaffeeversender gingen daraufhin 1975 dazu über, branchenfremde Waren **un**gekoppelt günstig anzubieten. Damit verschoben sich die Angriffsfronten, wie Droste (GRUR 1976, 466) es formuliert. Klagten vorher vielfach die Verbraucherschutzverbände, so traten nun die Vereine, die die Interessen des Einzelhandels vertraten, der diese branchenfremden Artikel auch führte, in die Arena. Bei diesen Auseinandersetzungen wurde gegen einen Verkauf **un**gekoppelter branchenfremder Waren im Kaffee-Einzelhandel **auch die AO** herangezogen mit der Begründung, daß solche Angebote branchenfremder, verlockend preisgünstiger Waren außerhalb des regelmäßigen Geschäftsverkehrs des Kaffee-Einzelhandels stattfänden.

Hier liegt aber m. E. einer der Vorgänge vor, bei denen sich **39** auf breiter Front in der Branche des Kaffeespezialeinzelhandels unter dem Druck der wirtschaftlichen Entwicklung die Übung durchgesetzt hat, branchenfremde Artikel schon seit

II. Legaldefinition der Sonderveranstaltungen

Jahren klar erkennbar **un**gekoppelt anzubieten, um so den Wettbewerbsvorsprung, den sich der breitsortierte Einzelhandel durch die ihm mögliche Mischkalkulation erkämpft hat, auszugleichen. Eine solche langjährige und den Verbrauchern bestens bekannte Übung hat aber zur Folge, daß auch die Umworbenen diesen Geschäftsverkehr im Kaffeespezialeinzelhandel **jetzt** als branchenüblich ansehen. Er ist zwar für die Verbraucher werblich interessant (durch die dem Kaffeespezialeinzelhandel dadurch zugängig gewordene Mischkalkulation). Er ist aber nichts Auffälliges, sondern ist den Verbrauchern längst geläufig geworden. Und es ist — gerade bei Beachtung des wirtschaftlichen Umorientierungszwangs, der auf der Kaffeespezialversenderbranche lag — eine sinnvolle, volkswirtschaftlich zu begrüßende Entwicklung, fernab von allem Mißbrauch. Denn der Umstand, daß das Mittagsschläfchen der konkurrierenden Einzelhändler dadurch etwas gestört wird, ist unstreitig kein Argument für Wettbewerbsfremdheit.

Auch wenn also hier der Eindruck der Gewährung besonderer Kaufvorteile erweckt werden sollte (vgl. § 1 Rdn 66 ff.), entfällt die Anwendung der AO schon deshalb, weil solche Verkaufsveranstaltungen nicht außerhalb des regelmäßigen Geschäftsverkehrs der fraglichen Branche stattfinden: ein eindringliches Beispiel dafür, daß der „regelmäßige Geschäftsverkehr" im Sinne des § 1 Abs. 1 AO etwas Lebendiges, **ständig sich Veränderndes** ist. Kaufveranstaltungen, die vor fünf Jahren noch außerhalb des regelmäßigen Geschäftsverkehrs stattfanden, können heute längst zum branchenüblichen Geschäftsverkehr gehören und umgekehrt. Die Heranziehung älterer Urteile ist daher nur mit entsprechender Vorsicht zulässig.

Jetzt hat auch BGH 28. 4. 78 (JZ 1979, 68) einen solchen **un**gekoppelten Verkauf branchenfremder Nebenwaren im Kaffee-Einzelhandel grundsätzlich für zulässig erklärt. Ein Kaffeeröster hatte das Buch „Wunderwelt der Tiere" in seinen

Filialen zum Preis von nur 10,45 DM angeboten. Darin lag kein Verstoß gegen das UWG (kein ruinöser Wettbewerb) oder gegen die ZugabeVO. Durch den Verzicht auf Kopplung entfiel die Gefahr einer unsachlichen Beeinflussung der Verbraucher beim Kauf von Kaffee. Eine **Sonderveranstaltung im Sinne der AO** lag **nicht** vor, weil diese sich im Rahmen des Leistungswettbewerbs haltenden Verkaufsveranstaltungen im regelmäßigen Geschäftsverkehr der Kaffee-Einzelhandelsbranche stattfanden. M. E. fehlte es — beiläufig — auch an einer Verkaufsveranstaltung, deren Ankündigung den Eindruck der Gewährung **besonderer** Kaufvorteile hervorrief. Denn der Veranstalter bietet, auch wenn die branchenfremde Ware sehr preisgünstig ist, diese nicht günstiger an **als sonst in seinem** Geschäft. Daß die branchenfremde Nebenware günstiger angeboten wird als anderweit im Einzelhandel, daß also z. B. das Buch billiger angeboten wurde als es der Buchhandel anbot, **erfüllt nicht das Merkmal, das § 1 Abs. 1 AO für Sonderveranstaltungen im Sinne der AO aufstellt**: es fehlte da an einer Ankündigung, die den Eindruck der Gewährung besonderer Kaufvorteile **im Sinne des § 1 Abs. 1 AO** hervorrief. Vgl. dazu § 1 Rdn 74.

Die fragliche Verkaufsveranstaltung diente aber m. E. auch nicht der Beschleunigung des Warenabsatzes, wie sie § 1 Abs. 1 AO als Merkmal einer Sonderveranstaltung im Sinne der AO verlangt (vgl. § 1 Rdn 63 ff.). Durch sie sollte nicht der Absatz der günstig angebotenen **Nebenware** (Buch usw.), an der sehr wenig verdient wird, gefördert werden, sondern der **Kaffeeabsatz**. Es lag daher m. E. auch deshalb keine Sonderveranstaltung im Sinne der AO vor. Vgl. dazu § 1 Rdn 65 und das dort erörterte Urteil des BGH v. 14. 7. 65 (GRUR 1966, 214). BGH 28. 4. 78 verneint aber bereits überzeugend das Vorliegen einer Verkaufsveranstaltung im Sinne des § 1 Abs. 1 AO. Vgl. dazu ausführlich § 1 Rdn 26.

Würde den Kaffeeversendern verboten, branchenfremde Nebenwaren **un**gekoppelt preisgünstig anzubieten, so würde das

II. Legaldefinition der Sonderveranstaltungen

auch eine Behinderung der Ausdehnung ihres Warensortimentes und damit einen nach Art. 12 GG verfassungswidrigen Eingriff in das Recht der Gewerbefreiheit bedeuten, worauf Droste (GRUR 1976, 466) überzeugend hinweist. Vgl. zu den vorstehend angeschnittenen Fragen auch Schricker-Lehmann, WRP 1977, 289 und H. Weiland, BB 1978, 382.

40 Trotz des Ausgangspunktes der normalisierend auf das **überindividuell Typische** abstellenden Beurteilung des regelmäßigen Geschäftsverkehrs auf Grund der Branchenüblichkeit darf aber die Abgrenzung des regelmäßigen Geschäftsverkehrs nicht starr vorgenommen werden. Auch der Bundesgerichtshof (BGH 25. 3. 58, GRUR 1958, 395) hat betont, daß „**in erster Linie**" auf den in der **betreffenden Branche üblichen** und **als angemessen empfundenen** Geschäftsverkehr abzustellen ist und „nicht so sehr" darauf, ob sich die Veranstaltung im Rahmen des von dem Veranstalter üblicherweise gezeigten Geschäftsgebarens hält. Diese vorsichtige Formulierung zeigt schon, daß der BGH eine Anpassung an die besonderen Verhältnisse des Einzelfalles **nicht schlechthin** ausschließen wollte.

Es kann also trotz **grundsätzlicher Abstellung auf die Branchenüblichkeit** die aus der besonderen Situation sich ergebende, vom lange Zeit hindurch allgemein Branchenüblichen abweichende Geschäftsführung des in Frage stehenden Unternehmens als nicht mehr außerhalb des regelmäßigen Geschäftsverkehrs liegend assimiliert werden. So etwa, wenn sich das Publikum an einen speziellen Geschäftsverkehr eines Unternehmens gewöhnt hat, das sich **anders** verhält als es branchenüblich ist (vgl. Droste, GRUR 1958, 395). Der Verkehr hat sich dann bestimmte Vorstellungen von dessen regelmäßigen Geschäftsgebaren gebildet **und hat diese nach und nach mit in das Bild des Branchenüblichen verwoben.** Allerdings wird in solchen Fällen oft längere Zeit vergehen müssen, bis sich das Publikum an die zunächst nicht als branchenüblich empfundenen Verkaufsveranstaltungen soweit gewöhnt hat, daß es darin dann Verkaufsveranstaltungen sieht, die innerhalb des regelmäßigen Geschäftsverkehrs dieser Branche stattfinden und daß der Verkehr solche Verkaufsveranstaltungen dann zwar als etwas im branchenüblichen Erscheinungsbild nicht Alltägliches, aber auch nicht mehr als etwas außerhalb der in der fraglichen Branche befolgten Regeln Liegendes empfindet. **Die betriebswirtschaftliche Nützlichkeit einer Vertriebsmethode reicht also für sich allein nicht aus.** Sie muß vielmehr nach der Auffassung der in Frage stehenden Verkehrskreise zum „Image", das sich die Verbraucher vom Geschäftsgebaren der fraglichen Branche gebildet haben, gehören (BGH 30. 5. 75, GRUR 1976, 314, zur ZugabeVO). Eine solche Umformung der Vorstellung des Verkehrs vom Branchenüblichen setzt entsprechende Durchschlagskraft des Abweichenden (großer Kaufhauskonzern, „Sonderfahrten" der Bundesbahn, vgl. § 1 Rdn 33) oder ein von vielen Branchenangehörigen betätigtes „Umschwenken" der Geschäftsgebarung voraus, wie es etwa bei den alljährlich weithin in der BRD mit Förderung des Deutschen Weinbauinstituts veranstalteten „Deutschen Wein-Werbe-Wochen" vorlag (§ 1 Rdn 83, 113). Dabei ist aber stets weitere Voraussetzung, daß es sich um — wenngleich neue — so doch **billigenswerte Formen des Geschäftsverkehrs** handelt (BGH 13. 6. 73, GRUR 1973, 658). Entwicklungen, die sich nicht im Rahmen der von der Rechtsordnung gebilligten Ziele halten, bewegen sich stets und unheilbar außerhalb des regelmäßigen Geschäftsverkehrs (BGH 14. 12. 73, GRUR 1974, 341, besprochen § 1 Rdn 49; BGH 4. 11. 77, GRUR 1978, 112, besprochen § 1 Rdn 146 und ständig). Meist wird der Einbruch durch **Sonderangebote** erfolgen, die als sich in den Rahmen des regelmäßigen Geschäftsbetriebes des Unternehmens einfügende Verkaufsveranstaltungen vom Verkehr assimiliert werden (§ 1 Abs. 2 AO) und die dann allmählich ausgebaut werden und in den regelmäßigen Geschäftsverkehr der Branche hineinwachsen. Eine solche Eingliederung neuer in

II. Legaldefinition der Sonderveranstaltungen

die Zukunft weisender Wachstumszonen kann aber nicht stattfinden, wenn derartige Verkaufsveranstaltungen — was aus werbepsychologischen Gründen gern geschieht! — als erstmalig und außergewöhnlich herausgestellt werden und dadurch ihr Herausfallen aus dem Rahmen des regelmäßigen Geschäftsbetriebes des Veranstalters bzw. aus den Branchenusancen so unterstrichen wird, daß der Eingliederungsvorgang in die Verbrauchervorstellungen gehindert wird.

41 Sehr häufig werden solche Fälle nicht sein[35]. Sie bilden aber die **wichtige Entwicklungszone,** das für den gesunden Leistungswettbewerb lebensnötige „Cambium" des Geschäftsverkehrs, **der dort lebt** und sich in wettbewerblich billigenswerter Form ständig den wirtschaftlichen Notwendigkeiten und den sich ändernden Verbrauchergewohnheiten **anpassen** muß: der Verbraucher ist ja in einer Massenkonsumgesellschaft der Diktator, dem es der Kaufmann recht machen muß! In unserer Zeit eines **dynamischen Umbruchs der Vertriebsformen** dürfen auch da nicht durch eine überängstliche, die wirtschaftlichen Gegebenheiten nicht genügend beachtende Auslegung der AO — zu dem vielen Sand, den schon unsere Bürokratie allenthalben ins Getriebe unternehmerischer Betätigung streut! — noch weitere aus dem Schutzzweck der AO nicht zu rechtfertigende Hemmnisse konstruiert werden. Beispielsweise kann es nötig sein, in Selbstbedienungsunternehmen derartige Verkaufsveranstaltungen in anderer Weise durchzuführen als im herkömmlichen Einzelhandel. Denn überall erzwingt sich die spezielle Wirtschaftsform auch hier ihre Besonderheiten und eine kluge und **verfassungskonforme** Gesetzesauslegung muß diesen Eigenwilligkeiten in allen ihren Varianten **wach nachspüren** und ihnen im Rahmen des Gesetzes gerecht zu werden bemüht sein.

---

35 In solchen Fällen wird sich aber oft die Veranstaltung in den Rahmen **des regelmäßigen Geschäftsbetriebes des Veranstalters** einfügen, so daß dann — wenn die sonstigen Voraussetzungen des § 1 Abs. 2 vorliegen — ein zulässiges **Sonderangebot** vorliegt! Vgl. § 1 Rdn 166 ff.

So verdienen, um ein Beispiel herauszugreifen, m. E. die unten eingehender diskutierten Bemühungen, in den umsatzschwachen Monaten (Ferien) und an den **umsatzschwachen Wochentagen** die Käufer zur Bedarfsdeckung zu veranlassen, bei Auslegung der AO mehr Beachtung und zwar sowohl im Interesse der Wirtschaft wie des (an Wochenenden überlasteten) **Personals** und der an umsatzschwachen Tagen angenehmer einkaufenden **Verbraucher.** Daß eine solche Umgewöhnung der Verbraucher nur durch die Inaussichtstellung „besonderer Kaufvorteile" möglich ist, liegt auf der Hand und man sollte also m. E. da insbesondere bei Anwendung des § 1 Abs. 2 AO (Sonderangebote) großzügiger sein als es besonders unsere höchstrichterliche Rechtsprechung derzeit noch ist. Sehr überzeugend sind da etwa die Überlegungen, die das Urteil des OLG Braunschweig v. 30. 6. 72 (BB 1972, 1158, ausführlich besprochen § 1 Rdn 171) **in dieser Richtung** anstellt.

Förderlich für die Auslegung des § 1 AO ist in diesem Zusammenhang auch ein Blick auf Überlegungen, die in Schrifttum und Praxis bei Abgrenzung des Begriffs der **Handelsüblichkeit** — etwa bei § 7 RabattG (Mengenrabatt) oder bei der ZugabeVO — angestellt werden. So betont BGH 4. 11. 77 (NJW 1978, 542), daß „handelsüblich im Sinne des § 7 RabattG nicht nur bestehende Übungen sein können, sondern auch eine gesunde Fortentwicklung, die sich nach allgemeiner Auffassung der beteiligten Verkehrskreise im Rahmen vernünftiger Gepflogenheiten hält" (BGH 13. 3. 64, GRUR 1964, 509; BGH 7. 11. 75, GRUR 1976, 316). Ebenso wie im Rabattoder Zugaberecht darf auch im Recht der Sonderveranstaltungen und Sonderangebote wirtschaftlich vernünftigen Weiterentwicklungen nicht der Weg versperrt werden. Bei Beurteilung der Frage, ob eine vernünftige Weiterentwicklung vorliegt, müssen **alle** ins Spiel kommenden Interessen gegeneinander abgewogen werden. Es darf also auch da die **Verbraucherbezogenheit der wettbewerbsrechtlichen Normen**

II. Legaldefinition der Sonderveranstaltungen

nicht übersehen werden und es darf keinesfalls eine einseitige Beachtung des Konkurrentenschutzes, der lange Zeit fast ausschließlich von der Praxis beachtet wurde, den Ausschlag geben (vgl. dazu Einleitung vor § 1 Rdn 2). Eine Verkaufsveranstaltung, die betriebs- und volkswirtschaftlich gerechtfertigt ist, wird oft auch als sinnvolle und gesunde Weiterbildung des Wettbewerbs anzusehen sein und es wird viel dafür sprechen, daß sie im regelmäßigen Geschäftsverkehr im Sinne des § 1 Abs. 1 AO stattfindet — womit die Anwendung der AO also ausgeschlossen ist. Wenn der Kaufmann die Letztverbraucher an den durch den höheren Umsatz ausgelösten betriebswirtschaftlichen Vorteilen teilnehmen läßt, so wird das sehr dafür sprechen, daß eine gesunde, in die Zukunft weisende Fortentwicklung des Wettbewerbs vorliegt und die Veranstaltung also im regelmäßigen Geschäftsverkehr stattfindet.

43 Ähnlich wie bei Handelsbräuchen, die sich langsam bilden, aber doch eine „Geburtsstunde", einen „Anfang" haben, steht es auch mit dieser **Branchenüblichkeit** und insoweit muß bei Beurteilung der Frage, ob eine Verkaufsveranstaltung außerhalb des regelmäßigen Geschäftsverkehrs stattfindet, gerade bei **neuen wirtschaftlichen Gestaltungen, bei neuartigen Vertriebsformen,** vorsichtig verfahren werden. Es müssen die besonderen Bedürfnisse der in Frage stehenden Wirtschaftsform hier gleichsam aus einem **Einzelfall** „in statu nascendi" **generalisierend abstrahiert** werden, es muß die sich bildende Branchenüblichkeit respektiert und mit aus der Taufe gehoben werden. Die Branchenüblichkeit kann sich daher, wie jetzt unstreitig ist, auch aus dem Geschäftsgebaren eines einzelnen Kaufmanns entwickeln, der die eingefahrenen Gleise verläßt und neue Wege sucht (BGH 13. 6. 73, GRUR 1973, 658). Es muß sich dabei aber um „neue, billigenswerte Formen des Geschäftsverkehrs" handeln, die sich also in den von unseren wettbewerbsrechtlichen Normen gezogenen Rahmen einordnen. „Entspricht eine Entwicklung den Vorstellungen eines auf die Aufrechterhaltung eines geordneten Wettbewerbs bedachten Kaufmanns, dann ist sie auch im Rahmen des § 1 Abs. 1 AO als regelmäßiger Geschäftsverkehr zu würdigen" (BGH 13. 6. 73, GRUR 1973, 658; BGH 14. 12. 73, GRUR 1974, 341, ausführlich zitiert § 1 Rdn 49; OLG München 14. 11. 68, WRP 1969, 425; OLG Braunschweig 30. 6. 72, BB 1972, 1158, ausführlich besprochen § 1 Rdn 171). Die Ankündigung von Verkaufsveranstaltungen, die geeignet ist, bei den Umworbenen den unrichtigen Eindruck eines Saisonschlußverkaufs hervorzurufen, ist eine irreführende Werbung (§ 3 UWG) und kann daher nicht in den regelmäßigen Geschäftsverkehr einer Branche hineinwachsen (BGH 4. 11. 77, GRUR 1978, 112, ausführlich besprochen § 1 Rdn 146).

Der Richter hat bei Beurteilung solcher Fortentwicklungen **44** dem Wirtschaftsleben Rechnung zu tragen. Er darf gerade da nicht alles über einen Kamm scheren. Ausgangspunkt muß immer sein, daß die AO das reguläre Geschäftsgebaren sichern will gegenüber solchen Mitbewerbern, die **außerhalb aller Regeln kämpfen,** die etwa ihre Preise nicht auf Grund wirtschaftlicher Kalkulation bilden, sondern sie, um ihren Marktanteil zu vergrößern, herab- und heraufsetzen und sich so in unlauterer Weise einen Wettbewerbsvorsprung verschaffen (vgl. dazu auch BGH 30. 5. 75, GRUR 1976, 314; zur Zugabe-VO). Durch solche willkürliche Preisschaukelei wird die Preisklarheit und die ohnehin immer schwieriger werdende Markttransparenz der Verbraucher getrübt und in den Wettbewerb ein gefährlich erhitzendes Moment hineingetragen, das auf längere Sicht auch für den Verbraucher unerfreuliche Folgen hat, weil es (BGH 14. 12. 73, GRUR 1974, 341) die gesunden Grundlagen der Wirtschaft untergräbt und labilen Verhältnissen Tür und Tor öffnet. Es darf aber nicht eine zu konservative Bestimmung des Begriffs des „regelmäßigen Geschäftsverkehrs" neuen geschäftlichen Betätigungsformen, die sich aus den wirtschaftlichen und gesellschaftlichen Gegebenheiten heraus entwickeln und die oft von echtem Unternehmergeist getragene volkswirtschaftliche Pionierleistungen darstellen, das Leben schwer gemacht werden, indem eine wirtschaftsfremde, im Innungsdenken befangene Betrachtung solche Unternehmen in ihrer ureigensten geschäftlichen Betätigung nur deshalb reglementiert und gängelt, weil es sich um etwas Neues handelt, für das es in der Branche am entsprechenden „Vorgang" und für den Richter am bequemen Schema fehlt. Sicher reicht die betriebswirtschaftliche Nützlichkeit einer neuartigen Vertriebsmethode nicht aus, um aus den Schranken, die die Norm klar zieht, herauszubrechen. Die betriebswirtschaftliche Nützlichkeit einer Vertriebsmethode ist aber m. E. ein Moment, das **sehr beachtlich** bei der Abwägung der Interessen der Allgemeinheit und der Wettbewerber ins Gewicht fällt. Das beachtet m. E. BGH 30. 5. 75 (GRUR 1976, 314) wohl zu wenig (es ging da um die Frage der Handelsüblichkeit einer Zugabe in Gestalt eines „Büro-Service-Vertrages"). Das Interesse der Verbraucher an vernünftiger wirtschaftlicher Kalkulation und an der Weitergabe von Kalkulationsvorteilen an den Endverbraucher liegt unverkennbar auch im Interesse der Allgemeinheit und des Staates (Inflationsbekämpfung!).

45 Zur Beurteilung besonderer **Verkaufsveranstaltungen an den umsatzschwachen Wochentagen** und zur Frage, ob sich solche Verkaufsveranstaltungen in den „Rahmen des regelmäßigen Geschäftsbetriebes" des Veranstalters einfügen können oder ob sie in bestimmten Branchen bereits heute als „im regelmäßigen Geschäftsverkehr der Branche" stattfindend (und damit von der AO nicht betroffen) anzusehen sind, vgl. das oben Gesagte, das Nachstehende und § 1 Rdn 50, 171.

Solche Sonderangebote nur an den verkaufsarmen Wochentagen (vgl. die „Mo-Die-Mi-Sonderangebote" eines Lebensmittelmarktes, die OLG Stuttgart 8. 2. 72, WRP 1972, 283 untersagte) halte ich **grundsätzlich** in bestimmten Branchen, so insbesondere im **Lebensmitteleinzelhandel,** für sinnvoll. Es ist das eine gesunde Fortentwicklung, die den Geschäftsablauf der Änderung der organisatorischen Verhältnisse und der Einkaufsgewohnheiten der Verbraucher angleicht und sich geradezu zwangsläufig anbietet sowohl im betriebswirtschaftlichen Interesse wie auch im Interesse des kaufenden Publikums und des Personals: die Entlastung der verkaufsstarken Wochenendtage ist daher m. E. — wie auch OLG Braunschweig 30. 6. 72, BB 1972, 1158 (§ 1 Rdn 171) überzeugend ausgeführt hat — eine **vernünftige Fortentwicklung.** Sie bringt die Interessen des Einzelhandels und der Verbraucher unter einen Hut. Daß dabei darauf geachtet werden muß, daß nicht durch die Art der Ankündigungen im Verkehr irreführende Vorstellungen erweckt werden, insbesondere dahin, es würden nicht nur einige einzelne Waren preisgünstig angeboten an diesen verkehrsarmen Wochentagen, sondern breite Teile des ganzen Warenvorrats, ist selbstverständlich. Das war auch der überzeugende Grund, weshalb BGH 20. 5. 74, GRUR 1975, 491 (vgl § 1 Rdn 50) die Verkaufsveranstaltung für unzulässig erklärte. Wird diese Gefahr aber vermieden, dann sehe ich keinen Anlaß, gegen diese Entwicklung anzukämpfen: ich bin der Ansicht, daß sich hier ganz allgemein eine Tendenz anbahnt, die sich in den entsprechenden Branchen des Einzelhandels, insbesondere im Lebensmitteleinzelhandel, durchsetzen wird und die die Rechtsprechung — immer vorausgesetzt, daß keine Irreführungsgefahr droht! — **nicht ersticken darf.** Ich glaube, daß hier nicht nur der Rahmen des regelmäßigen Geschäftsbetriebes eines Unternehmens sich **legal ausweiten** kann, sondern, daß die Tendenz dahin geht, daß in den in Frage kommenden Branchen solche Verkaufsveranstaltungen an umsatzschwachen Wochentagen in den regelmäßigen Geschäftsverkehr der Branche hineinwachsen werden: die Verbraucher erkennen einen solchen Geschäftsverkehr als vernünftig und nützlich und keineswegs als auffällig, sondern als naheliegend! Es sind das keine Bruchstellen in der Linie des Geschäftsgebarens, sondern dessen branchenüblicher kontinuierlicher Verlauf. Ich sehe

II. Legaldefinition der Sonderveranstaltungen

auch keine grundsätzlichen Bedenken dagegen, daß ein Unternehmen **ganz allgemein große Teile seines Warenangebotes perpetuierlich** an bestimmten umsatzschwachen Wochentagen im Preis herabsetzt und das **entsprechend** ankündigt: es ist das eine Herabsetzung des Normalpreises an diesen Tagen, was rabattrechtlich grundsätzlich unbedenklich ist (kein Rabatt, sondern Herabsetzung des Normalpreises!). Eine solche Branchenübung ist von den betrieblichen Gegebenheiten und von den Verbrauchergewohnheiten her und unter dem sozialen Gesichtspunkt einer Entlastung des Personals zu begrüßen. Es ist das auch keine „willkürliche Preisschaukelei", die den Verbrauchern die wahre Preislage verdeckt, wie das bei BGH 14. 12. 73 (GRUR 1974, 341; vgl. § 1 Rdn 44) angenommen wurde. Die Verbraucher erfahren ja unübersehbar, daß es bestimmte „billige Wochentage" in dem Unternehmen gibt. Es liegt daher für die in Frage stehenden Verkehrskreise ein **klar durchschaubares Geschäftsgebaren vor.** Um den beabsichtigten Erfolg herbeizuführen, nämlich die Letztverbraucher an den umsatzschwachen Wochentagen zum Einkauf zu veranlassen, genügt nach der Lebenserfahrung auch nicht der schlichte Hinweis darauf, daß die Verbraucher an diesen Tagen ruhiger und angenehmer einkaufen. Es muß, um die Verbrauchergewohnheiten zu ändern, darüber hinaus den Verbrauchern noch ein Vorteil winken in Gestalt der Ankündigung der Gewährung günstiger Preise an diesen Tagen. Umsatzverschiebungen, die durch solche Verkaufsveranstaltungen herbeigeführt werden, liegen daher m. E. schon heute gerade in der Lebensmittelbranche im Rahmen des Leistungswettbewerbs.

46 Von den vorstehenden Erwägungen nicht gedeckt sind aber solche „Wochentagsangebote", die nicht für umsatzschwache Wochentage gemacht werden: sie sind nicht geeignet, sich in den Rahmen des regelmäßigen Geschäftsbetriebes des Unternehmens (§ 1 Abs. 2 AO) einzufügen oder in den regelmäßigen Geschäftsverkehr der Branche hineinzuwachsen. Ihre

Terminierung ist **willkürlich** und auffällig und ist daher geeignet, die Umworbenen unter Zeitdruck zu setzen. Zutreffend wurde daher z. B. eine Ankündigung „Super-Sonderangebote zum langen Samstag aus unserer großen Auswahl" vom OLG München 2. 12. 71 (WRP 1972, 95) für eine von § 1 Abs. 1, § 2 AO untersagte Sonderveranstaltung angesehen. Denn der „lange Samstag" ist das Gegenteil eines umsatzschwachen Wochentages! Vgl. dazu § 1 Rdn 132.

Die Ankündigung von „**Sommer-**" oder „**Winterpreisen**" verschiebt das Angebot aus dem regelmäßigen Geschäftsverkehr, **wenn** solche Angebote, wie etwa Sommerpreise bei Schreibmaschinen (vgl. § 1 Rdn 57), saisonal **un**begründet sind. Sie werden dagegen dann, wenn sie jahreszeitlich begründet sind und die Umworbenen daher die wirtschaftlichen Zusammenhänge durchschauen, nicht als etwas Außergewöhnliches, sondern als im regelmäßigen Geschäftsverkehr der Branche liegend angesehen. Denn den Umworbenen begegnen dann solche **aus Sachzwängen herauswachsende** Verkaufsveranstaltungen häufig und sie sind nichts Auffälliges, sondern werden als Angebote verstanden, die regelmäßig in der betreffenden Branche jahreszeitlich bedingt gemacht werden und die der Verkehr daher erwartet. Typische Beispiele dafür sind etwa die werbliche Herausstellung günstiger Frühjahrspreise bei Gemüse oder von „Sommerpreisen" bei Pelzwaren oder im Brennstoffhandel. Solche Ankündigungen versteht der Verkehr als Werbungen für Verkaufsveranstaltungen, die sich im regelmäßigen Geschäftsverkehr der Branche abwickeln und die in der fraglichen Jahreszeit etwas durchaus Normales sind. Schon deshalb, weil da nichts geschieht, was die Umworbenen nach dem, was ihnen sonst im Geschäftsgebaren der Branche verbreitet begegnet, als außerhalb des regelmäßigen Geschäftsverkehrs stattfindend empfinden, findet also die AO keine Anwendung. Vgl. dazu auch die Fußnoten 71, 78 und § 1 Rdn 141.

II. Legaldefinition der Sonderveranstaltungen

Eine Werbung im Schmuckwarenhandel mit Sommerpreisen findet nach dem oben Gesagten außerhalb des regelmäßigen Geschäftsverkehrs statt. Sie ist keine vernünftige und sachgerechte Fortentwicklung des regelmäßigen Geschäftsverkehrs (LG Frankfurt 3. 5. 78, WRP 1978, 565).

Die rechtliche Beurteilung kann sich aber dann verschieben, wenn durch die Art der Ankündigung solcher Saisonpreise diese als etwas **Außergewöhnliches herausgestellt** werden, etwa durch Werbungen wie „Sommerpreise; Tiefpreise wie noch nie, billiger gehts nicht mehr" oder „Einmalige Sommerpreise für Kohlen". Dadurch wird beim Publikum die Vorstellung erweckt, daß hier etwas vor sich geht, was sonst im regelmäßigen Geschäftsverkehr der Branche (und auch, soweit es sich um § 1 **Abs. 2** AO handelt, im Rahmen des regelmäßigen Geschäftsbetriebes des Unternehmens) **nicht** vorkommt. Grundsätzlich sind aber Saisonpreise, soweit sie nicht durch die Formulierung der Ankündigungen als etwas Einmaliges und Außergewöhnliches herausgestellt werden, ähnlich zu beurteilen, wie die oben und sonst mehrfach (vgl. etwa § 1 Rdn 45, 50, 132, 171) diskutierten Ankündigungen von Preisherabsetzungen an bestimmten, umsatzschwachen Wochentagen, die auch — nur eben durch **sehr kurze** und **nicht saisonal bedingte** Perioden — aus den heutigen gesellschaftlichen und betriebswirtschaftlichen Gegebenheiten laufend herauswachsen und die daher — weil die Umworbenen diese „Zwänge" erkennen — sich m. E. **schon heute weitgehend** in den in Frage kommenden Branchen eingebürgert haben und vom Verkehr als regelmäßiger Geschäftsablauf in der betreffenden Branche erkannt und eingestuft werden, so daß also die AO dann schon deshalb keine Anwendung findet.

OLG München 2. 2. 78 (WRP 1978, 473) hält die Werbung „Schlaue Füchse wissen es — Sommerzeit ist Teppichbodenzeit — Bodenbelag- und Tapetenzeit! Jetzt ist alles günstig!"

für die Ankündigung einer unzulässigen Sonderveranstaltung. Das Stattfinden im regelmäßigen Geschäftsverkehr wurde **verneint.** M. E. steht der Fall sehr auf der Grenze, wenn man bedenkt, daß der Verkehr solche blumenreichen Werbungen heute doch weitgehend recht skeptisch auffaßt. Es werden da auch **saisonale Momente** bei der Preisgestaltung hereinspielen. Fußbodenbelag und Tapeten werden im Sommer weniger gekauft werden, wobei auch die Ferienzeit für den Sektor des „make it yourself" Einfluß haben wird. Die Werbung setzte m. E. auch — trotz des Wortes „jetzt" — nicht unter Zeitdruck (vgl. § 1 Rdn 136, 156). Sie fand im regelmäßigen Geschäftsverkehr der Branche statt. Soweit es sich um die Frage handelte, ob zulässige Sonderangebote im Sinne des § 1 Abs. 2 AO vorlagen (§ 1 Rdn 87 ff.), glaube ich auch nicht, daß hier eine „zeitliche Begrenzung" des Angebotes vorlag (§ 1 Rdn 122 ff.).

Die neuartigen Vertriebsformen, Discounter, Supermärkte usw., tragen eben ihrer Struktur nach in sich gleichsam „potentielle Branchenüblichkeiten", d. h. Geschäftsgestaltungsmöglichkeiten, die — wegen der Neuartigkeit und Eigenart dieser Vertriebssysteme — irgendeinmal von einem findigen Kopf realisiert werden. Obwohl dann ein entsprechender Geschäftsverkehr bis dahin noch nicht vorlag, kann eine solche Verkaufsveranstaltung doch „im regelmäßigen Geschäftsverkehr" stattfinden. Sie ist zwar nicht „realisiert branchenüblich", stellt aber aus der Struktur der Unternehmensart die Geburt einer arteigenen und daher branchengemäßen Variante des bisher realisierten branchenüblichen Geschäftsverkehrs dar. Sie liegt in dessen „Stil" und stellt sich nicht als ein Widerspruch zum regelmäßigen Geschäftsverkehr dar, sondern als seine organische, sinnvolle und notwendige Fortbildung. Dabei können aber niemals Verkaufsveranstaltungen als im regelmäßigen Geschäftsverkehr im Sinne des § 1 Abs. 1 AO stattfindend anerkannt werden, die sich nicht **innerhalb der von der Rechtsordnung gebilligten Ziele** halten, **48**

II. Legaldefinition der Sonderveranstaltungen

etwa weil sie irreführend (§ 3 UWG) oder anreißerisch (§ 1 UWG) sind (BGH ständig, z. B. BGH 25. 3. 58 GRUR 1958, 395; BGH 3. 5. 67, GRUR 1968, 53; BGH 9. 10. 68, GRUR 1969, 299; BGH 13. 6. 73, GRUR 1973, 658; BGH 4. 11. 77, GRUR 1978, 375; vgl. § 1 Rdn 43). BGH 12. 11. 74 (GRUR 1975, 144) hat daher die Werbung eines Versandhauses für unzulässig erklärt, das jeweils am 1. 3. und 1. 9. Kataloge herausbrachte. In einem am 1. 3. 1972 herausgebrachten Fotokatalog warb die Firma wie folgt: „Und hier die Sensation 72, Kodak-Negativ-Farbfilme jetzt zum Vorsaisonpreis bis 15. 4.!" Das wurde als außerhalb des regelmäßigen Geschäftsverkehrs liegend angesehen und stellte sich nach Ansicht des BGH nicht als eine wirtschaftlich vernünftige Fortentwicklung dar, die sich im Rahmen der von der Rechtsordnung gebilligten Ziele hielt. Als „zulässiges Sonder**angebot**" konnte die Veranstaltung nicht angesehen werden, weil sie zeitlich begrenzt war (§ 1 Abs. 2 AO). Daß diese Vorsaisonpreise kalkulatorisch fundiert waren, weil die Filmfabrik für „Frühorders" Preisvorteile einräumte, die hier an die Verbraucher weitergegeben wurden, änderte nichts: diese Vorteilsweitergabe bedingte nicht die Veranstaltung einer „außerhalb des üblichen geschäftlichen Rahmens liegenden und die Kauflust **in besonderer Weise anstachelnden Sonderveranstaltung**" mit noch dazu recht kurzer Befristung. Nun ist allerdings schwer vorstellbar, wie der Versandhandel, der notwendig mit einigen wenigen Katalogen im Jahr wirbt, seine Vorsaisonvorteile — die er ja nicht nur bei Filmen hat! — an die Verbraucher weitergeben soll, wenn eben nicht durch zeitlich gestaffelte Preise im Katalog. Diese Kataloge sind ja die Schaufenster des Versandhandels und man kann sie nicht — wie im stationären Einzelhandel — durch Änderung den sich laufend ändernden kalkulatorischen Grundlagen anpassen. Sie gelten regelmäßig sechs Monate. BGH 12. 11. 74 (GRUR 1975, 144) läßt diese Frage der Zulässigkeit zeitlich gestaffelter Preise in Versandkatalogen daher auch ausdrücklich offen: **wenn** sie aber durch die werblich herausgestellte Betonung des zeitlichen Faktors kaufanreizend wirken können, kommen sie in den Kreis der AO. Ich halte solche zeitlichen Staffelungen in Versandkatalogen oder sonstiger langfristig geltender Werbung für grundsätzlich zulässig. Nur dürfen sie eben nicht in die Form von die Kauflust in besonderer Weise anstachelnder Werbung gekleidet werden, sondern müssen sachlich und demgemäß nicht als „aus dem Rahmen des Katalogs" (und damit des „regelmäßigen Geschäftsverkehrs" im Versandhandel) fallend aufgezogen werden. Solche „sachliche" zeitliche Preisstaffelung mag unvermeidbar einen gewissen Kaufanreiz ausüben. Dieser muß aber — als von der Struktur des Versandhandels erzwungen — hingenommen werden ähnlich wie im Wandergewerbe, wo die Unterrichtung der Umworbenen über die Zeit der Verkaufsveranstaltung notwendigerweise in den Ankündigungen erfolgen **muß** und daher — wenn sie nicht willkürlich als „Werbefaktor" herausgestellt wird! — nicht als „zeitliche Begrenzung" ein Sonderangebot i. S. des § 1 Abs. 2 AO unzulässig macht (vgl. dazu § 1 Rdn 159 ff.). Abzustellen ist immer auf die ratio legis, wonach Fortentwicklungen **dann bedenklich** sind, wenn sich die Aktionen nicht mehr im Rahmen eines geordneten Wettbewerbs halten und die Gefahren, welche die AO prophylaktisch durch — zugegeben sehr weitgehende — Verbote verhüten will, heraufbeschwören (OLG Düsseldorf 7. 2. 75, GRUR 1976, 149, wo ausdrücklich die Gefahr einer den Wettbewerb gefährdenden „Übersteigerung" erwähnt wird). Vgl. zu Versandhauskatalogen auch § 1 Rdn 128.

BGH 14. 12. 73 (GRUR 1974, 341) behandelte das ungewöhnliche Vertriebssystem einer führenden Kosmetikaherstellerin, die ihre Kosmetika durch nebenberuflich tätige Frauen („Avon-Beraterinnen") von Haus zu Haus gehend anbieten ließ. Dabei wurde das Kalenderjahr in 18 Abschnitte geteilt: die Avon-Beraterin erhielt für jede solche „Verkaufscampagne" als Grundlage für das Verkaufsgespräch eine Verkaufs-

II. Legaldefinition der Sonderveranstaltungen

broschüre. Diese führte jeweils nur einen Teil des Gesamtwarenangebots mit Preisangaben auf. Dabei trugen neu eingeführte Artikel neben der Preisangabe den Zusatz „Einführungsangebot, später ... DM" mit Zusätzen wie „Günstig nur". Für welchen Zeitraum dieser „Günstig nur"-Preis galt, blieb offen. Dieses Vertriebssystem, das also, in seiner Art gleichbleibend, ständig mit neuen „Günstig nur"-Preisen fortlief, wurde als eine von § 1 Abs. 1 AO erfaßte unzulässige Sonderveranstaltung angesehen. Denn von § 1 Abs. 1 AO werden nicht nur einzelne Verkaufsveranstaltungen erfaßt, sondern auch Vertriebssysteme, die auf einer fortlaufenden Reihe solcher Veranstaltungen aufbauen. Ein solches System wird nicht schon dadurch aus der Regelung der AO herausgenommen, daß es in einer perpetuierlich aneinandergereihten Folge von einzelnen, im wesentlichen gleichgestalteten Verkaufsveranstaltungen besteht. Die fragliche Vertriebspraxis war nicht branchenüblich und stellte nach Ansicht des BGH auch keine „neue, billigenswerte Form des Geschäftsverkehrs" dar (vgl. dazu § 1 Rdn 40, 43 und BGH 13. 6. 73, GRUR 1973, 658), weil eine solche Kombination von Hausbesuchen und abschnittsweise wechselnden Preisen unter Hervorhebung der jeweils unübersehbar zeitlich begrenzt gültigen „Günstig nur"-Angebote zu einer großen Unsicherheit der Umworbenen hinsichtlich des künftigen Preises und damit überhaupt über die Beurteilung der Preissituation führte. Die Umworbenen konnten diese willkürliche Preisschaukelei weder zeitlich noch kalkulatorisch überblicken oder kontrollieren. Eine solche Entwicklung des Geschäftsverkehrs wird von einem auf die Aufrechterhaltung eines geordneten Wettbewerbs bedachten Kaufmann nicht gebilligt — womit allerdings nun die Bewertungsgrundlage für die Bejahung einer Fortentwicklung des regelmäßigen Geschäftsverkehrs im Sinne des § 1 Abs. 1 AO in die Nachbarschaft der Wertrelationen des UWG verlagert wird! Dabei darf aber nicht übersehen werden, daß das, was außerhalb des regelmäßigen Geschäftsverkehrs liegt, keineswegs notwendig wettbewerbsfremd ist. Vgl. § 1 Rdn 90, 91, 98 und Fußnote 61.

Trotz mancher Bedenken ist dieser Rechtsprechung **beizutre-** 50 **ten.** So wie Handelsmißbräuche nicht zu legitimen Handelsbräuchen erstarken können, steht auch eine mißbräuchliche Übung im Geschäftsverkehr unabdingbar „außerhalb des regelmäßigen Geschäftsverkehrs" i. S. des § 1 Abs. 1 AO, dessen Fortentwicklung neue Geschäftsaktivitäten nur dann in sich aufnehmen kann, wenn es sich um „neue, billigenswerte Formen" geschäftlicher Betätigung handelt. Zutreffend hat daher BGH 20. 5. 74 (GRUR 1975, 491) die Werbung eines Einkaufszentrums „Heute (morgen) schräger Dienstag — für alle, die gern sparen! Jeden Dienstag bietet Ihnen Skala einen schrägen Dienstag! Tolle Knüller — tolle Preise! Mengenabgabe vorbehalten — solange Vorrat reicht", wobei jeweils **einzelne** Waren des Sortiments zu herabgesetzten Preisen angeboten wurden, für einen Verstoß gegen die AO gehalten. Denn der Verkehr verstand die fragliche Werbung dahin, daß am Dienstag ein Preisrutsch **durch das ganze**, viele hundert, ja tausend Artikel aufweisende Sortiment eintritt oder „generelle Preissenkungen hinsichtlich ganzer Sortimentsgruppen" erfolgen und nicht nur die in der Ankündigung namentlich genannten wenigen Waren (z. B. etwa sechs Einzelangebote an Lebensmitteln, zwei Angebote an Fleischwaren und einige Textilangebote) preisgünstiger abgegeben würden. Das verstieß als irreführende Werbung gegen § 3 UWG und kann daher als rechtsmißbräuchlich nicht in den Kreis des „regelmäßigen Geschäftsverkehrs" im Sinne des § 1 Abs. 1 AO eingereiht werden: der innerhalb der Regeln des Wettbewerbs kämpfende Kaufmann — und damit „die Branche" — lehnt solche Werbemethoden ab und nimmt sie nicht in ihren regelmäßigen Geschäftsverkehr auf. Nach § 1 Abs. 2 AO — also als „zulässige Sonderangebote" — konnten diese „Dienstagsverkaufsveranstaltungen" m. E. schon deshalb nicht legitimiert werden, weil der irreführende Inhalt der Werbung

II. Legaldefinition der Sonderveranstaltungen

ein „Einfügen in den Rahmen des regelmäßigen Geschäftsbetriebes" des Veranstalters von vornherein verhinderte (vgl. dazu § 1 Rdn 45, 166) — ganz abgesehen davon, daß infolge der Periodizität dieser „Schrägen Dienstage" hier eine Zusammenfassung der einzelnen Veranstaltungen zu einer Verkaufsveranstaltung nahelag, bei der nicht mehr nur „einzelne Waren" angeboten wurden (vgl. § 1 Rdn 114). Der BGH lehnte die Anwendung des § 1 Abs. 2 AO ab, weil die Angebote seiner Ansicht nach jeweils zeitlich begrenzt waren, was mich **nicht** überzeugt (vgl. dazu § 1 Rdn 171 zu OLG Braunschweig 30. 6. 72, BB 1972, 1158). Wenn BGH 20. 5. 74 (GRUR 1975, 491) noch ausführt, daß eine solche irreführende Werbung keine „angemessene und vernünftige Fortentwicklung darstelle" und daher „als Mißbrauch keine rechtliche Anerkennung finden könne", so bestätigt das, daß auch nach diesem Urteil der Bewertungsmaßstab für die Anerkennung neuer Formen von Verkaufsveranstaltungen als „regelmäßiger Geschäftsverkehr" im Sinne des § 1 Abs. 1 AO aus der Nachbarschaft des UWG und der wettbewerbsrechtlichen Nebengesetze (ZugabeVO, Rabattgesetz) zu entnehmen ist — womit gegen **solche** Auswüchse nicht selten schon aus dem UWG oder den Nebengesetzen vorgegangen werden kann.

51 Die vorstehenden Erörterungen zeigen, daß bei Beurteilung der Frage, ob eine Verkaufsveranstaltung „außerhalb des regelmäßigen Geschäftsverkehrs" stattfindet, stets beachtet werden muß, **wie die Ankündigung und Durchführung der Veranstaltung auf die Umworbenen wirkt**[36]: Die „vernünftige wirtschaftliche Kalkulation" und das Vorliegen einer „betriebswirtschaftlichen Notwendigkeit" — beides Fragen, deren Beurteilung durch den Richter oft kaum möglich sein wird! — werden zwar dafür sprechen, daß die Veranstaltung im

---

36 Unstreitig; OLG Koblenz 24. 9. 54, WRP 1955, 125; LG Rottweil 23. 5. 56, DW 1956, 79; BVerwG 12. 12. 57, GRUR 1958, 200; BVerwG 29. 11. 77, NJW 1978, 1492; BGH 23. 6. 61, GRUR 1962, 36; BGH 12. 11. 74, GRUR 1975, 144; BGH 4. 11. 77, GRUR 1978, 112 und ständig. Ver-

branchenüblichen Geschäftsverkehr stattfindet. Die Verkaufsveranstaltung muß aber vom Verkehr auch als branchenüblich empfunden werden. Denn wettbewerbliche Tatbestände sind ganz allgemein aus der Sicht der Umworbenen zu beurteilen. Der gesellschaftliche Strukturwandel hat auch da einen Wandel der Mentalität der Verbraucher im Angriffsfeld der Werbung zur Folge, was bei Heranziehung älterer Urteile zu beachten ist (vgl. Einleitung vor § 1, Rdn 14 und § 1 Rdn 171).

Es muß auch bei Auslegung der AO **vom Standpunkte der** **52** **Verbraucher aus** beurteilt werden, ob sich die Verkaufsveranstaltung in das Bild einfügt, das sich die Verbraucher vom „branchenüblichen Geschäftsverkehr" vergleichbarer Unternehmen gebildet haben. Dabei muß eine **Ganzheitsbetrachtung vom Tatgeschehen und seiner Wirkung auf einen nicht (völlig) unbeachtlichen Teil der Umworbenen** vorgenommen werden (heute unstreitig; BGH 4. 11. 77, GRUR 1978, 112; so schon das Einigungsamt bei der IHK Braunschweig, WRP 1955, 129). Eine werbliche Herausstellung des Umstandes, daß die fragliche Veranstaltung zeitlich begrenzt ist oder „einmalige Preisvorteile" gewährt („Preisherabsetzung wie noch nie!", „Selten so günstig!" und dgl.), wird meist den Eindruck hervorrufen, daß die Veranstaltung „außerhalb des regelmäßigen Geschäftsverkehrs" stattfindet. Denn grundsätzlich ist es auch für den Letztverbraucher ein wesentliches Kennzeichen einer „außerhalb des regelmäßigen Geschäftsverkehrs stattfindenden" Verkaufsveranstaltung, daß sie ihrer Natur nach vorübergehend ist, während auch in der Vorstellung der Verbraucher der „regelmäßige" Geschäftsverkehr Dauercha-

---

steckt im Werbetext untergebrachte aufklärende Hinweise machen einen Blickfang nicht unwirksam. Wenn also ein Einzelhändler sein Angebot mit „Weiße Wochen" überschreibt, so wird das als befristetes Angebot verstanden, auch wenn später im Text erwähnt wird, daß „Weiße Wochen" nicht mehr abgehalten werden. Der Blickfang wirkt für sich allein und muß daher auch für sich allein, isoliert, werblich bewertet werden (DW 1958, 61).

II. Legaldefinition der Sonderveranstaltungen

rakter aufweist[37]. Angebote mit dem Blickfang „Dauerpreis" oder „Dauerangebot", wie sie häufig gerade in Supermärkten zu finden sind, versteht niemand als Sonderverkauf oder Sonderangebot. Dadurch wird auf die grundsätzliche Leistungsfähigkeit des Geschäfts hingewiesen (Dauertiefpreise!) und damit gerade der Eindruck des Einmaligen ausgeschlossen. Hier wird werbepsychologisch ein anderer Weg gegangen als der, den die AO überwachen will. Es wird da durch den Hinweis auf die **ständige** Preiswürdigkeit des Angebots der Verbraucher zum Einkauf veranlaßt: auf solchem Hintergrunde heben sich dann die „Sonderangebote" des Unternehmens um so wirksamer ab! Werbewendungen wie „Preisherabsetzung wie noch nie" deuten nicht unbedingt auf eine vorübergehende, aus dem regelmäßigen Geschäftverkehr ausscherende Verkaufsveranstaltung. Je nach den Umständen, die eine solche Werbung begleiten, kann der Verkehr sie auch als den Hinweis auf einen **Dauerpreissturz** auffassen. Es kommt auch da alles auf das Milieu an, in dem sich die Werbung den Umworbenen präsentiert, auf ihren „Gesamteindruck". Die Ankündigung eines Möbelhändlers „Morgen gehts los! Preissturz durch Sondereinkäufe!" hält DW 1977, 444 überzeugend für unzulässig. Denn Sondereinkäufe deuten auf nur kurz durchzuhaltende besonders günstige Angebote hin. Vgl. dazu auch zur Beurteilung befristeter Angebote verderblicher Waren § 1 Rdn 171.

Über die Gefahr, ein Versandhauskatalogangebot durch eine kurz vor dem Ablauf der Laufzeit des Kataloges erfolgende nachgreifende Werbung zur außerhalb des regelmäßigen Geschäftsverkehrs stattfindenden Sonderveranstaltung zu machen vgl. § 1 Rdn 128.

---

37 Dabei muß man aber immer berücksichtigen, daß das breite Publikum bei vielen Verkaufsveranstaltungen, an die es gewöhnt ist, weiß, daß sich diese nicht „unbegrenzt" hinziehen. Man darf also nicht verlangen, daß ein Angebot, um nicht aus dem regelmäßigen Geschäftsverkehr herauszufallen, „zeitlich unbegrenzt" angekündigt werden muß. Insoweit ist die Formulierung bei BGH 25. 3. 58 (GRUR

Die Art, wie die Veranstaltung angekündigt wird, aber auch **53** die ganze Aufmachung der Verkaufsveranstaltung, ihr Erscheinungsbild, hat also sehr wesentlichen Einfluß darauf, ob der Verkehr die Veranstaltung als innerhalb oder außerhalb des regelmäßigen Geschäftsverkehrs der Branche stattfindend versteht (BGH 12. 11. 74, GRUR 1975, 144). Dabei sind die Ankündigung — wozu nicht nur die Zeitungswerbung, sondern auch die Werbung im Geschäft, in den Schaufenstern usw. gehört — und die Art der Durchführung **sehr wesentliche Teile der Veranstaltung** selbst[38]. Die Ankündigung kann dabei als Teil einer unzulässigen Sonderveranstaltung **für sich allein** untersagt werden (BGH 16. 6. 71, GRUR 1972, 125; BGH 13. 6. 73, GRUR 1973, 658; OLG Celle 17. 3. 76, GRUR 1976, 598; vgl. § 1 Rdn 66, § 2 Rdn 1).

Ankündigung und Durchführung geben der Verkaufsveranstaltung das Gesicht. Sie bestimmen ihre Eigenart und entscheiden also darüber, ob der Verkehr in der Veranstaltung etwas Außergewöhnliches sieht (BGH ständig, z. B. BGH 23. 6. 61, GRUR 1962, 42; BGH 6. 7. 77, BB 1977, 1270, ausführlich zitiert § 1 Rdn 91; BGH 4. 11. 77, GRUR 1978, 112, ausführlich zitiert § 1 Rdn 146). Dabei ist der Maßstab der

---

1958, 395) nicht ganz glücklich. Die verschiedenen Elemente verknoten sich eben immer zu einem **Gesamteindruck**. Lediglich die Erkenntnis des Publikums, daß es sich nur um eine **irgendwann einmal zu Ende gehende** Verkaufsveranstaltung handelt, wird oft ungeeignet sein, als werbliches Stimulanz zu wirken. Daraus allein schließt der Verkehr nicht auf einen außerhalb des regelmäßigen Geschäftsverkehrs stattfindenden Vorgang.
So ist dem Verkehr geläufig, daß bei Geschäftseröffnungen dem Kunden oft Sondervorteile angeboten werden, vorausgesetzt, daß sie **auf einige Waren begrenzt** sind und nicht größere Teile des Warensortiments umfassen (vgl. § 1 Rdn 65, 122, 130, 133, 150, 153; Fußnoten 55, 72). „Nach der Lebenserfahrung werden solche Vorteile nur für eine begrenzte Zeit gewährt. Das liegt im Wesen einer solchen Aktion" und hindert nicht, daß sie im regelmäßigen Geschäftsverkehr stattfindet. Ein Eröffnungsstadium ist eben zwangsläufig zeitlich irgendwann zu Ende (BGH 4. 3. 77, GRUR 1977, 791).
38 Bei manchen Vertriebswegen, wie z. B. beim Versandhandel oder beim Vertrieb durch Automaten, erschöpfen sich die Verkaufsveranstaltungen überhaupt in der Ankündigung!

II. Legaldefinition der Sonderveranstaltungen

Beurteilung das, was der Verkehr von Unternehmen dieser Art erwartet. Denn der „regelmäßige Geschäftsverkehr" ist ein Geschäftsablauf, der nicht aus dem herausfällt, was der Verkehr als „normal" erwartet, d. h. was grundsätzlich bei vergleichbaren Unternehmen auch geschieht, was also **in der Branche dem Verkehr allgemein begegnet** und was der Verkehr als aus der Art solcher Unternehmen zwanglos herauswachsend empfindet. Unter diesen Gesichtspunkten kommt dann entscheidend in Betracht, welche Auffassung die Umworbenen von dem haben, was in Unternehmen dieser Art und Größe „allgemein" geschieht, und welchen Eindruck sie von der Veranstaltung zufolge ihrer Ankündigungen, die vielfach die Verkaufsveranstaltung erst zur unzulässigen Sonderveranstaltung machen (BGH 23. 6. 61, GRUR 1962, 42), und von der ganzen „Aufmachung" haben. Nach diesem Eindruck beurteilen die Verbraucher die Frage, ob die Veranstaltung im regelmäßigen Geschäftsverkehr der Branche stattfindet (BVerwG 29. 11. 77, NJW 1978, 1492).

54 Es verknüpft sich so die Frage, ob eine Verkaufsveranstaltung außerhalb des regelmäßigen Geschäftsverkehrs stattfindet, oft eng mit der anderen, unten (§ 1 Rdn 68 ff.) erörterten Frage, ob die Ankündigungen bei den Umworbenen den Eindruck erwecken, daß „besondere Kaufvorteile" gewährt werden. Denn eine Verkaufsveranstaltung, mag sie sich auch sonst in das „Branchenbild" einfügen, kann eben dadurch, daß sie außergewöhnliche und als einmalig empfundene Kaufvorteile in Aussicht stellt, aus dem Rahmen des regelmäßigen Geschäftsverkehrs herausgehoben werden. Sie kann sich dadurch als eine Gelegenheit darstellen, wie sie auch der Veranstalter sonst nicht bieten kann und sie fällt dann schon nach der Darstellung, die der Veranstalter selbst von ihr gibt, aus dem gewohnten, regelmäßigen, branchenüblichen Geschäftsverkehr heraus[39]. Die Anordnung will ja ge-

---

[39] BVerwG 12. 12. 57, GRUR 1958, 200 (mit Anmerkung von Heydt); BGH 25. 3. 58, GRUR 1958, 395; BVerwG 29. 11. 77, NJW 1978, 1492.

rade Veranstaltungen, die nicht bereits den Vorschriften der §§ 7 bis 9 UWG unterliegen (vgl. § 1 Rdn 16), grundsätzlich verhindern, wenn sie infolge ihres werblichen **Eindrucks auf das Publikum** Vorteile in Aussicht stellen, die der Verkehr nur bei „außergewöhnlichen" Verkaufsveranstaltungen[40] erwarten kann. Wenn daher eine Ankündigung einen besonderen, außergewöhnlichen Verkaufsanlaß andeutet, wie etwa bei einem Großangebot von Damenmänteln die **„Zusammenfassung der Bestände aller Verkaufsabteilungen"**, so wird dadurch die Veranstaltung aus dem regelmäßigen Geschäftsverkehr herausgehoben (DW 1959, 62). Vgl. dazu auch den Fall BGH 4. 11. 77 (GRUR 1978, 112, ausführlich zitiert § 1 Rdn 146). Da bewirkte die enge, in der Ankündigung betonte Kopplung des Angebotes mit der jährlichen Inventur, daß es nicht fern lag, daß nicht unbeachtliche Teile der Umworbenen als Anlaß der Verkaufsveranstaltung die Verkaufsveranstaltung als außerhalb des regelmäßigen Geschäftsverkehrs stattfindend (und auch als zeitlich begrenzt im Sinne von § 1 Abs. 2 AO) ansahen. Es war ja auch ersichtlich der Sinn dieser werblichen Herausstellung der Verknüpfung des Angebotes mit der bei der jährlichen Inventur stattfindenden Ausmusterung von Reststücken und Auslaufmodellen, dem Verkehr die Außergewöhnlichkeit der Veranstaltung vor Augen zu stellen und ihn — was eine Anwendung des § 1 Abs. 2 AO ausschloß — unter „psychologischen Zeitdruck" zu setzen. Dasselbe gilt für Verkaufsveranstaltungen, die sich nicht auf das Angebot „einzelner Waren" beschränken (sonst **kann,** wenn keine zeitliche Begrenzung vorliegt, § 1 Abs. 2 AO anzuwenden sein; vgl. dazu § 1 Rdn 105 ff.) und die unter Hinweis auf die **Geschäftseröffnung,** die **Eröffnung einer neuen Abteilung** oder die **Wieder**eröffnung, etwa nach einem Umbau, veranstaltet

---

[40] Insbesondere also bei Ausverkäufen wegen Geschäftsaufgabe, Aufgabe eines Artikels oder wegen außergewöhnlicher, d. h. außerhalb des regulären Geschäftsganges liegender Ereignisse (Umbau, Umzug, Erbauseinandersetzung, Wasserschaden, Brand usw.).

II. Legaldefinition der Sonderveranstaltungen

werden: Denn das alles sind seltene Anlässe, die durchaus nicht im regelmäßigen Geschäftsverkehr liegen und die daher die Veranstaltung auch in der Vorstellung des Verkehrs zu einem **außergewöhnlichen Ereignis** machen.

Eine Werbung „Riesenwirbel mit sämtlichen Winterwaren" deutet auf eine Verkaufsveranstaltung außerhalb des regelmäßigen Geschäftsverkehrs hin. Zum Jahresbeginn wird sie auch als „vorweggenommener Winterschlußverkauf" verstanden (vgl. § 1 Rdn 10).

Die Werbung „Sämtliche Teppiche, die 26 Wochen zu normalen Preisen angeboten wurden, sind jetzt bis zu 40 Prozent im Preis herabgesetzt" wird als Ankündigung einer außerhalb des regelmäßigen Geschäftsverkehrs der Branche stattfindenden und nach § 2 Abs. 1 AO untersagten Sonderveranstaltung verstanden.

55 Ebenso fallen preisgünstige Angebote unter Hinweis auf Umbauarbeiten aus dem regelmäßigen Geschäftsverkehr heraus (OLG Celle 17. 3. 76, GRUR 1976, 598, wo auch überzeugend betont wird, daß sie sich nicht in den Rahmen des regelmäßigen Geschäftsbetriebes des die Veranstaltung durchführenden Kaufhauses einfügen, so daß eine Rechtfertigung nach § 1 Abs. 2 AO entfällt). Die Verkehrsauffassung orientiert sich grundsätzlich an dem, was ihr in der fraglichen Branche bei größenordnungsmäßig vergleichbaren Unternehmen derselben Vertriebsart begegnet und was den harten Kern des in Frage stehenden „regelmäßigen Geschäftsverkehrs" bildet (vgl. OLG München 2. 2. 78, WRP 1978, 473) und daher — und da kommt die ratio legis zum Zuge — nicht als außergewöhnlich auffällt und gefährlich zum unüberlegten Kaufen anreizt.

Zur Frage, ob und wann werbliche Hinweise auf längeres Bestehen des Geschäftes eine Verkaufsveranstaltung aus dem regelmäßigen Geschäftsverkehr herausheben, vgl. § 1 Rdn 81 ff., 174, 175.

56 Eine Werbung „Preise — Auswahl — Leistung — Das ist das große Geheimnis unserer Stärke" wird vom Verkehr **nicht** als Ankündigung einer Verkaufsveranstaltung, die außerhalb des regelmäßigen Geschäftsverkehrs stattfindet, empfunden, ist also nicht von der AO erfaßt. Denn es bleibt jedem Unternehmen unbenommen, ganz allgemein auf die bei ihm anzutreffenden Vorteile unternehmerischen Leistungsvermögens hinzuweisen, sofern das nicht wahrheitswidrig ist (DW 1968, 24). Der Verkehr wird solche Werbeslogans, die doch sehr farblos sind, heute wohl als leeres Wortgeklingel unbeachtet lassen. Solche Ankündigungen erwecken auch nicht den Eindruck der Gewährung besonderer Kaufvorteile (vgl. dazu § 1 Rdn 70 ff., 86).

57 Daß im Handel das **Abstoßen von Sonderposten** oder von auslaufenden Modellen, aber auch billige Gelegenheitsangebote das ganze Jahr hindurch „regulär" vorkommen, daß es sich dabei also nicht notwendig um Verkaufsveranstaltungen handelt, bei denen die großen Vorteile zu erwarten sind wie bei den außergewöhnlichen Ausverkäufen oder den mit Spannung erwarteten Schlußverkäufen, weiß heute das breite Publikum. Es weiß, daß derartige Gelegenheiten nicht künstlich aufgezogen sind, sondern sich im regulären Geschäftsablauf vieler Branchen laufend ergeben, daß dabei also nicht so sehr viel zu verdienen ist. Gerade deshalb ist entscheidend wichtig, ob der Verkehr die fragliche Veranstaltung als „im regelmäßigen Geschäftsverkehr stattfindend" auffaßt. Ist das der Fall, so ist von vornherein ein wichtiges gruppentypisches Gefahrenmoment ausgeschaltet. Sommerangebote von Schreibmaschinen liegen außerhalb des regelmäßigen Geschäftsverkehrs. Denn der Absatz von Büromaschinen ist jahreszeitlich nur unbedeutend — etwa durch „Abschreibungskäufe" vor dem Jahresende — bedingt. Sommerpreise sind da also kalkulatorisch weder berechtigt noch üblich im Gegensatz zu anderen Branchen, die Saisonwaren anbieten und bei denen die Verbraucher an jahreszeitlich be-

II. Legaldefinition der Sonderveranstaltungen

dingte preisgünstige Angebote — als da branchenüblich — gewöhnt sind (vgl. § 1 Rdn 47 und OLG Düsseldorf 6. 5. 60, GRUR 1961, 321). **Oster-, Pfingst- und Weihnachtsangebote** sind althergebrachte Verkaufsveranstaltungen. Sie liegen daher — soweit nicht ihre besondere Aufmachung das Bild verschiebt — in vielen Branchen im Rahmen dessen, was das Publikum als regelmäßige geschäftliche Betätigung erwartet und versteht. Der Verkehr versteht solche Werbeslogans auch nicht als zeitliche Begrenzung, sondern als **Vorschläge für geeignete Festtagsgeschenke.** Vgl. dazu § 1 Rdn 129, 150, 153 und BGH 12. 1. 73, GRUR 1973, 477: da wurde die Werbung „Für den Osterkauf bei Porst... Sonderangebote..., Preissenkungen, die uns so schnell keiner nachmacht" zugelassen (im Text waren dann verschiedene Photo-Artikel mit „Niedrigpreisen" oder „Sensationspreisen" ausgezeichnet). Ähnliches gilt für Vorführungsveranstaltungen[41] mit spezieller Note (etwa von Kochtöpfen oder Waschmaschinen), weil der Verkehr dabei keine „besondere Gelegenheit" wittert, solche Veranstaltungen vielmehr als im normalen Ablauf des Geschäftsverkehrs stattfindend ansieht (Gottschick, AWR 1935, 82). Das, was bei einem größeren Kolonialwarengeschäft in der Stadt zum regelmäßigen Geschäftsverkehr gehört, kann jedoch bei einem kleinen Ladengeschäft auf dem Lande als außerhalb des regelmäßigen Geschäftsverkehrs der Branche stattfindend und als künstlich aufgezogen angesehen werden[42] und dasselbe gilt erst recht bei den heute allgemein verbreiteten, überall anzutreffenden und den Verbrauchern in ihren typischen Geschäftsabläufen längst vertrauten Ver-

---

[41] Mit Verkauf! Sonst liegt keine „Verkaufsveranstaltung" vor (§ 1 Rdn 28, 34).
[42] Insoweit muß man also die Branchen bei Beurteilung des „branchenüblichen" Geschäftsverkehrs wieder unterteilen, insbesondere nach den Betriebsgrößen, aber auch oft nach „Stadt" und „Land"! Das läuft aber immer noch auf eine Beurteilung nach „allgemeinen" Gesichtspunkten hinaus und darf sich nicht in eine **„individuelle"** Betrachtung der Betriebsverhältnisse gerade des Veranstalters zersplittern!

triebssystemen wie Supermärkten, Einkaufszentren, Discountgeschäften, Abholmärkten usw. mit ihrer ständig wachsenden Konzentration der Verkaufsorganisation. Die Geschäftsvorgänge in einem modernen Einkaufszentrum mit Selbstbedienung, in einem großen Kaufhaus, einem Supermarkt oder im modernen Versandhandel, der ja beachtliche Teile des Massenkonsums an sich gezogen hat, sind notwendig ganz anders als im herkömmlichen Einzelhandel. Der Verkehr weiß längst, daß diese ihm nun schon seit vielen Jahrzehnten anschaulich bekannten Großverkaufsstellen und neuartigen Vertriebswege **nach ihren eigenen Gesetzen leben.** Er weiß, daß sich in einem modernen Kaufhaus rasch viele lästige Warenvorräte ansammeln, die laufend abgestoßen werden müssen und daß da viele günstige Einkäufe aus Gelegenheitsangeboten wahrgenommen und an die Verbraucher weitergegeben werden. Das Publikum weiß, daß es sich dabei um gewissenhaft kalkulierte, wenngleich preisgünstige Angebote handelt und nicht um eine willkürliche „Preisschaukelei". Das Publikum kennt das erstaunlich große Warensortiment unserer großen Versandhäuser, deren regelmäßige Kataloge zu dicken „Lehrbüchern des Familienbedarfs" angeschwollen sind, und der Verbraucher schließt daraus, daß der Versandhandel nach anderen Gesetzen lebt als das kleine Ladengeschäft, an dem er täglich vorbeigeht. **Mit diesen Gegebenheiten rechnet heute der Verkehr,** und der Umworbene beurteilt daher die Sonderveranstaltungen individuell je nach Branche, Betriebsgröße und Vertriebsart. Was er beim kleinen Ladenhändler als eine ganz außergewöhnlich lockende, „nie wiederkehrende Gelegenheit" ansieht, der er nur schwer widerstehen kann, das faßt er beim großen Warenhaus oder beim Versandhandel als einen normalen, bald wiederkehrenden Vorgang auf, bei dem zwar Preisvorteile geboten werden, wo aber das Ausmaß dieser Vorteile sich im „regelmäßigen Rahmen" bewegt. Die Ankündigung eines Versandhauses „Restposten zu weit herabgesetzten Preisen", in

II. Legaldefinition der Sonderveranstaltungen

der „reguläre Artikel aus Katalogangeboten, die nur noch in kleineren Mengen vorhanden sind, zu weit herabgesetzten Preisen" angeboten werden, wird daher grundsätzlich innerhalb des regelmäßigen Geschäftsverkehrs des Versandhandels stattfinden und daher keine Sonderveranstaltung im Sinne der Anordnung darstellen. Der Versandhandel, in dem laufend derartige Restposten anfallen, deren Aufnahme in einen neuen Katalog wegen der relativ geringen noch vorhandenen Stückzahl sich nicht lohnt, muß diese Waren eben schlagartig in Sonderwerbungen anbieten: Dieses Bedürfnis tritt **immer wieder** mit einer aus der Art des Versandgeschäftes sich ergebenden Notwendigkeit ein, und daher gehören derartige Angebote — die den „Resetischen" der Kaufhäuser entsprechen, die ja unstreitig ebenfalls grundsätzlich innerhalb des regelmäßigen Geschäftsverkehrs liegen — zum „normalen Geschäftsgang" des Versandhandels, der seiner Struktur nach darauf angewiesen ist, immer wieder solche Restposten mit entsprechend lockenden Preisvergünstigungen breit streuend anzubieten, sei es durch Katalogangebote oder auch in den örtlichen Verkaufsstellen, die ja unsere führenden Versandhäuser zunehmend einrichten. Daß der örtliche Einzelhandel auch insoweit über die Konkurrenz des Versandhandels oft wenig erfreut ist, darf natürlich den Richter nicht dazu verleiten, zu verkennen, daß derartige Veranstaltungen für den regelmäßigen, normalen und **wirtschaftlich gesunden** Geschäftsverkehr im Versandhandel **unabweislich nötig** sind: Ohne sie bliebe der Versandhandel auf solchen Restvorräten sitzen! Die Saisonschlußverkäufe sind für diese Riesenbetriebe kein ausreichendes Notventil mehr: solche Vertriebsformen können nicht bis zum Herbst oder bis zum Frühjahr warten mit dem Abstoßen von Restbeständen.

58 „Regelmäßig" ist eben, was „von der Regel sein Maß nimmt", was „der Regel entspricht", wobei sich diese Regel grundsätzlich **aus den Verhältnissen der Branche ableitet,** die in Frage steht. Es muß die Art der Veranstaltung in diesem Sinne „regelmäßig" sein[43], wobei auch die Zeit der Veranstaltungen eine Rolle spielen kann, so bei den althergebrachten Oster-, Pfingst- oder Weihnachtsangeboten, die aber wiederum branchengebunden sind: Der Automobilhandel oder der Futtermittelhandel stehen dabei z. B. stets außerhalb dieses Herkommens, das sich durch die zeitlich auftretenden Kaufwünsche des Publikums geformt hat. Deshalb ist die Branchenbreite zu Weihnachten da sehr groß im Gegensatz etwa zu Ostern oder Pfingsten, wo derartige Angebote besonders im Bekleidungssektor und bei Schuhwaren eingeführt sind. Regelmäßigkeit ist natürlich keineswegs gleichbedeutend mit zeitlicher „Periodizität", mögen auch manche solcher Veranstaltungen jahreszeitlich — etwa gebunden an die hohen Feste — zur gleichen Zeit wiederkehren.

Oktoberfestangebote werden z. B. bei Brauereien meist im regelmäßigen Geschäftsverkehr der Branche liegen. Da sie aber oft keineswegs den Eindruck hervorrufen, daß besondere Kaufvorteile gewährt werden, fallen sie dann schon deshalb nicht unter die AO. Vgl. dazu auch § 1 Rdn 153.

Leitlinie muß immer sein, daß das, was aus den betriebswirtschaftlichen Erfordernissen eines Unternehmens, bei dessen Führung die guten Sitten im Wettbewerb — also auch die Grundsätze des vieldiskutierten „Leistungswettbewerbs" — beachtet werden, herauswächst, für vergleichbare Unternehmen der fraglichen Branche — auch wenn es **neue** Wege weist — **den regelmäßigen Geschäftsverkehr formt,** der sich nicht nach dem willkürlichen, nicht verantwortlich **an der Sache** orientierten und die Grundsätze eines lauteren Wettbewerbs

---

[43] Gottschick (AWR 1935, 1) kennzeichnet das anschaulich dahin, daß die Sonderveranstaltung **künstlich aufgezogen,** „gemacht" wird und sich — im Gegensatz zum zulässigen Sonderangebot nach § 1 Abs. 2 AO, das „auf einer wahren und tatsächlichen Geschäftslage beruht" — meist als „krampfartige Anlockungsmaßnahme **ohne wirtschaftliche Notwendigkeit"** darstellt.

II. Legaldefinition der Sonderveranstaltungen

beiseite schiebenden Geschäftsgebaren eines Außenseiters ausrichtet.

59 Verkaufsveranstaltungen ausschließlich für die **Belegschaft** eines bestimmten Betriebes liegen grundsätzlich **außerhalb** des regelmäßigen Geschäftsverkehrs, wenn sie nicht vom Betrieb selbst veranstaltet werden (vgl. § 1 Rdn 60). Zutreffend hat daher LG Mannheim 4. 6. 56 (GRUR 1957, 141, Strafsache) einen Wandergewerbetreibenden, der durch Flugblätter vor dem Werkseingang einer Firma für eine Verkaufsveranstaltung, die nur Betriebsangehörigen dieser Firma zugängig war, warb, wegen Verstoßes gegen die Anordnung verurteilt (es lag gleichzeitig noch irreführende Werbung — § 4 UWG — vor, weil nämlich die fraglichen Flugblätter den Anschein erweckten, der Veranstalter habe mit der fraglichen Firma eine entsprechende Vereinbarung getroffen, durch die den Betriebsangehörigen besondere Vergünstigungen gewährt werden sollten, was nicht zutraf).

Auch eine vom Betriebsrat eines Kohlenbergwerks veranlaßte, von einer Einzelhandelsfirma veranstaltete „Ausstellung für Bekleidungsgegenstände aller Art", bei der verkauft wurde, wurde vom Einigungsamt der IHK Braunschweig 5. 5. 55 (DW 1955, 55) zutreffend als unzulässige Sonderveranstaltung angesehen. Die Verkaufsveranstaltung, die als zeitlich begrenzt angekündigt wurde, fand außerhalb des regelmäßigen Geschäftsverkehrs statt. Sie diente der Beschleunigung des Warenabsatzes und ihre Ankündigung erweckte schon deshalb den Eindruck, daß besondere Kaufvorteile gewährt würden, weil die Kalkulation, zu der der Einzelhändler durch den Betriebsrat veranlaßt worden war, im Betrieb allgemein bekannt war (es lag übrigens außer einem Verstoß gegen die AO auch ein Verstoß gegen § 1 Abs. 1 RabattG — unzulässiger Sonderpreis — vor).

60 Anders sind derartige Veranstaltungen oft dann zu beurteilen, wenn sie **intern vom Betrieb selbst** veranstaltet werden.

Wenn beispielsweise eine Radiofirma ihren Angehörigen zum Neuheitentermin auslaufende Rundfunkgeräte oder Fernsehgeräte mit besonderen Preisvergünstigungen anbietet oder wenn ein Lebensmittelhändler nach Weihnachten seiner Belegschaft liegengebliebene Pfefferkuchen besonders günstig anbietet, so liegen derartige Veranstaltungen oft im Rahmen des regelmäßigen, branchenüblichen Geschäftsverkehrs. Daß ein solcher **„Belegschaftshandel"** aus anderen, wirtschaftspolitischen Erwägungen umstritten ist und bekämpft wird, steht auf einem anderen Blatte.

61 Wenn ein ortsansässiger Einzelhändler in einer im gleichen Ort gelegenen Gastwirtschaft eine „Große Verkaufsausstellung" mit Hinweisen auf Niedrigpreise veranstaltet, so findet diese meist außerhalb des regelmäßigen Geschäftsverkehrs des stationären Einzelhandels statt. Eine solche Verkaufsveranstaltung in einer Gastwirtschaft wird bei den Umworbenen oft den Eindruck erwecken, daß besondere Kaufvorteile gewährt werden (unten Rdn 68 ff.). **Auch da hängt es aber von der Branche ab:** in Branchen mit großem Raumbedarf bei Ausstellung der Waren (z. B. Teppichhandel, Möbelhandel) kann es vom Verkehr als organisch und unauffällig empfunden werden, wenn da gelegentlich durch einen solchen „Exodus" in ein Lokal mit entsprechenden Räumlichkeiten die Verkaufsausstellung eines großen Warenvorrats ermöglicht wird. Sonst wird aber eine solche nicht alltägliche Veranstaltung — schon wegen ihres in der Nähe von Wanderlagern liegenden Gesamteindrucks und des meist billigen Geschäftslokals — vom Verkehr leicht als außerhalb des regelmäßigen Geschäftsverkehrs der Branche stattfindend angesehen werden und wird, auch ohne besondere Heraustellung, bei den Umworbenen oft den Eindruck erwecken, daß die Preise unter den — im ständigen Ladenlokal geforderten — Preisen liegen.

62 Die lebensnahe Beachtung der speziellen, für die fragliche Branche allgemein geltenden Besonderheiten bei Beurteilung

II. Legaldefinition der Sonderveranstaltungen

der Frage, ob eine Verkaufsveranstaltung außerhalb des regelmäßigen Geschäftsverkehrs stattfindet, ist z. B. bei **Wandergewerbetreibenden** wichtig. „Wanderlager" dürfen nicht aus dem Blickwinkel des stehenden Einzelhandels beurteilt werden, sondern es ist dabei auf die **Bräuche und Bedürfnisse des Wandergewerbes mit Rücksicht zu nehmen**[44] (OLG Oldenburg, NdsRpfl 1954, 16; BVerwG 12. 12. 57, GRUR 1958, 200). Das übersieht m. E. OLG Köln 9. 9. 60, DW 1961, 36. Vgl. dazu auch § 1 Rdn 164, 165. OLG Lüneburg 13. 4. 56 (WRP 1957, 17) hielt daher die Ankündigung eines Wandergewerbetreibenden für zulässig: „Ich bin wieder da! — Jetzt ist es Zeit, sich für den Sommer preisgünstig einzudecken — zu stark herabgesetzten Preisen sämtliche Artikel!" Im regelmäßigen Geschäftsverkehr **des ambulanten Handels** finden solche Preisherabsetzungen immer wieder statt, während sie im **stationären** Handel außergewöhnlich sind.

Auch im Wandergewerbe finden aber Ankündigungen, von denen ein **aus den Besonderheiten der Branche nicht gedeckter** Anreiz ausgeht, nicht mehr im regelmäßigen Geschäftsverkehr statt. Vgl. den Fall BVerwG 29. 11. 77 (NJW 1978, 1492). Da warb ein Wandergewerbetreibender für Damenoberbekleidung durch Handzettel mit Hinweisen wie „letztmalig Sommerkleidung, besonders günstig" und mit dem Blickfang „toll" für ein Angebot von ca. 300 Mänteln, Kostümen und Hosenanzügen, die „innerhalb von 2 Tagen beson-

---

[44] Habscheid kritisiert in seiner Anmerkung das Urteil des VG Würzburg v. 3. 12. 52 (GRUR 1953, 450), weil da zu wenig beachtet sei, daß der Wandergewerbetreibende bei Ankündigung seiner ja nur wenige Tage dauernden Verkaufsveranstaltung genötigt sei, besonders eindringlich zu werben, um die Aufmerksamkeit des Publikums im erforderlichen Umfange auf sich und seine Veranstaltung zu lenken. Habscheid ist der Ansicht, daß das heute breite Publikum heute das längst wisse und daher die werblichen Formulierungen bei Ankündigung von Wanderlagern nicht so ernst nehme wie beim stationären Einzelhandel. Es ist jedoch nicht zu verkennen, daß dann der Wandergewerbetreibende, der ohnehin schon durch die notwendige Ankündigung der zeitlichen Begrenzung seines Wanderlagers im Vorteil ist, gegenüber dem stationären Einzelhandel noch weiteren Vorsprung erhält. Vgl. dazu § 1 Rdn 160 ff.

ders günstig" angeboten würden. Das verstanden die umworbenen Verkehrskreise als etwas **auch im Wandergewerbe „Außergewöhnliches".** Es lag also eine besondere Verkaufsveranstaltung vor, die außerhalb des regelmäßigen Geschäftsverkehrs stattfand und nach § 2 Abs. 1 AO untersagt war.

d) Verkaufsveranstaltungen, die der Beschleunigung des Warenabsatzes dienen

Sonderveranstaltungen im Sinne der AO liegen nur vor, **63** wenn die fragliche Verkaufsveranstaltung der Beschleunigung des Warenabsatzes des Veranstalters dient[45]. Der beschleunigte Warenabsatz ist also **Selbstzweck** derartiger Veranstaltungen, nicht etwa die Räumung des Lagers, die zwar das Motiv für die Sonderveranstaltung sein kann, das jedoch in den Ankündigungen **nicht angegeben werden darf**, etwa in der Form: „Wir wollen Platz schaffen für die Frühjahrsmode" oder „Wir räumen unsere Gartenmöbel!" (sonst Räumungsverkauf nach § 7a UWG!). Im Gegensatz zu den Ausverkaufsveranstaltungen der §§ 7 und 7a UWG ist daher hier das Vor- und Nachschieben von Waren erlaubt und nicht selten. Der Kaufmann kauft besonders für ein Sonderangebot (§ 1 Abs. 2 AO) Waren oft speziell für diesen Zweck ein und bietet diese in Ankündigungen an, die den Eindruck der Gewährung besonderer Kaufvorteile hervorrufen, um so große Umsätze zu machen (vgl. dazu § 1 Rdn 75). Ob dem Verkehr dieser Umstand allerdings so generell bekannt ist wie oft angenommen wird, ist m. E. fraglich. Nach einer verbreiteten, auch in der Rechtsprechung vertretenen Ansicht gehen die Verbraucher oft davon aus, daß im Sonderangebot nur beschränkte Warenvorräte angeboten werden, so daß das Angebot dann seiner Natur nach als nur kurzfristig laufend ange-

---

[45] Der Beschleunigung des Warenabsatzes dient auch eine **Umtauschaktion,** deren Zweck ja der Verkauf neuer Waren ist, während der Eintausch gebrauchter Waren dabei nur Begleiterscheinung und „notwendiges Übel" ist. Vgl. auch § 1 Rdn 31.

II. Legaldefinition der Sonderveranstaltungen

sehen wird (vgl. § 1 Rdn 123, 144, 181). Es kommt da aber auf die Gesamtumstände der Ankündigung an. Wenn in einem Schuhladen ständig — mit roten Preiszetteln — Schuhe „zu Sonderpreisen" angeboten werden, so wirkt das auf die Umworbenen anders als wenn es sich um „heruntergezeichnete Restpaare" handelt. Im ersten Falle weiß heute der Verkehr, daß es sich um Waren oft minderer Qualität (vgl. dazu § 1 Rdn 75) handelt, die der Unternehmer im Großen eingekauft hat, während im zweiten Falle der Eindruck erweckt wird, daß nur wenige Stücke vorhanden sind. Ähnlich liegt es beim Angebot im **Buchhandel.** Beim sog. „Restantiquariat" weiß heute wohl der Umworbene, daß da größere Bestände vorhanden sind, die durch Nachbezug aufgefüllt werden und oft **jahrelang so angeboten werden.** Anders liegt es etwa beim Angebot von Remittenten, bei denen der Verkehr weiß, daß nur wenige Exemplare im Angebot liegen. Solche Angebote finden aber grundsätzlich im regelmäßigen Geschäftsverkehr der Branche statt — man muß hier den Antiquariatsbuchhandel als spezielle Branche mit eigenen Branchenüblichkeiten anerkennen (vgl. § 1 Rdn 112) —, so daß die AO schon deshalb nicht anwendbar ist. Der Geschäftsverkehr setzt sich da eben aus „Gelegenheiten" zusammen, die vom Verkehr als solche und nicht als Sonderangebote verstanden werden. Es fehlen in diesen Fällen auch alle anderen Merkmale einer Sonderveranstaltung im Sinne der AO. Derartige Ankündigungen erwecken nicht den Eindruck der Gewährung besonderer Kaufvorteile — der Kaufmann verkauft da ja nicht billiger als sonst (vgl. § 1 Rdn 74) — und es dienen solche Angebote auch nicht der Beschleunigung des Warenabsatzes im Sinne des § 1 Abs. 1 AO. Vgl. dazu auch § 1 Rdn 167.

Im übrigen ist KG 29. 9. 55 (NJW 1956, 596) beizutreten, wenn dort betont wird, daß praktisch jede Werbung eine Umsatzbeschleunigung bezweckt, dieses Kriterium also recht **farblos** und zur Abgrenzung wenig geeignet ist[46]. Auch BGH 28. 4. 78

---

46 Ebenso BVerwG 12. 12. 57, GRUR 1958, 200.

(JZ 1979, 68 — Tierbuch) verlangt, daß „durch die Werbung oder durch andere Umstände der Eindruck eines **über das normale Maß hinausgehenden** Strebens nach Beschleunigung des Absatzes erweckt werde".

Auch hier entscheidet die Beurteilung durch die umworbenen Kreise (vgl. § 1 Rdn 14, 15, 71). Stellt sich diesen die Veranstaltung nach der Art ihrer Durchführung so dar, daß damit der Warenabsatz übernormal beschleunigt werden soll, so liegt dieses Tatbestandsmerkmal auch dann vor, wenn der Veranstaltende andere Ziele erstrebt oder wenn objektiv eine Beschleunigung des Warenabsatzes nicht eintritt.

Wenn Hefermehl (Wettbewerbsrecht, 12. Aufl. S. 1236) dahin formuliert, daß nur dann, wenn die Umsatzbeschleunigung „in der Werbung derart akzentuiert wird, daß die Verkaufstätigkeit aus dem Rahmen des regelmäßigen Geschäftsverkehrs fällt", eine Sonderveranstaltung im Sinne der AO vorliegen könne, so überzeugt das nicht. Denn das Merkmal, daß die Verkaufsveranstaltung im Sinne der AO **der Beschleunigung des Warenabsatzes dienen** muß, ist ein **selbständiges** Merkmal. Es würde aber, wenn man der vorstehenden Ansicht Hefermehls folgte, in dem Merkmal untergehen, daß die Verkaufsveranstaltung im Sinne der AO **außerhalb des regelmäßigen Geschäftsverkehrs stattfinden** muß. Die **Mittel,** mit denen der Unternehmer die Beschleunigung des Warenabsatzes herbeizuführen bestrebt ist, **können** aber zur Folge haben, daß die Verkaufsveranstaltung außerhalb des regelmäßigen Geschäftsverkehrs stattfindet. So etwa die werbliche Herausstellung der kurzen Dauer (§ 1 Rdn 80) oder der außergewöhnlichen Kaufvorteile (§ 1 Rdn 47, 53 ff., 170). Es ist das ein Beispiel dafür, daß sich die Merkmale, die § 1 AO für den Begriff der Sonderveranstaltung im Sinne der AO aufstellt, oft miteinander verknüpfen (vgl. § 1 Rdn 17).

Immer muß es sich aber um **Warenabsatz** handeln (vgl. § 1 **64** Rdn 28 ff.). Keine Sonderveranstaltung, sondern eine von der

II. Legaldefinition der Sonderveranstaltungen

AO grundsätzlich nicht erfaßte „Werbeveranstaltung" liegt also vor, wenn beispielsweise ein Modehaus, um den Geschmack seiner Kunden zu fördern und um zu werben, eine Veranstaltung durchführt, bei der keine Verkäufe stattfinden, oder wenn ein Fleischer, um nachzuweisen, daß er keine Verstöße gegen die Lebensmittelgesetze begeht, seinen Kunden freistellt, eine kleine Probe seiner Ware zwecks Untersuchung durch eine chemische Untersuchungsanstalt mitzunehmen.

65 Das Gesetz spricht von „Beschleunigung" des Warenabsatzes. Nach richtiger Ansicht fallen unter die AO aber auch sog. **Eröffnungsverkäufe,** wenn sie die sonstigen Voraussetzungen des § 1 Abs. 1 AO erfüllen. Denn grundsätzlich ist ein Eröffnungsverkauf eine Verkaufsveranstaltung, die außerhalb des regelmäßigen Geschäftsverkehrs stattfindet. Es ist nicht branchenüblich, bei der Geschäftseröffnung den gesamten Warenvorrat oder größere Teile davon, etwa mit der Ankündigung **„Eröffnungspreise",** verbilligt anzubieten. Solche Eröffnungsverkäufe dienen auch wirtschaftlich betrachtet der **Beschleunigung des Warenabsatzes** und es wäre spitzfindig und lebensfremd, wollte man hier die AO deshalb nicht anwenden, weil bei derartigen Eröffnungsverkäufen nicht eine Beschleunigung, sondern die **erste Ankurbelung** des Warenabsatzes erfolgt. So schon AG 1950/14. Vgl. dazu auch § 1 Rdn 83 und BGH 4. 3. 77, GRUR 1977, 791, wo die Ankündigung „Zur Eröffnung billiger" als nach § 2 AO untersagte Sonderveranstaltung angesehen wurde: Der Verkehr bezog diese Werbung auf das ganze Warenangebot.

Nicht überzeugend daher OLG Köln 16. 9. 77 (WRP 1977, 736). Dort wurden **„aus Anlaß der Geschäftseröffnung"** angekündigt „die Superschau der Knüllerpreise", „über 8000 Artikel zu knallhart kalkulierten Preisen" und „die S-Parade der kleinen Preise". Das war m. E. die Ankündigung einer Verkaufsveranstaltung, die **außerhalb des regelmäßigen Geschäftsverkehrs** stattfand: im regelmäßigen Geschäftsverkehr bietet der Kaufmann nicht aus Anlaß der Geschäftseröffnung so große Teile seiner Waren „zu Knüllerpreisen" an. OLG Köln hielt die Verkaufsveranstaltung für im regelmäßigen Geschäftsverkehr stattfindend, weil den Verbrauchern geläufig sei, daß bei Geschäftseröffnung häufig Sondervorteile angeboten würden: Auch bei Geschäftseröffnung sei der Kaufmann grundsätzlich berechtigt, auf die günstigen Preise seines Geschäfts hinzuweisen. Aus der Optik des kaufenden Publikums würde hier nicht der Eindruck erweckt, das Sonderangebot (!!) solle nur für die begrenzte Zeit der Geschäftseröffnung gelten. Es fehlte nach Ansicht des Gerichts an einer einmaligen, zeitlich begrenzten und daher unzulässigen Sonderveranstaltung. Nun ist dazu zunächst zu sagen, daß dabei die Voraussetzungen des § 1 **Abs. 1** und des § 1 **Abs. 2** AO nicht klar auseinandergehalten werden. M. E. verkauft der die Branchengewohnheiten beachtende Kaufmann nicht in dieser Weise sein Sortiment zum erheblichen Teile bei der Geschäftseröffnung: nur **einzelne** Angebote sind da branchenüblich (vgl. § 1 Rdn 130). Und aus der Sicht des umworbenen Publikums wurde hier eine Verkaufsveranstaltung angekündigt, die eng mit dem Zeitpunkt um die Geschäftseröffnung herum verbunden war und mit dieser stand und fiel (vgl. § 1 Rdn 130). Die Geschäftseröffnung war nicht lediglich der **schmückende Aufhänger** für das Angebot, das den Eindruck der Gewährung besonderer Kaufvorteile erweckte. Hier wurde etwas Außergewöhnliches angekündigt, etwas, was außerhalb des regelmäßigen, in der Branche allenthalben Anzutreffenden lag. Damit konnte die Veranstaltung nur dann verteidigt werden, wenn es sich um nach § 1 Abs. 2 AO aus der Definition der Sonderveranstaltungen im Sinne der AO herausgenommene Sonderangebote (§ 1 Rdn 87 ff.) handelte. Davon konnte aber schon deshalb keine Rede sein, weil es sich nicht um das Angebot „einzelner" Waren handelte (über 8000 Artikel!) und es außerdem an einer Kennzeichnung nach Preis oder Güte fehlte. Schließlich war die An-

II. Legaldefinition der Sonderveranstaltungen

kündigung aber auch auf ein zeitlich begrenztes Angebot abgestellt: die Umworbenen nahmen in nicht unbeachtlicher Anzahl an, daß dieser günstige Geschäftseröffnungsverkauf sehr bald nach erfolgter Eröffnung, aus deren Anlaß die Veranstaltung stattfand, beendet sein werde. Die Verkaufsveranstaltung fügte sich deshalb auch nicht in den Rahmen des regelmäßigen Geschäftsbetriebs des Veranstalters ein. Es ist eben bei derartigen im Zusammenhang mit der Geschäftseröffnung erfolgenden Ankündigungen immer zu prüfen, ob es sich um das Angebot **einzelner** Waren handelt: dann findet die Veranstaltung grundsätzlich im regelmäßigen Geschäftsverkehr statt (vgl. Fußnote 55). Sonst werden da evtl. die Voraussetzungen zulässiger Sonderangebote (§ 1 Abs. 2 AO) vorliegen, wobei allerdings darauf zu achten ist, daß die Ankündigung und Aufmachung nicht den Eindruck zeitlicher Begrenzung hervorruft (vgl. § 1 Rdn 122 ff. und OLG Düsseldorf 22. 9. 72, GRUR 1973, 375, ausführlich zitiert § 1 Rdn 132). Vgl. auch Fußnote 37.

Besondere Verkaufsveranstaltungen bezwecken oft, die Verbraucher ins Geschäft zu holen in der Hoffnung, daß sie sich dann dort umsehen und nicht nur die preisgünstigen Waren kaufen. Keine Sonderveranstaltung im Sinne der AO liegt aber vor, wenn das Angebot nicht der Beschleunigung des Umsatzes gerade **derjenigen** Waren dient, die in der Ankündigung angeboten werden und für die der Eindruck der Gewährung besonderer Kaufvorteile hervorgerufen wird. Lehrreich ist da der von BGH 14. 7. 65 (GRUR 1966, 214) entschiedene Fall. Dort bot ein Schallplattenklub, der an seine Mitglieder Schallplatten aus einem eigenen Repertoire im Abonnementssystem zu günstigen Preisen lieferte, als Einführungsangebot denjenigen, **die ein Abonnement abschlossen,** einige **nicht im Abonnement erhältliche** Schallplatten zu besonders günstigen Preisen an. Das wurde vom BGH nicht als unter § 1 Abs. 1 AO fallende Sonderveranstaltung angesehen. Denn es lagen keine selbständigen Warenangebote vor, „auf

Grund deren die Kunden allein gegen Zahlung des verlangten Kaufpreises Schallplatten aus dem für diese Angebote bereitgestellten Repertoire erwerben" konnten. Vielmehr war stets der Erwerb der Mitgliedschaft bei dem Schallplattenklub erforderlich. Dieses Einführungsangebot durfte also nicht „losgelöst von der Hauptleistung der Beklagten als außerhalb des regelmäßigen Geschäftsverkehrs stattfindende Verkaufsveranstaltung" i. S. des § 1 Abs. 1 AO beurteilt werden. Das Einführungsangebot fiel aber auch deshalb nicht unter § 1 Abs. 1, weil es nicht der Beschleunigung des Warenabsatzes **gerade derjenigen** Waren diente, die den Gegenstand der Ankündigung bildeten und bezüglich deren die Ankündigung den Eindruck der Gewährung besonderer Kaufvorteile hervorrief. Denn es sollte — wie auch den Umworbenen erkennbar war — gefördert werden (durch Mitgliederwerbung) der Umsatz der Platten des Klubrepertoires, nicht aber der Umsatz in den preisgünstig angebotenen Platten, der also nicht der „eigentliche Zweck dieses Angebots", sondern nur das Mittel zum Zweck war. Ich halte die Entscheidung für überzeugend. Kritisch dazu Seydel, GRUR 1966, 218, Borck, WRP 1969, 11 und Hefermehl, Wettbewerbsrecht (12. Aufl. S. 1236), die diese enge Auslegung der AO weder nach Wortlaut noch Sinn der AO für geboten halten. Muß aber die erstrebte Beschleunigung des Warenabsatzes nicht die als günstig herausgestellten Waren betreffen, so ist die AO folgerichtig auch dann anzuwenden, wenn nicht nur der Absatz ähnlicher Waren (wie Schallplatten mit unterschiedlicher Musik), sondern ganz anderer Waren beschleunigt werden soll. Man könnte dann zwar mit der AO oft rasch bedenkliche Werbemethoden unterbinden. Aber schon die Ermächtigung in § 9 a UWG würde, wie dessen Entstehungsgeschichte zeigt (vgl. Anhang Nr. 1), eine so weite Auslegung der AO nicht decken. Zum Analogieverbot vgl. § 1 Rdn 15.

BGH 28. 4. 78 (JZ 1979, 68, besprochen auch in § 1 Rdn 26,

II. Legaldefinition der Sonderveranstaltungen

39) läßt es übrigens dahingestellt, „ob § 1 der AO lediglich auf Fälle anwendbar ist, in denen die Werbemaßnahme der Beschleunigung des Umsatzes gerade derjenigen Waren dient, auf die sich die Ankündigung bezieht und für die der Eindruck besonderer Kaufvorteile hervorgerufen wird", obwohl es sich da um zwei selbständige Angebote handelte (Angebot eines preisgünstigen Tierbuches und normales Angebot von Kaffee). Vgl. zur Problematik Krüger-Nieland, WRP 1979, 1.

Von dem Vorstehenden abgesehen fand die fragliche Veranstaltung aber auch nicht „außerhalb des regelmäßigen Geschäftsverkehrs" des Schallplattenklubs statt. Dieser (Mitgliederabonnement!) sollte vielmehr durch das Einführungsangebot unterstützt werden, ohne irgendwie unterbrochen zu werden: er lief neben dem Einführungsangebot, das sich als Mittel zum Zweck in die Gesamtplanung einfügte, unverändert weiter.

Aus ähnlichen Erwägungen wird oft auch das ungekoppelte Angebot billiger Nebenwaren nicht unter die AO fallen. Vgl. dazu § 1 Rdn 39 und BGH 28. 4. 78, JZ 1979, 68.

e) Verkaufsveranstaltungen, deren Ankündigungen den Eindruck der Gewährung besonderer Kaufvorteile hervorrufen

66 Notwendig — und ausreichend — ist, um die AO zur Anwendung zu bringen, eine **Ankündigung** der fraglichen Verkaufsveranstaltung. Dabei kann diese Ankündigung für sich allein auf Grund der AO verboten werden. Sie gehört zur Abhaltung der Sonderveranstaltung im Sinne des § 2 Abs. 1 AO. Vgl. dazu § 1 Rdn 53; § 2 Rdn 1; BGH 23. 6. 61, GRUR 1962, 42; BGH 16. 6. 71, GRUR 1972, 125 und ständige Praxis; vgl. etwa OLG München 2. 2. 78, WRP 1978, 473. Die Ankündigung prägt sehr entscheidend das Gesicht der Verkaufsveranstaltung und entfaltet sehr bedeutsam den Kaufreiz, der geeignet ist, die Verbraucher zum unbesonnenen Kaufen zu veranlassen.

Regelmäßig wird die Ankündigung durch Inserate, Plakatanschläge, Wurfpostreklame, Lautsprecherwerbung, Rundfunkwerbung und dgl. erfolgen. Es genügt aber auch etwa die entsprechende Dekoration eines Schaufensters oder geeignete Werbung im Ladengeschäft selbst. Die Ankündigung braucht der Veranstaltung **zeitlich nicht voranzugehen**[47]. Sie kann auch im **mündlichen Angebot** und im Werbegespräch des Verkaufspersonals liegen. Ich finde jedenfalls in der AO für eine gegenteilige Ansicht, daß es sich nämlich immer um Ankündigungen handeln müsse, die „an einen größeren Personenkreis gerichtet sind", keinen Anhaltspunkt. Das wird allerdings durchaus die Regel sein, für nötig halte ich es aber nicht. Ich glaube, daß gerade der Wortlaut etwa der §§ 6, 7 oder 7 a UWG meine Auslegung unterstützt: dort wird nämlich im Gegensatz zur AO von Ankündigungen in „öffentlichen Bekanntmachungen oder in Mitteilungen, die für einen größeren Kreis von Personen bestimmt sind", gesprochen! Nur muß eben immer eine „Veranstaltung" angekündigt werden; es darf also nicht nur ein einem einzelnen Kunden gemachtes „Einzelangebot" vorliegen. Vgl. dazu auch OLG Düsseldorf 30. 11. 61, GRUR 1964, 402 (zur Terminologie in § 3 der VO des BWM vom 13. 7. 1950 zu § 9 UWG, abgedruckt im Anhang Nr. 2).

Von der „Ankündigung" der Sonderveranstaltung muß man aber unterscheiden schlichte **„Hinweise auf die Ankündigung"**, wie etwa einen Schaufensteranschlag „Sonderangebote finden Sie im Schaufenster um die Ecke" oder „Beachten Sie

---

[47] Es wäre ja sprachlich nicht so ganz abwegig zu sagen, daß das „Ankündigen" dem „Anbieten" vorausgehen muß. Das Ergebnis wäre jedoch mit Sinn und Zweck der AO unvereinbar und würde bedenklichen Umgehungen Tür und Tor öffnen, wenn man nämlich Sonderveranstaltungen dann für nicht unter die AO fallend ansehen wollte, soweit sie nicht vorher „angekündigt" worden sind (wobei „vorher" eben „vor Beginn des Verkaufes" heißen würde). Tatsächlich wird auch auf derartige Sonderveranstaltungen keineswegs nur vor Beginn des Verkaufes, sondern regelmäßig ohne Hinweis auf den Verkaufsbeginn laufend während der Veranstaltung durch Inserate usw. hingewiesen.

II. Legaldefinition der Sonderveranstaltungen

bitte unser Sonderangebot in der Sonntagsnummer der Frankfurter Allgemeinen Zeitung". Derartige **Hinweise auf die Ankündigung** einer Sonderveranstaltung[48] sind keine Ankündigungen. Da aber werbliche Äußerungen stets aus ihrem Zusammenhang heraus verstanden werden und wirken, **kann** ein solcher Hinweis auf die Ankündigung zum Inhalte der Ankündigung selbst werden[49]. Das gilt natürlich besonders dann, wenn ein entsprechender räumlicher und zeitlicher Zusammenhang zwischen dem Hinweis und dem Sonderangebot oder seiner Ankündigung besteht[49]. Vgl. auch § 1 Rdn 104.

Eine zeitliche Begrenzung der Zulässigkeit der Vorankündigung, wie sie die VO über Saisonschlußverkäufe v. 13. 7. 1950 festlegt, besteht hier unstreitig **nicht.**

68 Die Ankündigung der fraglichen Veranstaltung muß schließlich **„den Eindruck hervorrufen, daß besondere Kaufvorteile gewährt werden".** Dadurch droht die Gefahr, daß die so umworbenen Letztverbraucher unüberlegt kaufen. Diese Gefahr liegt natürlich besonders nahe, wenn in der Ankündigung einer Verkaufsveranstaltung noch auf deren zeitliche Begrenzung hingewiesen wird (vgl. § 1 Rdn 80), was z. B. im Wandergewerbe unumgänglich ist (vgl. § 1 Rdn 159 ff.). Die „besonderen Kaufvorteile" werden meist im Preis liegen. Sie können aber auch in anderen Umständen (längere Garantie, Umtauschrecht usw.) bestehen. Zum Erfordernis der **„Gewährung"** besonderer Kaufvorteile vgl. § 1 Rdn 74.

69 Ist die Ankündigung oder Durchführung der Veranstaltung geeignet, bei einem nicht (völlig) unbeachtlichen Teil der Umworbenen den Eindruck der Gewährung besonderer Kaufvorteile **unrichtigerweise** hervorzurufen, so verstößt das gegen das UWG und auch gegen die §§ 823 ff. BGB. Eine der-

---

[48] die aber nicht mit „Hinweisen auf die Sonderveranstaltung selbst" verwechselt werden dürfen: Das sind inhaltlich „Ankündigungen der Sonderveranstaltung"! Zu Vorankündigungen vgl. § 2 Rdn 1.

[49] Das Schaufensterplakat „Enorm billige Sonderangebote finden Sie im Schaufenster um die Ecke" würde weiterwirkend in den Inhalt der Ankündigung des Sonderangebotes im Schaufenster um die Ecke eingehen!

artige irreführende Verkaufsveranstaltung findet **notwendig** außerhalb des regelmäßigen Geschäftsverkehrs statt, so daß sie also gegebenenfalls auch unter § 1 AO fällt (vgl. BGH 14. 12. 73, GRUR 1974, 341 und § 1 Rdn 40, 146). Auch ein von § 1 Abs. 2 AO legitimiertes sog. „zulässiges Sonderangebot" oder ein von § 3 AO gedeckter „Jubiläumsverkauf" kann solchenfalls nicht vorliegen. Denn ein Sonderangebot, das unlauteren Wettbewerb darstellt, fügt sich nie in den Rahmen des regelmäßigen Geschäftsbetriebs des Unternehmens ein (vgl. § 1 Rdn 50, 146; § 3 Rdn 26).

Entsprechendes gilt z. B. für eine „Vorzugspreisliste für einen ausgewählten Kundenkreis", die wahllos (etwa anläßlich einer vor Weihnachten stattfindenden Verkaufsausstellung von Bildern, Schmuckwaren oder Teppichen) versandt wird.

Trotz des Wortlauts ist auch bei § 1 AO unstreitig nicht nötig, daß der Nachweis geführt wird, daß **tatsächlich** ein solcher Eindruck hervorgerufen worden ist. Wie überall bei der wettbewerbsrechtlichen Beurteilung der Werbung genügt es vielmehr, wenn die Ankündigung ihrer Art nach, ihrer ganzen Aufmachung entsprechend, **geeignet** ist, von einem nicht völlig unbeachtlichen Teil der Umworbenen in dieser Weise verstanden zu werden[50]. Dabei ist nach ständiger Rechtsprechung zu beachten, daß der Verkehr werbliche Ankündigungen nicht genauer studiert, sondern regelmäßig nur **flüchtig und oberflächlich** liest. Es darf also nicht eine diffizilere Untersuchung des „philologischen" Sinnes der Ankündigung vorausgesetzt werden: Ankündigungen sind so zu verstehen, wie sie sich dem unbefangenen Leser nach ihrem Gesamtinhalt und ihrer Fassung aufdrängen (Einigungsamt der IHK Braunschweig 29. 4. 1953, WRP 1955, 129). Es sind dabei alle durch Gewöhnung und Herkommen bei den Bevölkerungsschichten, an die das Angebot gerichtet wird, bedingten Momente in Betracht zu ziehen (ständige, ganz unstreitige

---

50 BayObLG 4. 11. 53, GRUR 1954, 276; KG 29. 5. 55, NJW 1956, 596; EA Hamburg 22. 4. 52, WRP 1955, 96; BGH 25. 3. 58, GRUR 1958, 395.

Rechtsprechung; OLG Köln 7. 6. 55, WRP 1956, 50). Allerdings gilt auch hier Spenglers überzeugende Mahnung, daß der Richter den Verbraucher nicht nach dem Niveau der einfältigsten und achtlosesten Kunden beurteilen darf, sondern daß unsere Rechtsordnung durchweg von einem „hellwachen Durchschnittsmenschen" ausgeht, der nicht gleich „aus jedem Werbetrick, mit dem seine Aufmerksamkeit geweckt werden soll, den Anschein eines besonders günstigen Angebotes entnimmt" (Spengler, Wettbewerb). Der Satz „Unwahrscheinlich hohe Umsätze ermöglichen eine erstaunliche Preiswürdigkeit" wird daher zutreffend in DW 1958, 80 als **übertreibende Redensart** und als allgemeine Werbefloskel verstanden, die das Publikum **nicht wörtlich** versteht, sondern nur im Sinne eines Angebots auffaßt, das **„keine hohen Preise"** enthält. Die Ankündigung einer „Sonderschau" deutet nicht auf „besondere Kaufvorteile" hin, ganz abgesehen davon, daß derartige Veranstaltungen meist nur Ausstellungscharakter haben und keine „Verkaufsveranstaltungen" sind (vgl. § 1 Rdn 34).

71 Der Richter muß — wie stets bei der Beurteilung des Aussagegehalts werblichen Geschehens — beachten, daß sich mit der Änderung der gesellschaftlichen Verhältnisse und auch der Zusammensetzung der Bevölkerung (Alterspyramide; Gastarbeiter und deren Familien; vgl. Einleitung vor § 1 Rdn 14, 15) auch eine Änderung der Mentalität der Durchschnittsverbraucher vollzogen hat und ständig weiter vollzieht. Die Heranziehung älterer Urteile verführt daher leicht zu Beurteilungen, die dem gegenwärtigen Sinngehalt einer Werbung nicht mehr gerecht werden. Die Verdichtung des — sprachlich allgemeinen — Aussagegehaltes einer Werbung und die damit einhergehende Symbolisierung eines Angebots ist nichts Statisches, sondern wandelt sich ständig mit der Mentalität der Umworbenen, die heute mehr als je das Objekt einer sie immer tiefgreifender manipulierenden Umwelt sind. Vgl. dazu in anderem Zusammenhang (§ 1 UWG) BGH 29. 5. 70, NJW 1970, 1457.

Was er als besonderen Kaufvorteil ansieht, entscheidet der 72
Verkehr. Auch Vorurteile der Verbraucher fallen dabei ins
Gewicht — eine Parallele dazu, daß § 3 UWG unstreitig auch
die Vorurteile der Umworbenen „schützt".

Stets kommt es aber auf die objektive Eignung der fraglichen Ankündigung an. Ob der Ankündigende diesen Eindruck hervorrufen **will**, ist für den **Unterlassungsanspruch** jedenfalls ohne Belang. Das kann allenfalls für die Frage des Verschuldens, also den **Schadenersatzanspruch** oder für die Verfolgung gemäß § 10 Nr. 3 UWG, von Bedeutung sein[51]. Allerdings spricht schon der gesunde Menschenverstand dafür, daß der Kaufmann, der einen entsprechenden Hinweis blickfangartig verwendet, damit das Publikum in außergewöhnlicher Weise anlocken will eben durch den Hinweis darauf, daß er etwas bietet, was nicht alltäglich ist. Der Veranstalter wird aber immer **am besten beurteilen können,** wie seine Werbung beim Publikum „ankommt", welche Vorstellungen sie also dort hervorruft. Immer muß jedoch die Ankündigung geeignet sein, einen auf die Ebene „besonderer" Kaufvorteile gehobenen Werbeeffekt auszulösen. Man darf die Werbung auch hier nicht lebensfremd beurteilen und ihre von der deutschen Praxis ohnehin reichlich eingeengte Suggestivwirkung unbesehen noch weiter beschneiden. Das Publikum ist längst daran gewöhnt, daß der Kaufmann die Werbetrommel schlägt, daß jeder Kaufmann seine Ware lobt, und der Durchschnittskäufer versteht keineswegs jeden Werbeslogan oder jeden Blickfang als „Ankündigung der Gewährung **besonderer** Kaufvorteile". Es genügt nicht „jeder" Kaufvorteil (KG 29. 5. 55, NJW 1956, 596). Es muß vielmehr ein Vorteil sein, der geeignet ist, über die allgemein zu findenden Vorteile hinaus beim Leistungsvergleich kaufmotivierend zu wirken (vgl. § 1 Rdn 78). Der Richter muß sich mit diesem Erfordernis stets auseinandersetzen, wobei auf den **Gesamt-**

---

[51] Vgl. dazu aber § 1 Rdn 15 und § 2 Rdn 4.

II. Legaldefinition der Sonderveranstaltungen

eindruck der Ankündigung, auf die Situation, in welcher die Ankündigung **wirksam** wird (Jahrmarkt!) und auf die in Frage kommenden Teile des Publikums abgestellt werden muß. Es kommt bei der Beurteilung des Sinngehalts einer Werbung immer auf das Integral über alle Einzelfaktoren an, die von Fall zu Fall variieren. Die Ankündigung, das Publikum werde beim Studium der neuen, großen Schaufensterpassage, „die nach den letzten Erkenntnissen gestaltet wurde und die Vorwahl ungemein erleichtert", zu seiner Freude „Sondervorteile entdecken", wird vom Publikum als das Angebot preisgünstiger Ware verstanden und nicht etwa so, daß diese „Sondervorteile" in der „ungemein erleichterten Vorwahl" liegen (Einigungsamt der IHK Braunschweig 29. 4. 1953, WRP 1955, 129).

73 Das Wort Discount läßt die Verbraucher eine besonders niedrige Preisgestaltung erwarten, wie sie bei Vertriebssystemen ohne Service usw. üblich ist (OLG Frankfurt 24. 7. 69, WRP 1969, 358). Die Ankündigung einer Verkaufsveranstaltung „zu Discountpreisen", die ein **traditionell** geführtes Einzelhandelsgeschäft macht, läßt daher „besondere Kaufvorteile" erwarten: nämlich „Discountpreise", jedoch **mit den im traditionellen Einzelhandel üblichen Kundendienstleistungen.** Eine Irreführung im Sinne des § 3 UWG droht da nicht, weil niemand irregeführt wird, wenn er zu Discountpreisen noch einen im Discountbetrieb nicht zu erwartenden Kundendienst und Verkaufskomfort erhält (OLG Düsseldorf 15. 2. 63, BB 1963, 364).

74 Ob die Frage, es werde durch die Ankündigung einer Verkaufsveranstaltung der Eindruck der Gewährung besonderer Kaufvorteile hervorgerufen, nach **objektiven Vergleichsmaßstäben** zu beurteilen ist oder ob dabei auf das **„normale" Angebot des Veranstalters,** insbesondere also auf **seine** alltägliche Preislage abgestellt werden muß, ist wenig erörtert.

Der Gesetzeszweck spricht zunächst dafür, daß hier ein **objektiver** Vergleich mit den Angeboten der vergleichbaren

Mitbewerber auf dem in Frage stehenden örtlichen Markt maßgebend ist. Denn für die gruppentypische Gefahrenlage der Verbraucher, von der die AO ausgeht (Einleitung vor § 1 Rdn 2, 3; § 1 Rdn 20, 57 127), ist es nicht wesentlich, ob der Kaufreiz dadurch hervorgerufen wird, daß der Verkehr glaubt, er könne bei der Sonderveranstaltung günstiger kaufen als er **sonst beim Veranstalter** kauft oder ob die Umworbenen annehmen, sie könnten während der Sonderveranstaltung günstiger einkaufen **als anderswo. Gegen** einen „objektiven" Vergleich spricht aber, daß dann eine Sonderveranstaltung leicht von den Mitbewerbern „unlauter gemacht" werden kann, wenn diese mit ihren Angeboten nachziehen. Die Hervorrufung des Eindrucks der Gewährung besonderer Kaufvorteile würde dadurch unrichtig und die Ankündigung irreführend (§ 3 UWG) werden. Es ist auch eine Nachprüfung, ob tatsächlich den Verbrauchern besondere Kaufvorteile gewährt werden, verhältnismäßig einfach, wenn es auf die sonstigen **vom Veranstalter** gemachten Angebote ankommt, die sich leicht übersehen lassen. Erheblich schwieriger wäre eine Kontrolle, wenn auf die vergleichbaren Angebote der **Mitbewerber** abzustellen ist. Denn die Kaufvorteile bestehen nicht notwendig in Preisvorteilen, sondern können sich aus günstigen Konditionen aller Art und aus einer Vielzahl von Faktoren ableiten, die schwer feststellbar und gegeneinander abzugleichen sind (vgl. § 1 Rdn 68, 72, 76). Und schließlich ist zu beachten, daß der Kaufmann die von ihm gewährten Kaufvorteile **werblich herausstellen** will. Das würde beim objektiven Vergleich aber zu vergleichender Werbung, also grundsätzlich zu unlauterem Wettbewerb führen (vgl. unten und § 1 Rdn 69, 86).

Der BGH hat sich im Urteil vom 25. 3. 58 (GRUR 1958, 395) zu der hier aufgeworfenen Frage nicht ausgesprochen. Das Urteil betont nur, wie oben ausgeführt worden ist, daß die Frage, was regelmäßiger Geschäftsverkehr ist, sich in erster Linie nach objektiven Maßstäben, also nach der Branchenüb-

II. Legaldefinition der Sonderveranstaltungen

lichkeit (unter Berücksichtigung der Vertriebsart und der Betriebsgröße) richtet. Insoweit bleibt also das „individuelle" Geschäftsgebaren des Veranstalters grundsätzlich außer Betracht: Es kommt auf die allgemeinen Gepflogenheiten in der fraglichen Branche an. Mit dieser Stellungnahme hat der Bundesgerichtshof aber nicht auch hinsichtlich der Beurteilung der Frage, ob der Eindruck hervorgerufen wird, es würden besondere Kaufvorteile gewährt, auf die allgemeinen Verhältnisse abgestellt. Es ist jedoch Borck (WRP 1959, 42; WRP 1975, 396) darin beizustimmen, daß hinsichtlich der Beurteilung dieser Frage nicht die „branchenüblichen Angebote", insbesondere also die für entsprechende Waren sonst in der Branche geforderten Preise, zum Vergleich heranzuziehen sind, sondern daß insoweit auf die Verhältnisse des Veranstalters abzustellen ist. Die Kaufvorteile müssen sich also gegenüber den Angeboten, die **der Veranstalter sonst** bietet, abzeichnen. Anders ausgedrückt, die Ankündigung muß den Eindruck hervorrufen, daß der Veranstalter während der Veranstaltung günstiger anbietet als in **seinem regelmäßigen Geschäftsbetrieb**[52], von dessen Hintergrund sich das Angebot als günstiger abheben muß. Es kann daher, wenn der Veranstalter ein teures Geschäft ist, so sein, daß die Preise seines Angebots immer noch über denen liegen, die sonst in der fraglichen Stadt und vielleicht sogar von seinem unmittelbar benachbarten Mitbewerber für die gleichen Waren verlangt werden und daß sein Angebot trotzdem vom

---

[52] Vgl. dazu BGH 6. 7. 77, BB 1978, 1270, ausführlich zitiert § 1 Rdn 174. Eine Werbung nach dem Schema „Preisschlager — Unsere billigen Preise sind das Stadtgespräch" ist also keine Ankündigung der Gewährung besonderer Kaufvorteile im Sinne des § 1 Abs. 1 AO. Denn beim „typischen Preisbrecher" erwartet der Verkehr solche „Niedrigstpreise"! Vgl. dazu auch OLG Hamm 27. 10. 70 (GRUR 1972, 93, ausführlich zitiert § 1 Rdn 175). **Anders** KG 29. 9. 55, NJW 1956, 596 (Strafsache), wo darauf abgestellt wird, worin sich das Angebot von den Angeboten **anderer** Mitbewerber unterscheidet, was — wie das Urteil betont — „ohne Zahlen, daher ohne Kenntnis der mit den Preisen des Angeklagten vergleichbaren allgemeinen Durchschnittspreise, nicht abschließend beurteilt werden" kann.

Verkehr als vorteilhaft angesehen wird, während es andererseits nicht genügt, daß ein Veranstalter Waren zwar billiger ankündigt als seine Mitbewerber, aber nicht günstiger als in **seinem** „alltäglichen" Geschäftsbetrieb. Für diese Auslegung spricht auch der Wortlaut, der von der **„Gewährung"** besonderer Kaufvorteile spricht: der Veranstalter muß den Eindruck hervorrufen, daß er etwas gewährt, was **er** sonst nicht bietet und darin liegt das Besondere. Wenn ein Supermarkt für einen Einkauf an umsatzschwachen Wochentagen wirbt mit dem Blickfang „Sie kaufen am Dienstag, Mittwoch und Donnerstag bequem ein", so wird dadurch nicht der Eindruck der **Gewährung** besonderer Kaufvorteile hervorgerufen, denn das ist ein „alltäglicher" Vorteil im fraglichen Geschäft, der sich gleichsam „von selbst" ergibt und auf den der Unternehmer den Verkehr aufmerksam macht. Bei der jedenfalls z. Z. noch sehr einschränkenden Rechtsprechung zur Zulässigkeit vergleichender Werbung darf der Veranstalter die „besonderen" Kaufvorteile, deren Gewährung er in Aussicht stellt, auch gar nicht dadurch herausstellen, daß er sich dabei — was ja doch werblich notwendig wäre! — auf dem Hintergrund der Angebote seiner Mitbewerber spiegelt. Das wäre unstreitig unlauterer Wettbewerb (§ 1 UWG) und von diesem grundsätzlichen Verbot vergleichender Werbung befreit ihn auch nicht die Vorschrift in § 1 Abs. 2 AO für den Fall sog. „zulässiger" Sonderangebote.

Es gibt viele Geschäftszweige, in denen das Angebot zu „günstigen" Preisen **zum regelmäßigen Geschäftsverkehr gehört** und dessen wesentlichen Inhalt bildet. So etwa der Handel mit alten Kleidern oder der **Antiquariatsbuchhandel.** Die Ankündigungen finden da also im regelmäßigen Geschäftsverkehr statt und sie rufen auch nicht den Eindruck der Gewährung besonderer Kaufvorteile im Sinne des § 1 Abs. 1 AO hervor. Der Verkehr weiß, daß man da günstig kauft: es sind das aber nicht Preise, die niedriger sind, als sie sonst der Händler verlangt. Hier liegen also von vornherein **keine Ver-**

II. Legaldefinition der Sonderveranstaltungen

kaufsveranstaltungen im Sinne der AO vor. Vgl. dazu auch § 1 Rdn 63, 112, 167.

75 Nun bereitet allerdings die vorstehend vertretene Ansicht, wonach die „besonderen" Kaufvorteile sich von dem Angebot des Unternehmers in seinem regelmäßigen Geschäftsverkehr vorteilhaft abheben müssen, dann Schwierigkeiten, wenn es sich um Waren handelt, die der Unternehmer bisher in der fraglichen Art bzw. Qualität noch nicht geführt hat und für die er etwa mit „Einführungspreisen" wirbt (vgl. dazu § 1 Rdn 83; Fußnoten 37, 55). Und ganz allgemein werden auch längst und unbeanstandet für Sonderveranstaltungen — und besonders für Sonderangebote einzelner Waren — eigens dafür hergestellte Waren geringerer Qualität bezogen. Solche Sonderangebote fügen sich heute meist in den Rahmen des üblichen Geschäftsbetriebs des Unternehmens (§ 1 Abs. 2 AO) ein (vgl. § 1 Rdn 63). In allen derartigen Fällen ist ein Vergleich mit dem „sonstigen" Angebot des Veranstalters nicht möglich. Es bleiben dann zum Vergleich nur die Preise der — nach Größe, Lage und Art ihres Geschäfts vergleichbaren — Mitbewerber, die Waren entsprechender Qualität führen. Denn unstreitig können in Sonderveranstaltungen nicht nur Waren angeboten werden, die der Veranstalter bereits in seinem Sortiment geführt hat. Ganz allgemein sind solche Sonderveranstaltungen, die mit eigens dafür bezogenen Waren durchgeführt werden, ein neuralgischer Punkt des gesunden Wettbewerbs im Einzelhandel. Es wird da den Verbrauchern unter der Devise „Sonderangebot" Ware von geringerer Qualität angeboten zu Preisen, die dieser minderen Qualität entsprechend niedriger sind. Neben teuren Markenschuhen oder Markenhemden stehen z. B. im Inserat oder im Schaufenster Schuhe oder Hemden minderer Qualität als „Sonderangebot". Oder es wird Ware 2. Wahl als Ware „mit kleinen Schönheitsfehlern" als besonders preisgünstig angeboten. Da steht also hinter dem Sonderangebot, das geeignet ist, den Eindruck der Gewährung besonderer Kaufvorteile bei den Ver-

brauchern hervorzurufen, nichts anderes, als daß geringwertigere Ware entsprechend billiger angeboten wird! Der Blickfang „Sonderangebot" ist aber ein Sesam: er öffnet die Geldbeutel der so umworbenen Verbraucher. Sie unterliegen diesem Zauberwort nach wie vor und ein Einschreiten über das UWG (§§ 1, 3 UWG) scheitert meist an der Beweisfrage. Würde man aber in solchen Fällen eines Angebots bisher vom Veranstalter nicht geführter Warenqualitäten den Eindruck des Hervorrufens der Gewährung besonderer Kaufvorteile und damit die Anwendung der AO deshalb verneinen, weil es an der Vergleichsebene fehlt, so würden diese gefährlichen Auswüchse im Wettbewerbsleben auch noch von den Schranken befreit, die die AO aufrichtet und könnten also um so ungestörter wuchern! Vgl. zur **Alterswerbung** § 3 Rdn 27.

Ob eine Ankündigung „Schlagerangebot des Monats" vom Verkehr als ein Angebot verstanden wird, das die Angebote der **Mitbewerber** schlägt oder als ein Angebot, mit dem der Ankündigende **sich selbst** übertrifft, hängt von den Umständen der Ankündigung ab. Nur wenn die Werbung im letzteren Sinne von nicht unbeachtlichen Teilen der Umworbenen verstanden wird, würde nach der oben vertretenen Auffassung die Ankündigung den Eindruck hervorrufen, daß im Sinne des § 1 Abs. 1 AO besondere Kaufvorteile gewährt werden und nur dann käme also eine Anwendung der AO in Frage, soweit nicht der Ausnahmefall vorliegt, daß es sich um bislang vom Veranstalter nicht geführte Ware handelt. Zu der Frage, ob ein solches „Schlagerangebot des Monats" als ein Angebot ohne zeitliche Begrenzung im Sinne des § 1 Abs. 2 AO anzusehen ist, vgl. § 1 Rdn 152.

Immer muß es sich aber um „besondere" Kaufvorteile handeln. Es genügt daher nicht, wenn der Veranstalter zufolge der **allgemeinen** wirtschaftlichen Entwicklung (Fallen der Preise) seine Preise ebenso reduziert wie seine Mitbewerber, längere Garantiefristen, die allgemein sich einbürgern, gewährt usw. Dabei kommt es, wenn etwa durch Änderung der

Geschäftsbedingungen teils Vorteile gewährt werden, teils aber auch ungünstigere Bedingungen eingebaut werden, auf den Saldo an. Die Beurteilung wird da oft schwierig sein. Unstreitig brauchen die besonderen Kaufvorteile nicht in Preisvorteilen zu bestehen.

77 Eine Inseratankündigung mit dem Blickfang „**Sie kaufen jetzt so preiswert wie noch nie**" oder die Worte „**Einmalige Gelegenheit**" rufen den Eindruck der Gewährung besonderer **Kaufvorteile** hervor (DW 1958, 62). Solche Ankündigungen schieben die Veranstaltung außerdem grundsätzlich aus dem „regelmäßigen Geschäftsverkehr". Auch da macht aber der Ton die Musik: Wenn ein Kaufmann betont, daß sein Angebot „infolge des Sturzes der Wollpreise" sehr preisgünstig ist, so bringt er damit nur zum Ausdruck, daß die Wollpreise augenblicklich **ganz allgemein** sehr niedrig sind, nicht aber, daß **er** besondere Kaufvorteile gewährt. Auch die Werbung „Großer Preissturz in Buntmetallen — nutzen Sie die Gelegenheit" ist ein klarer Hinweis auf die zur Zeit **allgemein** günstige Preisgestaltung. Ankündigungen wie „Qualitätsschlafzimmer in großer Auswahl — Nutzen Sie die Gelegenheit!", oder „Zur Einkochzeit günstige Gläser" oder „Jetzt Umtauschzeit für Kameras!" versteht der Verkehr nicht als Ankündigung der Gewährung besonderer Kaufvorteile, sondern als „werbliches Selbstlob". Anders wirkt die Ankündigung „Bisher nicht gezeigte Auswahl zu einmalig niedrigen Preisen", die eine außerhalb des regelmäßigen Geschäftsverkehrs stattfindende und daher die Verbraucher sehr anlockende Verkaufsveranstaltung verheißt, bei der besondere Kaufvorteile gewährt werden. Vgl. dazu auch § 1 Rdn 35 ff., 159 ff.; BVerwG 12. 12. 57, GRUR 1958, 200 (Wandergewerbe).

Eine Werbung mit dem Blickfang „Preise wie vor 10 Jahren" ruft in unserer Zeit ständiger Inflation den Eindruck hervor, daß besondere Kaufvorteile gewährt werden und zwar verglichen mit den zwischenzeitlichen Preisen des Veranstalters. Wenn es sich dabei um die (allerdings recht wenigen) Waren handelt, die allgemein in den letzten 10 Jahren preisstabil geblieben sind, so kann da auch irreführende Werbung (§ 3 UWG) vorliegen.

Daß ein **besonders hohes Maß** von Vorteilen angekündigt wird, ist **nicht nötig:** „Besondere" Kaufvorteile sind der Gegensatz zum **alltäglichen,** sich durch nichts hervorhebenden Warenangebote. Es wird immer darauf ankommen, ob der Kaufvorteil nach der Ansicht der Umworbenen so lockend ist, daß dadurch die Kaufentschließung des Durchschnittskäufers unsachlich beeinflußt werden kann[53]: Der Kaufvorteil muß also seiner Art und Größe nach **„motivierende Kraft"** haben[54]. Ob das der Fall ist, hängt von den Einzelumständen ab und nicht zuletzt vom umworbenen Publikum und von der Art der Ware. Ein Kaufvorteil, der mich bei einer Packung Seifenpulver „anlockt", läßt mich bei gleicher absoluter Größe beim Kauf eines Wintermantels oder gar eines Kraftwagens „völlig kalt". **78**

Die Gegenüberstellung eines neuen Preises zum bisher geforderten Preis („jetzt nur noch...") **kann** den Eindruck der Gewährung besonderer Kaufvorteile hervorrufen. Es kommt da aber auf die Umstände an: **oft** wird darin nur ein allgemeiner Preisrückgang zum Ausdruck kommen. Auch wenn z. B. **auslaufende Modelle** so angeboten werden, wird der Verkehr in Rechnung stellen, daß der Verkehrswert der Ware geringer geworden ist und daß der Abschlag etwa aus modischen Gründen gemacht wird oder weil für ältere Maschinen nur schwierig Ersatzteile zu haben sind. Vgl. dazu § 1 Rdn 85. Ein solches Abstoßen von Auslaufmodellen wird, wenn es nicht „unüblich massiert" erfolgt, auch meist im regelmäßigen Geschäftsverkehr stattfinden, so daß schon deshalb die Anwendung der AO entfällt. **79**

---

53 Das meint wohl im Ergebnis auch KG 29. 5. 55 (NJW 1956, 596), wenn dort ausgeführt wird, daß „nicht jeder Kaufvorteil genügt", sondern daß der Eindruck der Gewährung eines „besonderen" Kaufvorteils entstehen können muß.
54 Vgl. KG 29. 9. 55, NJW 1956, 596 (Strafsache).

II. Legaldefinition der Sonderveranstaltungen

Die vom Verkehr erwarteten „besonderen Kaufvorteile" werden meist in **preisgünstigen Angeboten** liegen, also in einer Preisherabsetzung. Sie können aber auch in anderer Richtung (Warengüte, Warenherkunft, ungewöhnlich schnelle Liefermöglichkeit, Zahlungsbedingungen, Garantieleistung usw.) liegen, so etwa, wenn ein Modehaus behauptet, als erstes die führenden Pariser Moden anzubieten, oder wenn ein Lebensmittelgeschäft behauptet, die von ihm während der fraglichen Veranstaltung angebotenen Waren seien in sonst unüblicher Weise auf ihre lebensmittelrechtliche Zulässigkeit geprüft. Auch ideelle Vorteile können dabei in die Waagschale fallen. So etwa, wenn ein Einzelhändler eine Veranstaltung ankündigt, während der er nur Waren anbietet, die von Flüchtlingsbetrieben bezogen oder die Blindenware sind. Die „besonderen Kaufvorteile" werden da in dem Prestigegewinn, den der Käufer erhofft, bestehen. Auch darin, daß eine „besonders fachkundige" Beratung herausgestellt wird, kann das Publikum die Ankündigung der Gewährung besonderer Kaufvorteile erblicken.

80 Die **Befristung eines Angebots** wird meist beim Publikum den Eindruck erwecken, daß **besondere Kaufvorteile** gewährt werden (BGH 23. 3. 58, GRUR 1958, 395; BGH 23. 6. 61, GRUR 1961, 275). Die Ankündigung „3 tolle Tage — 3 billige Tage" ist natürlich ein Schulfall der Ankündigung einer „wirklich tollen" unerlaubten Sonderveranstaltung (DW 1958, 24). Bedenklich ist aber nur die zeitlich begrenzte **Ankündigung** der Verkaufsveranstaltung, nicht ihre — ja immer vorliegende — zeitlich begrenzte **Durchführung**. Auch beim Angebot leicht angeschmutzter Ware oder bei einem Eröffnungsverkauf[55] er-

---

[55] Solche „Eröffnungsverkäufe" finden immer außerhalb des regelmäßigen Geschäftsverkehrs statt, vgl. § 1 Rdn 65. Sie fügen sich auch nicht in den Rahmen des regelmäßigen Geschäftsbetriebes eines Unternehmens ein. Denn kein innerhalb der wettbewerbsrechtlichen Regeln kämpfender Unternehmer bietet anläßlich der Geschäftseröffnung seinen gesamten Warenvorrat oder größere Teile davon billiger an (BGH 4. 3. 77, GRUR 1977, 791, ausführlich zitiert § 1

wartet das Publikum besondere Preisvorteile (Einigungsamt der IHK Braunschweig 29. 4. 1955, WRP 1955, 129). Die blickfangmäßige Ankündigung „einschneidender Maßnahmen" wird der Verkehr meist als Hinweis auf herabgesetzte Preise verstehen (Einigungsamt der IHK Hamburg 22. 4. 1952, WRP 1956, 96).

Ein **schlichter Hinweis** darauf, daß ein Unternehmen 60 Jahre besteht, wird beim Publikum kaum den Eindruck erwecken, daß Angebote, die in der Nähe dieses Hinweises stehen, besondere Kaufvorteile gewähren. Anders lag es bei OLG Koblenz 24. 9. 55 (WRP 1955, 125), wo im Zusammenhang mit dem Hinweis auf das 60jährige Geschäftsbestehen **aus Anlaß** dieses Geschäftsjubiläums besonders günstige Einkaufsmöglichkeiten angekündigt wurden (vgl. dazu § 1 Rdn 55, 175; § 3 Rdn 5) und die ganze Aufmachung des Hauses, der Schaufenster und des Geschäfts den Charakter betonter Feierlichkeit trug. Das Wort **Jubiläumsangebot** wird von beachtlichen Teilen des Verkehrs dahin verstanden, daß es sich um ein besonders günstiges Angebot aus Anlaß eines Geschäftsjubiläums handelt. Solche Angebote sind also, da sie nicht im regelmäßigen Geschäftsverkehr stattfinden (§ 1 Abs. 1 AO) und sich auch nicht in den Rahmen des regelmäßigen Geschäftsbetriebs des Unternehmens einfügen (§ 1 Abs. 2 AO) und außerdem von den Umworbenen auch als zeitlich begrenzt verstanden werden, nur unter den Voraussetzungen des § 3 AO, also im 25jährigen Turnus des Geschäftsbestehens, zulässig (§ 2 Abs. 2 Buchst. a AO). Vgl. auch § 3 Rdn 27.

Rdn 130). Von den „Eröffnungsverkäufen" sind aber sog. Eröffnungsangebote zu unterscheiden und auch „Einführungsangebote", mit denen eine spezielle Ware beim Publikum bekannt gemacht werden soll. Vgl. dazu KG 29. 5. 55, NJW 1956, 596 (Strafsache), § 1 Rdn 54, 65 und sehr lehrreich OLG Düsseldorf 22. 9. 72, GRUR 1973, 373 (ausführlich zitiert § 1 Rdn 133). BGH 26. 1. 73 (GRUR 1973, 418) betont in anderem Zusammenhang (§ 1 UWG), daß eine Werbung „unter dem besonderen Gesichtspunkt der Einführungswerbung" zu beurteilen sein kann. Dasselbe gilt auch bei § 1 AO.

II. Legaldefinition der Sonderveranstaltungen

82 Wenn ein Warenhaus seine Schaufenster einheitlich unter der Devise „Seit 20 Jahren sind Sie gut mit uns gefahren" ausgestaltet, so deutet das in der Auffassung des Verkehrs auf eine Sonderveranstaltung im Sinne der AO hin, die aber als Jubiläumsverkauf nur alle 25 Jahre gem. § 2 Abs. 2 Buchst. a von dem Verbot der Abhaltung von Sonderveranstaltungen (§ 2 Abs. 1 AO) ausgenommen ist (§ 3 AO). Vgl. dazu OLG Koblenz 18. 1. 52, GRUR 1952, 246; H. Tetzner, JurR 1953, 205.

83 Die Ankündigung eines Warenhauses „Wieviel Jahre co op sb-Warenhaus?", in der 28 Artikel mit Preisangaben angeboten wurden, darunter 22 Artikel mit Preisen wie 0,33 DM, 3,33 DM, 33,33 DM und 333,33 DM, wurde zutreffend von OLG Düsseldorf 27. 10. 72 (GRUR 1973, 324) als nach § 2 AO unzulässige Sonderveranstaltung angesehen. Zur Zeit eines dem Verkehr bekannten Geschäftsjubiläums sind zwar Verkaufsaktionen innerhalb des regelmäßigen Geschäftsverkehrs oder unter den Voraussetzungen des § 1 Abs. 2 AO grundsätzlich wie sonst zulässig. Doch werden in der Umgebung eines Hinweises auf ein Geschäftsjubiläum gemachte Angebote vom Verkehr, falls sie nicht unübersehbar keinen Zusammenhang mit dem Jubiläum haben, als für eine begrenzte Jubiläumszeit — wie sie der Verkehr auch von den durch § 3 AO gedeckten Jubiläumsverkäufen im Sinne der AO her kennt — stattfindende Verkaufsveranstaltungen aufgefaßt. Die unter dem fraglichen Blickfang gemachten Angebote wurden daher als zeitlich begrenzte, nicht im regelmäßigen Geschäftsverkehr stattfindende und daher nach § 2 Abs. 1 AO untersagte Sonderveranstaltungen beurteilt. Besondere Verkaufsaktionen fielen aus dem Image, das sich das Unternehmen durch seine werbliche Strategie bei den Verbrauchern geschaffen hatte, heraus: das Warenhaus hatte nur wenig mit Sonderaktionen geworben (vgl. dazu § 1 Rdn 174 ff.). Die Verkaufsaktion fügte sich daher auch nicht in den Rahmen des regelmäßigen Geschäftsbetriebs des Unternehmens ein, so daß ein nach § 1 Abs. 2 AO gedecktes Sonderangebot nicht angenommen werden konnte.

Das Wort **Einführungsverkauf** wird grundsätzlich den Eindruck hervorrufen, daß besondere Kaufvorteile gewährt werden. Vgl. dazu § 1 Rdn 65 und den Fall KG 29. 9. 55, NJW 1956, 596, wo bei einer „Wein-Werbe-Woche" zutreffend die Aufklärung der näheren Umstände für erforderlich gehalten und der Prozeß daher an das LG zurückverwiesen wurde. Vgl. auch § 1 Rdn 113.

OLG München 12. 1. 78 (WRP 1978, 398) hielt eine „Deutsche Wein-Werbe-Woche" für im regelmäßigen Geschäftsverkehr stattfindend, womit die Anwendung der AO entfiel. Es handelte sich dabei um Veranstaltungen, die alljährlich weitverbreitet in der BRD durchgeführt wurden unter Beteiligung und Förderung des deutschen Weinbauinstituts und eines Stabilisierungsfonds, also unter Förderung seitens öffentlicher Institutionen. Das Gericht nahm an, daß **solche** Wein-Werbe-Wochen als branchenüblich anzusehen seien, da sie schon seit Jahren überall in der BRD durchgeführt wurden, sich also als im regelmäßigen Geschäftsverkehr der Branche stattfindend eingebürgert hatten — ein Beispiel dafür, daß langjährige Übung Branchenüblichkeit schaffen kann (vgl. § 1 Rdn 40 ff.).

Die **Bezeichnung als Sonderangebot** wird grundsätzlich beim Verkehr die Auffassung hervorrufen, daß sich eine besonders günstige Gelegenheit zum Einkauf bietet. Eine derartige Bezeichnung versteht der Durchschnittsverbraucher auch nicht etwa als sog. „marktschreierische Reklame", die auf Anhieb als Übertreibung erkannt und daher nicht ernst genommen wird. Das gilt auch für ein entsprechendes Schild auf dem Stande eines Wochenmarktes (OLG Köln 7. 6. 55, WRP 1956, 50: Ein Metzgermeister verkaufte auf seinem Marktstand Fleischwurst als „Sonderangebot"). Für einen **Jahrmarkt** kann anders zu entscheiden sein, weil da das Publikum doch weitgehend mit dem „billigen Jakob" rechnet und weniger anfällig ist[56].

85 Ob, wenn Waren unter ihrem regulären Preis angeboten werden, weil es sich um (etwa durch längeres Lagern) **wertgeminderte** Waren handelt und beim Angebot des Letztverbraucher **unübersehbar** darüber aufgeklärt wird, trotzdem die allerdings nach § 3 UWG oft bedenkliche (vgl. § 1 Rdn. 75) Bezeichnung als Sonderverkauf oder ähnlich den Eindruck der Gewährung besonderer Kaufvorteile hervorrufen kann, ist umstritten. Denn es werden da ja die Mängel klar aufgedeckt, die die Ursache des preisgünstig scheinenden Angebots sind. Ich glaube, daß der Verkehr **heute** solche Ankündigungen nicht mehr als besondere Kaufvorteile gewährend versteht, wenn sie nicht in auffälliger Weise aufgezogen sind (anders Völp, WRP 1958, 353). Der Verkehr reagiert zwar auf Worte wie Sonderverkauf, Sonderangebot und dgl. **sehr positiv** und in der Richtung, daß sich da eine besondere Gelegenheit bietet. Er erkennt aber in solchen Fällen, daß ihm da wertgeminderte Waren angeboten werden, daß also zwar etwas „Billiges", nicht aber etwas „besonders Preisgünstiges" angeboten wird. Wer da kauft, kauft nicht, weil er durch die Gewährung besonderer Kaufvorteile angelockt und vom Leistungsvergleich abgelenkt wird, sondern weil er das alte Sprichwort realisiert: „Nach Gunsten geht die Ware auf." Die Notwendigkeit, angestaubte oder unmodisch werdende Waren als im Preis herabgesetzt anzubieten, tritt immer wieder auf. Derartige Verkaufsveranstaltungen werden daher auch meist als „im regelmäßigen Geschäftsverkehr der Branche stattfindend" empfunden werden und entziehen sich dann schon deshalb der Anwendung der AO. Sonst werden dabei oft sog.

---

[56] Habscheid (GRUR 1953, 452) will auch dem Wandergewerbetreibenden eine viel eindringlichere Werbung als dem stehenden Gewerbe zubilligen, weil der Wanderhändler sonst nicht die Aufmerksamkeit des Publikums im erforderlichen Grade auf sich ziehen kann. Er ist auch der Ansicht, daß das Publikum das weiß und damit rechnet. Vgl. dazu auch Fußnote 48 und § 1 Rdn 159 ff.

barcode-generator.de

Kostenloser Online-Barcode-Generator

9783415007062.3

"erlaubte", d. h. von § 1 Abs. 2 AO gedeckte „Sonderangebote" vorliegen. Vgl. dazu § 1 Rdn 79, 87 ff.

Den Slogan „Wir bieten mehr fürs Geld" versteht der Verkehr heute als **inhaltsleeres** werbliches Selbstlob und nicht als Ankündigung der Gewährung besonderer Kaufvorteile. Durch einen solchen Blickfang wird die Verkaufsveranstaltung daher auch nicht aus dem regelmäßigen Geschäftsverkehr herausgehoben (vgl. § 1 Rdn 56). Nur in besonders liegenden Fällen kann eine solche Werbung **als vergleichende Werbung** unlauter werden (§ 1 UWG), womit dann allerdings die Ankündigung aus dem regelmäßigen Geschäftsverkehr herausgeschoben wird (vgl. § 1 Rdn 40, 43, 146).

Eine Werbung mit dem Blickfang „Erntefest der kleinen Preise" hält OLG Oldenburg 16. 6. 77 (MDR 1978, 145; vgl. auch § 1 Rdn 122) überzeugend **nicht** für eine Ankündigung, die den Eindruck der Gewährung besonderer Kaufvorteile hervorruft. Das Urteil stellt dabei darauf ab, daß bei großen Verbrauchermärkten (um einen solchen handelte es sich da) der Verkehr sich auf derartige Werbungen eingestellt habe, sie also für inhaltsleere Werbefloskeln halte. Das wird aber ganz allgemein und nicht nur im Werbekreis großer Kaufhäuser oder Verbrauchermärkte heute anzunehmen sein.

3. Die „zulässigen Sonderangebote" (§ 1 Abs. 2 AO)

a) Verhältnis von Abs. 1 und Abs. 2. Ist § 1 Abs. 2 rechtswirksam?

§ 1 Abs. 2 betrifft die sog. „zulässigen Sonderangebote". Obwohl der Rechtsbestand der AO als solcher heute unstreitig ist (vgl. § 1 Rdn 3 ff.), bestehen aber m. E. Zweifel am Rechtsbestand des **Abs. 2** des § 1 AO, der die praktisch wichtigen „Sonderangebote" regelt. Es fragt sich nämlich m. E., ob diese Regelung in Absatz 2 **von der Ermächtigung in § 9 a UWG gedeckt** war. Denn § 9 a UWG ermächtigte den Reichs-

II. Legaldefinition der Sonderveranstaltungen

wirtschaftsminister nur, zur „Regelung von Verkaufsveranstaltungen besonderer Art", die nicht den Vorschriften der §§ 7 bis 9 UWG unterliegen, Bestimmungen zu treffen. Die AO steht also in engem und unmittelbarem Zusammenhang mit den Vorschriften der §§ 7 bis 9 UWG und mit der dort geregelten Materie. Da handelt es sich aber durchweg um Verkaufsveranstaltungen, die ihrer Natur nach durchgreifende und den eingefahrenen Geschäftsbetrieb des Veranstalters durcheinanderbringende Vorbereitungen erfordern. Schon das Wort „Veranstaltung" ruft Gedankenverbindungen zu Größe und Bedeutung hervor[57]. Es weist auf eine Konzentrierung, auf speziell auf die fragliche Aktion gerichtete Anstrengungen in Gestalt gesteigerter Entfaltung werbender Kraft in Reklame, äußerer Verkaufsorganisation, günstiger Preisgestaltung usw. im Vergleich zur „normalen" Verkaufsbemühung, also zum „regelmäßigen Geschäftsbetrieb des Veranstalters", hin. Dem entspricht es, wenn in § 1 **Abs. 1** als **Kernmerkmal der Sonderveranstaltungen im Sinne der AO**

---

[57] Auch in der Werbung wird das Wort Anstalt von einem nicht unbeachtlichen Teil der Umworbenen dahin verstanden, daß es sich um ein „größeres Unternehmen" handelt. Trifft das nicht zu, so liegt irreführende Werbung (§ 3 UWG) vor. Vgl. etwa Reimer-v. Gamm, Wettbewerbs- und Warenzeichenrecht, Bd 2 (4. Aufl. 1972), S. 336. Man trifft nach der Umgangssprache keine „Veranstaltungen", wenn man **routinemäßig** etwas macht, wohl aber, wenn man „Außergewöhnliches" tut, wenn man etwa „umzieht" (Räumungsverkäufe!) und dgl. Wer im Rahmen seines regelmäßigen Geschäftsbetriebes einzelne Waren besonders preiswert anbietet, wird dafür, auch wenn das Angebot „zeitlich begrenzt" ist, nicht zu „Veranstaltungen" veranlaßt, während Verkaufsveranstaltungen, wie sie die §§ 7 bis 9 UWG und auch § 1 Abs. 1 AO regeln, und wie sie auch die amtliche Begründung zu § 9 a UWG (abgedruckt im Anhang Nr. 1) **als Beispiele** für die auf Grund der Ermächtigung zu regelnden Materie anführt, stets nötig machen, daß der Kaufmann Vorkehrungen besonderer Art plant und durchführt. Daran ändert auch der Umstand nichts, daß nach ständiger Rechtsprechung der Begriff der Verkaufsveranstaltung im Sinne des § 1 Abs. 1 AO nicht auf Aktionen größeren Umfangs beschränkt ist (vgl. § 1 Rdn 26). Denn Sonderangebote, wie sie die Praxis unter § 1 Abs. 2 einordnet, haben sehr oft mit Aktionen gar nichts mehr zu tun und bewegen sich auf einer Ebene, die daher m. E. unterhalb des Pegels liegt, der durch die Ermächtigung in § 9 a UWG gezogen worden ist.

das „Stattfinden außerhalb des regelmäßigen **Geschäftsverkehrs**" verlangt wird. Von einer Verkaufsveranstaltung besonderer Art, auf die die Ermächtigung in § 9 a UWG sich beschränkt, erwartet man schon nach dem unbefangenen Wortgebrauch im Gegensatz zum „Angebot **einzelner** Waren" (auf das § 1 Abs. 2 AO abstellt) eine Bedarfsbefriedigung, sei es hinsichtlich der Sortimentsbreite oder der Auswahl unter gleichartigen Waren, in breiterem Rahmen, durch eine **Mehrzahl** einzelner „Angebote", deren Gesamtheit erst die Verkaufsveranstaltung entstehen läßt. Eine solche Zusammenklammerung von Angeboten unterscheidet sich auch betriebswirtschaftlich vom „Angebot einzelner Waren". Sie kann auch durch eine organisierte und vom Verkehr als planmäßig aufeinander abgestimmt empfundene **Häufung zeitlich aufeinander folgender einzelner Angebote** herbeigeführt werden, wenn der Verkehr diese Häufung als eine **Einheit** und damit eben als eine zusammengehörende Verkaufsveranstaltung auffaßt. Das entspricht ständiger Rechtsprechung; vgl. etwa § 1 Rdn 49, 114, 152 und BGH 14. 12. 73 (GRUR 1974, 341).

M. E. spricht also vieles dafür, daß in der Anordnung vom **88** 4. 7. 1935 im Rahmen der Ermächtigung des § 9 a UWG rechtswirksam nur „Veranstaltungen" geregelt werden konnten, d. h. Aktionen, mit einem gewissen über den „regelmäßigen Geschäftsbetrieb" des Unternehmens **hinausgreifenden** Umfang, die eine Entfaltung an speziell für die fragliche Veranstaltung abgestimmter Planung voraussetzen und die **nicht routinemäßig ständig mitlaufen,** wie das bei den von § 1 Abs. 2 AO erfaßten Sonderangeboten grundsätzlich der Fall ist. Diese Begriffsbestimmung der Verkaufsveranstaltung besonderer Art steht mit der Begriffsbestimmung, wie sie seit BGH 25. 3. 58 (GRUR 1958, 395) für die Begriffsbestimmung der Verkaufsveranstaltung gemäß des § 1 Abs. 1 AO **allgemein angenommen** wird (vgl. § 1 Rdn 26), **nicht im Widerspruch.** Denn auch wenn man da nicht „Aktionen **größeren**

II. Legaldefinition der Sonderveranstaltungen

Umfangs" verlangt, so fallen doch m. E. Ankündigungen von lediglich **„einzelnen** Waren", wie sie § 1 Abs. 2 AO **voraussetzt,** aus dem Bereich der Verkaufsveranstaltungen besonderer Art, auf die § 9 a UWG **die Ermächtigung abgestellt hat,** heraus. Solche „Sonderangebote einzelner Waren" liegen unter der Ebene dessen, was man noch als „Verkaufsveranstaltung besonderer Art" bezeichnen kann. Es sind das Füllgeschäfte, die heutzutage längst überall **routinemäßig im regelmäßigen Geschäftsbetrieb des Unternehmens** eingeplant werden, aber keine „Verkaufsveranstaltungen besonderer Art" im Sinne des § 9 a UWG. Diese Auslegung bestätigt m. E. auch das Urteil des BGH vom 28. 4. 78 (JZ 1979, 68 — Tierbuch). Vgl. dazu besonders § 1 Rdn 26.

89 Eine solche Auslegung des § 9 a UWG steht auch im Einklang mit der im Anhang Nr. 1 auszugsweise abgedruckten amtlichen Begründung zu § 9 a UWG, wie ich in GRUR 1976, 129 näher ausgeführt habe. Wenn BGH 25. 3. 58 (GRUR 1958, 395; vgl. § 1 Rdn 26) daraus, daß durch § 1 Abs. 2 AO „bestimmte Sonderveranstaltungen" aus der Legaldefinition des § 1 Abs. 1 AO herausgenommen werden, folgert, daß der Begriff der Sonderveranstaltung diese **sonst** erfassen würde, so geht das Urteil von der Rechtsgültigkeit des Abs. 2 des § 1 AO aus, ohne die hier (und in GRUR 1976, 129) erstmals zur Diskussion gestellte Frage zu prüfen, ob dieser für die Wirtschaft sehr bedeutsame Absatz 2 nicht mangels entsprechender Ermächtigung rechtsunwirksam war — und ist.

Ich gehe im folgenden davon aus, daß auch § 1 Abs. 2 AO rechtswirksam ist, wie es heute die ganz allgemeine Meinung in Rechtsprechung und Schrifttum ist, weise aber auf meine Bedenken, die ich in GRUR 1976, 129 ausführlicher begründet habe, hin.

90 Es taucht zunächst die grundsätzliche Frage nach dem **Verhältnis von Absatz 1 und Absatz 2** auf. Es ist nicht zu verkennen, daß in dieser wichtigen Frage noch immer Unklarheit herrscht. Auch **terminologisch** sollte da der Text in Abs. 1

und Abs. 2 des § 1 AO genauer beachtet werden. So wird in Urteilen und im Schrifttum immer noch nicht sauber unterschieden zwischen den Begriffen des „regelmäßigen Geschäftsverkehrs" (§ 1 **Abs. 1** AO) und des „regelmäßigen Geschäftsbetriebs des Gesamtunternehmens oder der Betriebsabteilung" (§ 1 **Abs. 2** AO). Vgl. etwa § 1 Rdn 132, 133 (zu OLG Düsseldorf 16. 1. 76, GRUR 1977, 501 und 22. 9. 72, GRUR 1973, 373), § 1 Rdn 93 und Fußnote 71. Verwirrend auch v. Gamm, Gesetz gegen den unlauteren Wettbewerb (1975), S. 107 oben, wenn es da in Rdn 6 unter der Überschrift „Zulässiges Sonderangebot: Begriff in § 1 Abs. 2 AO" heißt: „Sonderangebote nur im Rahmen des regelmäßigen Geschäftsverkehrs: nach Maßgabe des Branchenüblichen, weniger nach dem üblichen Geschäftsgebaren des anbietenden Unternehmens...". Auch da werden also die Voraussetzungen des § 1 Abs. 1 und des § 1 Abs. 2 AO nicht auseinandergehalten und eine Verkaufsveranstaltung, die „nur im Rahmen des regelmäßigen Geschäftsverkehrs" stattfindet, fällt **von vornherein** nicht unter die AO!

Zwischen dem „Stattfinden der Verkaufsveranstaltung im regelmäßigen Geschäfts**verkehr**" (§ 1 **Abs. 1** AO) und dem „sich Einfügen in den Rahmen des regelmäßigen Geschäfts**betriebs** des Gesamtunternehmens oder der Betriebsabteilung" (§ 1 Abs. 2 AO) muß also begrifflich sorgsam unterschieden werden. Das schließt aber nicht aus, daß nicht selten Erwägungen, die zur Einordnung einer Verkaufsveranstaltung in den **regelmäßigen Geschäftsverkehr** angestellt werden, **auch** bei der Prüfung der Frage, ob sich die Verkaufsveranstaltung in den Rahmen des **regelmäßigen Geschäftsbetriebs** des Veranstalters einfügt, wichtig werden. Vgl. dazu etwa § 1 Rdn 171. So ist es ein Kardinalsatz, daß Kaufveranstaltungen, deren Ankündigung oder Durchführung **wettbewerbsfremd** ist, weder im regelmäßigen Geschäftsverkehr stattfinden können (§ 1 **Abs. 1**) noch sich in den Rahmen des regelmäßigen Geschäftsbetriebs des Ge-

II. Legaldefinition der Sonderveranstaltungen

samtunternehmens oder seiner Betriebsabteilung einfügen können (§ 1 **Abs. 2**). Vgl. dazu etwa § 1 Rdn 50, 146, 166.

Teilweise wird die Auffassung vertreten, daß Sonderangebote **ihrer Natur nach** keine Sonderveranstaltungen seien, wobei man die Abgrenzung zwischen Sonderangebot und Sonderveranstaltung im wesentlichen durch das Maß der werblichen Aufwendungen und den Umfang der ganzen Verkaufsaktion zu finden sucht: Man will Angebote, die sich nur auf ein verhältnismäßig geringes Warensortiment beziehen und die ohne besonderen Aufwand durchgeführt werden, **begrifflich** aus den Sonderveranstaltungen herausnehmen (vgl. dazu auch § 1 Rdn 25, 26, 87 ff.). Dagegen wird vorgebracht, daß es große und kleine Veranstaltungen gibt, daß also aus dem Umfang einer derartigen Aktion sich eine solche Herausnahme kleinerer Veranstaltungen aus dem Oberbegriff der Sonderveranstaltungen nicht rechtfertigt[58]. Auch der BGH hat in seinem Urteil v. 25. 3. 58 (GRUR 1958, 395) eine derartige Abgrenzung verneint. Der BGH leitet das gerade daraus ab, daß bestimmte Sonderveranstaltungen aus der Legaldefinition des § 1 AO durch die Einschränkung des § 1 Abs. 2 AO ausdrücklich herausgenommen werden[59].

91 Dem kann man auch nicht entgegenhalten, daß zur Legaldefinition der Sonderveranstaltung nach § 1 Abs. 1 AO gehört, daß die fragliche Verkaufsveranstaltung „außerhalb des regelmäßigen Geschäftsverkehrs" stattfindet. Denn **auch die Sonderangebote**, die in § 1 Abs. 2 AO für zulässig erklärt werden, finden **begriffsnotwendig** stets „außerhalb des regelmäßigen Geschäftsverkehrs" statt, weil (was gar nicht genug

---

[58] Die Bezeichnung „Sonderangebot" rechtfertigt sich deshalb, weil derartige unter die „Einschränkung" des § 1 Abs. 2 AO fallende Verkaufsveranstaltungen sich stets auf das Anbieten „einzelner" Waren beschränken müssen und daher sehr anschaulich als „Angebote" bezeichnet werden im Gegensatz zu den „mehr globalen Ankündigungen" (Droste, GRUR 1958, 398) des § 1 Abs. 1 AO.
[59] Vgl. dazu auch § 1 Rdn 25, 26, 87 ff. und H. Tetzner, GRUR 1959, 309; 1976, 129.

Die zulässigen Sonderangebote

betont werden kann) § 1 Abs. 2 AO **stets voraussetzt,** daß eine **Verkaufsveranstaltung mit allen Merkmalen des § 1 AO** gegeben ist, daß also an sich die AO Anwendung finden müßte, **wenn nicht** § 1 Abs. 2 AO den Begriff der (unzulässigen) Sonderveranstaltung im Sinne der AO „ausnahmsweise" **einschränken würde.** Nicht § 1 Abs. 1 AO enthält eben die Legaldefinition der Sonderveranstaltung im Sinne der AO, sondern der ganze § 1 AO, also auch dessen Absatz 2. § 1 AO ist **ganzheitlich** zu verstehen: erst in seiner Gesamtheit, also in seinen **beiden** Absätzen, wird die Sonderveranstaltung im Sinne der AO definiert. Auch die zulässigen Sonderangebote müssen also stets „außerhalb des regelmäßigen Geschäftsverkehrs" stattfinden — denn sonst fände die AO überhaupt nicht Anwendung! Zu zulässigen Verkaufsveranstaltungen werden sie u. a. dadurch, daß sie sich „in den Rahmen des regelmäßigen Geschäftsbetriebes des Gesamtunternehmens oder der Betriebsabteilung einfügen". Gerade durch diese Gegenüberstellung von Abs. 1 und Abs. 2 wird klar, daß der Begriff des „regelmäßigen Geschäftsverkehrs" im Sinne des § 1 Abs. 1 AO nach objektiven Merkmalen, also nach der **Branchenüblichkeit,** zu beurteilen ist, während Abs. 2 AO eine außerhalb des regelmäßigen Geschäftsverkehrs stattfindende Sonderveranstaltung dann aus dem Normen-Bereich der AO herausnimmt, wenn es sich um ein Sonderangebot handelt, das den in § 1 Abs. 2 AO festgelegten Erfordernissen entspricht, wozu gehört, daß sich die Verkaufsveranstaltung **nach den individuellen Verhältnissen des fraglichen Betriebes** in den Rahmen des **regelmäßigen Geschäftsbetriebes des Veranstalters einfügt.** Man muß also **klar unterscheiden** zwischen dem „regelmäßigen Geschäftsbetrieb des Unternehmens", wie er in § 1 Abs. 2 AO erwähnt wird, und dem „regelmäßigen Geschäftsverkehr" im Sinne des § 1 Abs. 1 AO[60].

---

[60] Dieser Ausgangspunkt ist m. E. der **Schlüssel zum Verständnis der ganzen AO** und zur richtigen Abgrenzung von „unerlaubter Sonderveranstaltung" und „unerlaubtem Sonderangebot". Es folgt das *(Fortsetzung Seite 144)*

II. Legaldefinition der Sonderveranstaltungen

Die beiden Begriffe stehen keineswegs etwa in einem Ober- und Unterordnungsverhältnis zueinander, sondern bezeichnen **verschiedene Qualitäten**[61]. Die schematische Betrachtung gem. Abs. 1 AO findet ihre Korrektur durch den elastisch der besonderen Lage des Einzelfalles sich anpassenden Begriff des „regelmäßigen Geschäftsbetriebes des Veranstalters", der eben eine sonst unter Abs. 1 AO fallende Verkaufsveranstaltung aus der Legaldefinition der Sonderveranstaltung im Sinne der AO herausheben und zum von der AO nicht erfaßten sog. „zulässigen Sonderangebot" machen kann.

---

auch aus dem Wortlaut der AO zwingend. Die AO definiert zunächst in § 1 Abs. 1 AO die „Sonderveranstaltung im Sinne der nachfolgenden Vorschriften" (zu denen ja auch § 1 Abs. 2 AO gehört) und schränkt, wie es auch BGH 25. 3. 58 (GRUR 1958, 395) ausdrückt, in § 1 Abs. 2 AO den Begriff der Sonderveranstaltungen dahingehend ein, „daß unter solchen Veranstaltungen nicht Sonderangebote zu verstehen sind, durch die einzelne nach Güte oder Preis gekennzeichnete Waren ohne zeitliche Begrenzung angeboten werden und die sich in den Rahmen des regelmäßigen Geschäftsbetriebes des Gesamtunternehmens oder der Betriebsabteilung einfügen". Einen Begriff „einschränken" heißt aber, seinen Merkmalen neue hinzufügen! Die gegenteilige Ansicht, wonach § 1 Abs. 2 AO eine selbständige Definition des „zulässigen Sonderangebotes" bringt, das dort unabhängig von § 1 Abs. 1 AO abgegrenzt wird, halte ich für unrichtig. Auch das zulässige Sonderangebot des § 1 Abs. 2 AO muß — um überhaupt hier zu interessieren — **alle Voraussetzungen des § 1 Abs. 1 AO aufweisen.** Seine Ankündigung muß also den Eindruck hervorrufen, daß besondere Kaufvorteile gewährt werden, das Angebot muß der Beschleunigung des Warenabsatzes dienen und muß außerhalb des regelmäßigen Geschäftsverkehrs stattfinden. Beim Hinzutreten der Merkmale des § 1 Abs. 2 AO wird dann aber aus einer unzulässigen Sonderveranstaltung ein „zulässiges Sonderangebot" — zulässig natürlich immer **nur nach der AO**, unbeschadet also des etwaigen Eingreifens **anderer** Vorschriften, insbesondere der §§ 1, 3 UWG, der ZugabeVO oder des Rabattgesetzes!

[61] Vgl. H. Tetzner, GRUR 1959, 309. Unrichtig daher OLG Celle 17. 3. 76, WRP 1976, 598, wo die Ansicht vertreten wird, daß eine Verkaufsaktion, die sich nicht in den Rahmen des regelmäßigen Geschäftsbetriebes des Unternehmens einfügt, **notwendig** auch außerhalb des regelmäßigen Geschäftsverkehrs der Branche stattfindet (vgl. § 1 Rdn 98). Der regelmäßige Geschäftsbetrieb des Unternehmens gem. § 1 Abs. 2 AO kann vielmehr innerhalb oder außerhalb des „regelmäßigen Geschäftsverkehrs" des § 1 Abs. 1 AO liegen. **Nur** wenn er **außerhalb** dieses „regelmäßigen Geschäftsverkehrs" liegt, kann die AO überhaupt zur Anwendung kommen. **Andernfalls** handelt es sich um eine „freie" Sonderveranstaltung, die nur den **allgemeinen Vorschriften** insbes. des UWG, des Rabattgesetzes und

Die zulässigen Sonderangebote

Daß sich der Rahmen des regelmäßigen Geschäftsbetriebes **92** nach den für das in Frage stehende Unternehmen eigentümlichen, individuellen Verhältnissen abgrenzt, nach dem „Image", das das Unternehmen in den umworbenen Verkehrskreisen hat, ergibt sich m. E. auch daraus, daß § 1 Abs. 2 AO die Einfügung des Sonderangebotes in den Rahmen des regelmäßigen Geschäftsbetriebes des Gesamtunternehmens **oder der** (das Sonderangebot veranstaltenden) **Betriebsabteilung** verlangt. Sogar innerhalb eines und desselben Unternehmens kann also — etwa von Filiale zu Filiale — der regelmäßige Geschäftsbetrieb unterschiedlich zu bestimmen sein, weil hier eben die vereinheitlichende Klammer der Branchenüblichkeit wegfällt, die den regelmäßigen Geschäftsverkehr im Sinne des § 1 Abs. 1 AO grundsätzlich uniformiert.

Die klare Unterscheidung beider Begriffe hat also ihren **93** Schwerpunkt darin, daß es sich im einen Falle, nämlich beim „regelmäßigen Geschäftsverkehr" des § 1 Abs. 1 AO, um ein **objektives** Merkmal, im anderen Falle dagegen um ein **individuelles, den Verhältnissen des Veranstalters elastisch sich anpassendes Merkmal handelt.** An dieser Unterscheidung sieht m. E. z. B. das Urteil des OLG Koblenz v. 24. 9. 54 (WRP 1955, 125) vorbei, wenn dort davon ausgegangen wird, daß „richtungweisend für die Unterscheidung zwischen statthaften Sonderangeboten und der verbotenen Sonderveranstaltung die normale Geschäftsabwicklung bei den für die betr. **Branche** in Frage kommenden Geschäften" sei.

Das vorstehend Gesagte ändert aber, wie nochmals betont **94** werden mag, nichts daran, daß auch von § 1 Abs. 2 AO **nur solche Sonderangebote erfaßt** werden können, die „außerhalb

---

der ZugabeVO unterliegt. Dabei ist aber zu beachten, daß „zeitlich begrenzte" Sonderveranstaltungen wohl sehr oft „außerhalb des regelmäßigen Geschäftsverkehrs" stattfinden werden, so daß sie also — falls die sonstigen Merkmale des § 1 Abs. 1 AO gegeben sind — dann unzulässige Sonderveranstaltungen sind, soweit nicht die §§ 3 oder 4 AO einschlagen. Die zeitliche Begrenzung wird auch meist den Eindruck der Gewährung „besonderer Kaufvorteile" hervorzurufen geeignet sein (vgl. § 1 Rdn 45, 57, 50).

II. Legaldefinition der Sonderveranstaltungen

des regelmäßigen Geschäftsverkehrs" (vgl. § 1 Rdn 35 ff.) stattfinden, die also über das hinausgehen, was nach Auffassung des Verkehrs bei branchengleichen und größenmäßig ähnlich gelagerten Unternehmen derselben Vertriebsform **regelmäßig** ist. Denn **dieses** Merkmal ist gem. § 1 Abs. 1 AO ein **allgemeines Begriffsmerkmal** und geradezu das **entscheidende Kriterium**, der Prüfstein **für alle von der AO erfaßten Sonderveranstaltungen**. Fehlt es, so ist die Anordnung nach der Legaldefinition des § 1 Abs. 1 AO von vornherein nicht anwendbar. Denn § 1 Abs. 2 AO will ja **nicht** den in § 1 Abs. 1 definierten Begriff der Sonderveranstaltungen im Sinne der AO **erweitern**, sondern dadurch **einschränken**, daß gewisse Verkaufsveranstaltungen, und zwar bestimmte Arten sog. „Sonderangebote", aus dem Begriffe der „Sonderveranstaltungen im Sinne der Anordnung" **ausgeklammert** und damit von dem in § 2 Abs. 1 AO ausgesprochenen grundsätzlichen Verbot dieser Sonderveranstaltungen nicht erfaßt werden. Es ist dabei also vorausgesetzt, daß für die fragliche Verkaufsveranstaltung die Legaldefinition des § 1 Abs. 1 AO **in allen ihren Merkmalen zutrifft:** durch das Hinzutreten der in § 1 Abs. 2 AO festgelegten Merkmale wird aber aus einer sonst unzulässigen Sonderveranstaltung ein nicht mehr unter den Begriff der Sonderveranstaltungen im Sinne der Anordnung fallendes und daher eben „zulässiges" Sonderangebot[62]. Das bestätigt wohl auch die (nicht leicht verständliche) Formulierung im Urteil des BayObLG v. 20. 4. 56 (WRP 1956, 80), wo es heißt, daß sich der „Dauerverkauf einzelner nach Preis und Güte besonders gekennzeichneter Waren zu weit herabgesetzten Preisen" sehr wohl in den Rahmen eines Geschäftsbetriebes einorden lassen kann, „der sich für den Großteil der übrigen Waren innerhalb der branchenüblichen Ver-

---

[62] Man schränkt Begriffe dadurch ein, daß man weitere Begriffsmerkmale hinzufügt. § 1 Abs. 2 AO enthält aber, wie auch BGH 25. 3. 58 (GRUR 1958, 395) bestätigt, eine **Einschränkung des in § 1 Abs. 1 AO festgelegten Begriffs** der Sonderveranstaltungen im Sinne der AO. Vgl. dazu § 1 Rdn 91 ff.

kaufs-, insbesondere Preisbedingungen hält"[63]. Auf deutsch m. E.: die fragliche Verkaufsveranstaltung muß zwar außerhalb des „branchenüblichen Geschäftsverkehrs" stattfinden, muß sich aber in den Rahmen des (individuellen) Geschäftsbetriebes des Veranstalters einfügen, wenn die Vorschrift des § 1 Abs. 2 der AO anwendbar sein soll. § 1 Abs. 2 AO stellt aber, was nicht genug betont werden kann, nicht etwa eine Definition der „zulässigen Sonderangebote" auf. Diese in der Terminologie weit eingeführte verkürzende Bezeichnung ist also **mißverständlich.** § 1 Abs. 2 AO nimmt vielmehr diejenigen Verkaufsveranstaltungen, die die Voraussetzungen des Abs. 2 erfüllen, aus dem Begriff der Sonderveranstaltung im Sinne des § 1 Abs. 1 AO heraus. Sie sind also „freie" Sonderveranstaltungen, d. h. Verkaufsveranstaltungen, auf die **die AO keine Anwendung findet.** Sie sind „zulässige Sonderangebote", betrachtet von der Regelung der AO aus — was sie aber nicht aus dem Regelungsbereiche anderer Normen (UWG usw.) herausbringt! Vgl. dazu sehr klar Heydt in seiner Anmerkung zu BGH 23. 6. 61, GRUR 1962, 41.

Verkaufsveranstaltungen, die von § 1 Abs. 2 AO gedeckt sind, müssen also **alle Merkmale des § 1 Abs. 1 AO** erfüllen, weil sie sonst von der AO **von vornherein nicht erfaßt** werden. Sie müssen insbesondere außerhalb des regelmäßigen, branchenüblichen Geschäftsverkehrs stattfinden, müssen sich aber eben in den Rahmen des regelmäßigen Geschäftsbetriebes des Unternehmens einfügen und es dürfen (nur) „einzelne, nach Güte oder Preis gekennzeichnete Waren", und zwar „ohne zeitliche Begrenzung", angeboten werden.

---

[63] Man stolpert dabei insbesondere über das Wort „Dauerverkauf": denn eine Sonderveranstaltung ist **ihrer Natur nach** immer **vorübergehender** Natur. Gemeint ist damit wohl, daß die fragliche Verkaufsveranstaltung nicht „zeitlich begrenzt" ist. Trotzdem weiß aber das Publikum, wenn die Veranstaltung als „besondere Verkaufsveranstaltung" aufgezogen ist, insbesondere also besondere Kaufvorteile bietet, daß es sich dabei um keinen Dauerverkauf handelt, sondern um ein vorübergehendes Angebot. Vgl. dazu § 1 Rdn 123 ff.

II. Legaldefinition der Sonderveranstaltungen

b) Reihenfolge bei der Prüfung

96 Es sind also grundsätzlich **vier Überlegungen** anzustellen, um zu prüfen, ob die Bestimmung des § 1 Abs. 2 AO Anwendung findet.

a) Zunächst muß geprüft werden, ob überhaupt eine Sonderveranstaltung im Sinne des § 1 Abs. 1 AO vorliegt.
Ist das zu verneinen, dann entfällt die Anwendung der AO von vornherein.

b) Liegen dagegen die Voraussetzungen des § 1 Abs. 1 AO vor, so liegt dann keine Sonderveranstaltung im Sinne der AO vor, wenn alle in § 1 Abs. 2 AO aufgezählten Voraussetzungen gegeben sind, also wenn

aa) nur **einzelne entweder** nach Güte **oder** nach Preis gekennzeichnete Waren angeboten werden;

bb) dieses Angebot ohne zeitliche Begrenzung erfolgt;

cc) dieses Angebot sich in den Rahmen des regelmäßigen Geschäftsbetriebes des Gesamtunternehmens oder der Betriebsabteilung einfügt.

Alle drei Merkmale müssen **kumulativ** vorliegen, wenn eine sich unter § 1 Abs. 1 AO fallende Verkaufsveranstaltung als sog. „zulässiges" Sonderangebot aus der Legaldefinition der Sonderveranstaltung im Sinne der Anordnung herausfallen und damit vom grundsätzlichen Verbot des § 2 Abs. 1 der AO nicht erfaßt sein soll.

97 Die vorgenannten Merkmale des § 1 Abs. 1 und Abs. 2 AO verquicken sich teilweise. So kann die „zeitliche Begrenzung" ein Indiz für das Nichtvorliegen des kumulativ geforderten Merkmals des Einfügens in den Rahmen des regelmäßigen Geschäftsbetriebs des Gesamtunternehmens oder der Betriebsabteilung sein. Eine zeitliche Begrenzung kann auch die Verkaufsveranstaltung aus dem regelmäßigen Geschäftsverkehr herausschieben und damit die grundlegende Voraussetzung für die Anwendung der AO überhaupt herbeiführen (vgl. § 1 Rdn 35 ff. und etwa OLG Düsseldorf 10. 4. 70, DW 1970, 24; LG Frankfurt 14. 7. 70, DW 1970, 34; LG Karlsruhe 25. 8. 71, WRP 1971, 494; OLG München 2. 12. 71, WRP 1972, 95). Vgl. dazu auch § 1 Rdn 17.

Abzulehnen aber OLG Celle 17. 3. 76, WRP 1976, 598, wo davon ausgegangen wird, daß eine Verkaufsveranstaltung, von der feststeht, daß sie sich nicht in den Rahmen des regelmäßigen Geschäfts**betriebes** des Veranstalters einfügt, notwendig auch außerhalb des regelmäßigen Geschäfts**verkehrs** stattfindet. Diese beiden Merkmale des § 1 Abs. 1 AO und des § 1 Abs. 2 AO **stehen nicht im Verhältnis von Ober- und Unterbegriff zueinander** (vgl. § 1 Rdn 90, 91). Es kann ein Unternehmen durchaus eine Verkaufsveranstaltung durchführen, die zwar vom Verkehr als außerhalb des Rahmens **seines** üblichen Geschäftsbetriebes liegend beurteilt wird, also als außerhalb dessen, was der Verkehr sonst von diesem Unternehmen hört und sieht und daher erwartet, ohne daß aber deshalb die Verkaufsveranstaltung zugleich außerhalb dessen liegt, was **branchenüblich** ist, was also „im regelmäßigen Geschäftsverkehr stattfindet" (§ 1 Abs. 1 AO). So kann etwa ein Unternehmen, das als sehr exclusiv geführt im Verkehr bekannt ist, zu „populärerer" Werbung und damit zu Verkaufsaktionen übergehen, die anders sind als die, die man **bisher** bei **dieser** Firma antraf. Damit braucht sich das Geschäftsgebaren das sich dann (jedenfalls während einer Übergangszeit) nicht mehr „in den Rahmen des regelmäßigen Geschäftsbetriebes des Unternehmens einfügt", aber noch nicht so sehr ins „Unexclusive" hinüber zu bewegen, daß eine Verkaufsveranstaltung nun auch außerhalb des Branchenüblichen, also „außerhalb des regelmäßigen Geschäftsverkehrs stattfindet" (§ 1 Abs. 1 AO), und zwar auch unter Berücksichtigung des Umstandes, daß es da Abstufungen des regelmäßigen Geschäftsverkehrs geben wird zwischen den Branchenusancen exclusiv geführter solcher Unternehmen und den Branchenusancen „allgemeiner" geführter Unternehmen der

98

II. Legaldefinition der Sonderveranstaltungen

fraglichen Branche. Diese Abstufungen werden grundsätzlich gewisse Toleranzen freilassen für die geschäftliche Betätigung. Das Geschäftsgebaren variiert notwendig und man kann da bei Anwendung der AO ein Unternehmen nicht auf einen engen „Exclusivbereich" festnageln, sondern muß ihm den Übergang zur allgemeineren, weniger exclusiv geführten Geschäftsbetreibung offen lassen.

99 Die Rechtsprechung (z. B. BGH 23. 6. 61, GRUR 1962, 36 und die Instanzgerichte) betont, daß es einer Prüfung, ob die Merkmale des § 1 Abs. 2 AO vorliegen, „an sich erst bedarf, wenn das Vorliegen der in § 1 AO aufgestellten Erfordernisse zu bejahen ist". Ein streng systematisches Vorgehen verlangt der BGH aber vom Richter nicht und betont überzeugend, daß es unter Umständen zweckmäßig sein kann, zunächst zu prüfen, ob die Voraussetzungen des § 1 Abs. 2 AO gegeben sind. Wenn diese Frage zu bejahen ist, scheidet die Annahme einer von der AO erfaßten Verkaufsveranstaltung im Hinblick auf die in § 1 Abs. 2 AO getroffene Regelung aus. Ob man mit der Prüfung anfängt, ob die Voraussetzungen des § 1 Abs. 1 AO vorliegen, — sonst entfällt ja die Anwendung der AO von vornherein! — oder ob man zunächst prüft, ob gegebenenfalls die „legitimierenden Voraussetzungen" nach § 1 Abs. 2 AO vorliegen, ist eine **Frage der Prozeßökonomie.** Sie entscheidet sich also jewels von Fall zu Fall danach, „wo das Brett dünner zu bohren ist". So beginnt z. B. BGH 4. 11. 77 (GRUR 1978, 112, ausführlich zitiert § 1 Rdn 146) die Untersuchung mit einer Prüfung gemäß § 1 **Abs. 1** AO. Abzulehnen daher OLG Düsseldorf 7. 2. 75 (GRUR 1976, 149), wonach es in der Regel geboten sein soll, mit der Prüfung der Voraussetzungen des § 1 Abs. 2 AO zu beginnen. Keinesfalls darf man aber, wenn man das Pferd logisch-dogmatisch beim Schwanz aufzäumt und mit Abs. 2 beginnt, das Abhängigkeitsverhältnis des Abs. 2 von Abs. 1 übersehen. Nur Verkaufsveranstaltungen, die „an sich" unter § 1 Abs. 1 AO fallen würden, können sog. „zulässige Sonderangebote" gemäß

§ 1 Abs. 2 AO sein! Ist nicht geprüft, ob die Merkmale des § 1 Abs. 1 AO gegeben sind, so kann also — wenn sich ergibt, daß die Voraussetzungen des § 1 Abs. 2 AO erfüllt sind - nur festgestellt werden, daß keine Sonderveranstaltung im Sinne der AO vorliegt, sondern ein sog. Sonderangebot im weiteren Sinne, das natürlich dem sonstigen Wettbewerbsrecht, insbesondere dem UWG, dem RabattG und der ZugabeVO unterliegt (vgl. § 1 Rdn 9 ff.).

c) Sonderangebote „im weiteren Sinne"

Es ergibt sich aus dem Vorgesagten einerseits, daß durchaus **100** Sonderangebote vorstellbar sind, die schon deswegen nicht unter die AO fallen, weil sie nicht alle Merkmale des § 1 Abs. 1 AO aufweisen. Borck (WRP 1959, 42) spricht in diesen Fällen von Sonderangeboten „im weiteren Sinne". Zutreffend betont Borck auch, daß der Bundesgerichtshof in seinem Urteil v. 25. 3. 58 an diese Sonderangebote im weiteren Sinne gedacht habe, wenn dort gesagt wird, daß der Wortlaut des § 1 Abs. 2 AO nicht dazu zwingt, jedes zeitlich begrenzte Sonderangebot als unzulässige Sonderveranstaltung im Sinne der AO anzusehen. Zeitlich begrenzte Sonderangebote sind also nicht etwa „per se" verboten, sondern auch sie fallen **nur dann** unter den Normierungsbereich der AO, wenn alle in § 1 Abs. 1 AO aufgestellten Erfordernisse vorliegen und damit eine Sonderveranstaltung im Sinne der AO vorliegt.

d) § 1 Abs. 2 stellt keinen Ausnahmetatbestand auf. Beweislast

Die Vorschrift des § 1 Abs. 2 AO, die „Sonderangebote" unter **101** bestimmten Voraussetzungen **aus der Legaldefinition des § 1 AO herausnimmt,** ist **keine Ausnahmevorschrift.** Es handelt sich dabei vielmehr um eine einschränkende Ergänzung der Legaldefinition, die nur aus redaktionellen Gründen in die Form einer negativen Aussage gekleidet ist (BGH 25. 3. 58, GRUR 1958, 395 und BGH 26. 2. 65, GRUR 1965, 542 sprechen

II. Legaldefinition der Sonderveranstaltungen

allerdings von der in § 1 Abs. 2 AO gemachten „Ausnahme"). Daher verbleibt es auch insoweit bei der aus den allgemeinen prozessualen Grundsätzen sich ergebenden **Beweislastverteilung.**

e) Die vier Erfordernisse nach § 1 Abs. 2 AO

aa) Allgemeines

102 Stets dürfen, wenn nicht der Rahmen eines „zulässigen Sonderangebotes" gesprengt werden soll, nur **„einzelne"** Waren angeboten werden. Diese müssen außerdem **„nach Güte oder Preis"** gekennzeichnet sein.

Das nach § 1 Abs. 2 AO zulässige Sonderangebot beschränkt sich also immer auf einzelne Waren. Es kann daher im Gegensatz zur „Sonderveranstaltung", bei der ganze **Warengruppen summarisch** zum Verkauf gestellt werden, die einzelne Ware genauer beschreiben und damit werben.

Von § 1 Abs. 2 AO gedeckte Sonderangebote müssen sich ferner **in den Rahmen des regelmäßigen Geschäftsbetriebes des Gesamtunternehmens oder der Betriebsabteilung einfügen und dürfen nicht zeitlich begrenzt sein.**

103 Überall, wo das Sonderangebot den Letztverbrauchern begegnen kann, müssen die Erfordernisse, die § 1 Abs. 2 AO für **die Legitimierung von Sonderangeboten aufstellt, erfüllt sein,** insbesondere also in **allen** Ankündigungen und im Angebot im Geschäftslokal oder im Schaufenster. Es genügt daher z. B. nicht, wenn bei **einigen** Ankündigungen die zeitliche Begrenzung fehlt, bei anderen aber vorhanden ist. Hinsichtlich der Kennzeichnung der Waren nach Güte **oder** Preis muß **eine** Art der Kennzeichnung überall dort vorhanden sein, wo den Letztverbrauchern angeboten wird. Es kann da aber z. B. im einen Teil der Ankündigungen eine Kennzeichnung der Waren nach dem Preis und im anderen Teil der Ankündigungen eine Kennzeichnung nach der Güte erfolgen.

104 § 1 Abs. 2 AO spricht von **„Sonderangeboten, durch die ... Waren angeboten werden".** Das Wort „Sonderangebot" bezeich-

Die zulässigen Sonderangebote

net nach dem Sprachgebrauch die **Verkaufsveranstaltung als Ganzes,** die sich aus ihren Ankündigungen und ihrer Durchführung zusammensetzt. Vgl. dazu § 1 Rdn 52 ff.[64]. Es werden von § 1 Abs. 2 AO also auch alle **werblichen Äußerungen**[65] erfaßt, mit denen ein **Anbieten** erfolgt. Nicht erfaßt werden dagegen schlichte **Hinweise** auf ein Sonderangebot, wie etwa ein Plakatanschlag „Sonderangebote finden Sie im Schaufenster um die Ecke" oder Nasenschilder „Sonderangebote bei Müller" längs der Schaufensterfront. Das sind „Wegweiser **zum** Angebot", aber keine Angebote. Auch hier gilt aber das in § 1 Rdn 67 Ausgeführte entsprechend: ein derartiger „Hinweis" wirkt fort und kann zum Inhalt des Angebotes selbst werden. Solche „Hinweise" müssen also zwar **nicht** die „positiven" Angaben enthalten, die § 1 Abs. 2 AO für das zulässige Sonderangebot verlangt. Enthält jedoch der Hinweis das „verbotene" Merkmal der zeitlichen Begrenzung[66], so geht diese zeitliche Begrenzung meist in den Inhalt des Angebotes selbst ein; dieses bleibt also dann, wenn die sonstigen Voraussetzungen des § 1 Abs. 1 AO vorliegen, eine von der AO erfaßte unzulässige Sonderveranstaltung.

---

[64] Eine Veranstaltung, die z. B. zeitlich begrenzt angekündigt worden ist, kann nicht als solche, also hinsichtlich ihrer Durchführung, untersagt werden. Der Unterlassungsanspruch geht vielmehr nur dahin, bei der Ankündigung diese zeitliche Begrenzung zu unterlassen (vgl. § 2 Rdn 3). Schwieriger wird die Sache, wenn es sich um das Fehlen „positiver Angaben" (Kennzeichnung nach Preis oder Güte) handelt. Dann wäre es zu allgemein, den Klageantrag unter Wiederholung der Norm dahin zu fassen, dem Beklagten zu untersagen, die fragliche Sonderveranstaltung „ohne Kennzeichnung der angebotenen Waren nach Preis oder Güte anzukündigen", Der Kläger muß seinen Klageantrag vielmehr nach allgemeinen Grundsätzen auf das Verbot der konkreten Ankündigung beschränken, wobei aber das Urteil zweckmäßigerweise in seinen Gründen klarstellt, worum es geht. Umgehungsversuche des Schuldners durch unwesentliche Änderungen des Textes der Ankündigung werden dann durch **Auslegung des Urteilstenors** unter das Urteil fallen.
[65] Besonders also Ankündigungen aller Art. Vgl. dazu § 1 Rdn 66.
[66] Z. B. „Beachten Sie unsere Sonderangebote in der Sonntagsnummer, die nur bis zum 15. Mai gelten".

II. Legaldefinition der Sonderveranstaltungen

bb) Angebot „einzelner" Waren

105 Die Abhaltung von Verkaufsveranstaltungen, bei denen für das **gesamte** Warensortiment oder für eine geschlossene Warengruppe oder Warengattung die Preise kurzfristig gesenkt werden, um so den Warenabsatz zu beschleunigen (Ausverkäufe, Räumungsverkäufe, Saisonschlußverkäufe), hat der Gesetzgeber unter den Gesichtspunkten des Konkurrentenschutzes und des Verbraucherschutzes (vgl. Einleitung vor § 1, Rdn 2, 3) stark beschränkt (BGH 4. 3. 77, GRUR 1977, 791). Aber auch andere Verkaufsveranstaltungen, die in ähnlicher Weise das ganze Warensortiment oder größere Teile davon umfassen und die durch besondere, werblich herausgestellte Kaufvorteile verlocken und die stets außerhalb des regelmäßigen Geschäftsverkehrs einer Branche stattfinden, untersagt grundsätzlich § 2 Abs. 1 AO, soweit nicht die **engen Ausnahmen** der §§ 3, 4 oder 5 AO vorliegen.

Von dieser Erwägung des Gesetzgebers ausgehend ist § 1 Abs. 2 AO auszulegen, wenn danach Aktionen dann nicht zu den von der AO erfaßten Sonderveranstaltungen gerechnet werden, wenn (neben den anderen Voraussetzungen des § 1 Abs. 2 AO) **nur einzelne Waren** angeboten werden. Es handelt sich da um Aktionen, die der Gesetzgeber nicht für so bedenklich hält, um sie durch eine besondere Regelung generell einzuschränken.

Ob ein Angebot nur „**einzelne**" Waren umfaßt, hängt von den den Umworbenen irgendwie global erkennbaren Umständen des Veranstalters ab (LG Rottweil 23. 5. 56, DW 1956, 79). Der Begriff muß von dem Geschäft her bestimmt werden, welches das Angebot macht. Unstreitig verlangt das Erfordernis der „einzelnen Waren" nicht, daß nur einige wenige Stücke oder gar Einzelstücke, etwa Restpaare bei Schuhen oder sonst geringfügige Restpartien oder „vereinzelte" Stücke angeboten werden. Es können große Stückzahlen einer Ware angeboten werden, nur muß immer die Kennzeichnung nach Güte **oder** Preis erfolgen.

106 Es kommt grundsätzlich darauf an, ob die vom allgemeinen Angebot abgesonderten Artikel, gemessen am Umfang des gesamten zum Verkauf gestellten Sortiments und dem gesamten Umsatz des Unternehmens als „einzelne" angesprochen werden können. Von dem Angebot einzelner Waren kann daher dann keine Rede sein, wenn sich das Angebot auf ein ganzes Warensortiment erstreckt. Die Ankündigung „Mäntel, Kostüme, Pelze jetzt zum halben Preis" hat daher **nicht** das Angebot „einzelner" Waren zum Gegenstand. Dagegen hat OLG Oldenburg 16. 6. 77 (MDR 1978, 145; vgl. auch § 1 Rdn 122) das Angebot eines großen Verbrauchermarktes in „Elektrokochtöpfen" nicht als Angebot des gesamten Sortiments oder wesentlicher Teile davon, sondern als Angebot einzelner Waren verstanden. Auf die fragliche Werbung war auch aus anderen Gründen die AO nicht anwendbar.

Die Werbung „Wenn Sie jetzt an den Kauf einer Pelz- oder Lederjacke denken, sollten Sie sich auf jeden Fall bei uns informieren. Wir haben jetzt ein besonders großes Sparpreisangebot" wird auch dann als das ganze Pelz- und Lederjackenangebot erfassend verstanden, wenn dabei nur 4 Jakken abgebildet sind. Denn der Verkehr hält diese 4 Jacken nur als herausgegriffene Beispiele einer Verkaufsveranstaltung, bei der ein breites Warensortiment sehr günstig angeboten wird (BGH 9. 1. 76, GRUR 1976, 702; zu §§ 1, 9 UWG).

107 Wenn das Angebot eine von insgesamt fünf Kaffeesorten des Veranstalters betrifft („Tschibo-Edel"), so betrifft es nach BGH 13. 6. 73 (GRUR 1973, 658) eine ganze Warengruppe und nicht nur einzelne Waren. Dabei ist allerdings — was das Urteil nicht klar betont — erforderlich, daß die Verbraucher die Zahl der vom Veranstalter angebotenen Kaffeesorten größenordnungsmäßig überblicken. Wenn 50 Kaffeesorten in Frage kommen, sind die einzelnen Sorten so eng abgegrenzt, daß sie nicht mehr als „Warengruppe" von den Verbrauchern angesehen werden und auf **deren** Einstufung kommt es an (vgl. § 1 Rdn 110). In seiner anregenden Anmer-

II. Legaldefinition der Sonderveranstaltungen

kung zu dem Urteil (GRUR 1973, 660) betont Storch, daß man bei einer einheitlichen Kaffeesorte nicht von einer Warengruppe sprechen könne. Diese setze eine Mehrzahl unter einen Oberbegriff fallender, aber untereinander verschiedener Waren voraus — also eine „Warenmannigfaltigkeit". Im fraglichen Falle habe sich aber das Angebot auf einen **wesentlichen Teil des Gesamtangebotes der Firma** bezogen, es handle sich deshalb nicht mehr um das Angebot „einzelner" Waren, wobei es unerheblich sei, ob es sich um eine von mehreren „Warengruppen" oder um eine große Menge einer einzigen, nach Qualität, Menge und Preis identischen Warensorte handle. Ebenso lag es bei der Ankündigung „Sonderangebot Eduscho Express-Kaffee....": auch da wurde eine ganze Warensorte, eben Expresskaffee, die einen **beachtlichen Teil des Gesamtangebotes** der Firma ausmachte, angeboten und nicht nur „einzelne Waren" (BGH 3. 11. 72, GRUR 1973, 653; vgl. auch § 1 Rdn 125).

Vgl. dazu BGH 23. 6. 61, GRUR 1962, 36. Da bot die Stuttgarter Filiale von C & A mit der Überschrift „Sonderangebote, Unfaßbar diese niedrigen Preise" acht Damenartikel mit insgesamt 2200 Stück und vier Herrenartikel mit zusammen über 800 Stück an. Das wurde für ein **zulässiges** Sonderangebot erachtet („Einzelne ... Waren"). Es waren insgesamt der Stückzahl nach 2,2 % und dem Warenwert nach 2,15 % des Tagesvorrats der fraglichen Filiale. Der Umsatz aus Sonderangebotswaren betrug am 1. Verkaufstage, einem geschäftsfreien Samstag, ca. 12 % des Gesamtumsatzes (wertmäßig).

Der regelmäßige Geschäftsbetrieb eines Unternehmens bedingt eben oft Sonderangebote einzelner Waren, nicht dagegen eine Preisvergünstigung für das ganze Sortiment oder größere Teile des Warenbestandes.

108 Gerade dadurch, daß nur „einzelne" Waren angeboten werden, wird sich daher oft auch das weitere Erfordernis des § 1 Abs. 2 AO, nämlich die unauffällige, organische Einfügung des Angebotes „in den Rahmen des regelmäßigen Geschäfts-

Die zulässigen Sonderangebote

betriebes des Gesamtunternehmens" ergeben. Es fehlt dann das Krampfartige und Gekünstelte. „Es kann ein Sonderangebot in einem kleinen Geschäft auf eine Sonderveranstaltung schließen lassen, wenn die angebotene Menge im Verhältnis zum Umfang des sonstigen Warenumsatzes so groß ist, daß der Verkauf der verbilligten Waren gegenüber den üblicherweise vorhandenen Waren ganz in den Vordergrund tritt. Umgekehrt kann das der Menge nach gleiche Sonderangebot eines großen Geschäfts mit einem großen, vielseitigen Warenumsatz, in welchem der Sonderposten der angebotenen billigen Artikel immer nur einen kleinen Bruchteil des gleichzeitig zum Verkauf kommenden gewöhnlichen Warenbestandes ausmachen kann, nur auf ein Sonderangebot, nicht aber auf eine Sonderveranstaltung hinweisen" (LG Rottweil 23. 5. 56, DW 1956, 79; BGH 23. 6. 61, GRUR 1962, 36).

In einem Warenhaus oder in einem großen Kaufhaus mit entsprechenden Gesamtumsätzen kann also noch eine **große Anzahl verschiedenartiger Waren** als „einzelne Waren" anzusehen sein. Es können da also in einem Sonderangebot beispielsweise 10 oder 20 verschiedene Warenarten angeboten werden, wobei auch innerhalb der einzelnen Warenart wieder nach Form, Farbe oder Qualität Unterschiede bestehen können. Die zulässigen Sonderangebote unserer großen Konfektionshäuser sind da lebendige Beispiele dessen, **was die Wirtschaft braucht** und was ihr eben der Gesetzgeber im Rahmen des § 1 Abs. 2 der AO auch **zubilligt.** Es können auch Warenposten mit **zusammenfassenden Bezeichnungen** angeboten werden, z. B. „400 Damenblusen, einfarbig gemustert, je Stück 4 DM" oder „300 Sportsakkos in aktuellen Formen und Farben, je Stück nur 25 DM" oder „300 Herrenanzüge, bewährte Qualitäten, nur 49,75 DM" oder „300 Damenkleider in sommerlichen Mustern nur 9,75 DM". Bei allen solchen Angeboten handelt es sich, wenn der Veranstalter ein großes Konfektionshaus mit entsprechenden Umsätzen ist, um das Angebot „einzelner" Waren.

II. Legaldefinition der Sonderveranstaltungen

110 Man hat dieser Rechtsprechung, die bei der Beurteilung der Frage, ob einzelne Waren angeboten werden, auf die Gesamtumsätze des Unternehmens abstellt, vorgeworfen, eine solche Auslegung der AO wirke sich wettbewerbsverzerrend aus, weil dadurch kleine Unternehmen wettbewerbsrechtlich benachteiligt würden und das ohnehin bestehende Wettbewerbsgefälle zugunsten marktstarker Unternehmen noch verstärkt werde. Das überzeugt jedoch nicht. Denn abzustellen ist stets auf den Eindruck, den die Verkaufsveranstaltung nach Ankündigung und Durchführung **auf die Umworbenen nach der Lebenserfahrung macht** (unstreitig; BGH 4.11.77, GRUR 1978, 112 und ständig; vgl. auch Einleitung vor § 1, Rdn 14 und § 1 Rdn 52). Schutzzweck der AO ist eben gleichrangig mit dem Konkurrentenschutz der Schutz der Letztverbraucher (vgl. Einleitung vor § 1, Rdn 2, 3; § 1 Rdn 19 ff.). Die Letztverbraucher beurteilen aber das Sonderangebot eines kleinen Einzelhändlers anders als das eines großen Supermarktes: Was im einen Fall gefährlich zum unüberlegten Kauf verlocken kann, geht im anderen Falle in der Überfülle des Warenangebotes unter und wird vom Verkehr auch deshalb anders beurteilt, weil im kleinen Betrieb ein Zwang zum Abstoßen von Waren seltener ist als im großen Kaufhaus. Das sind Faktoren, die der Letztverbraucher heute bei Beurteilung der Ankündigung von Verkaufsveranstaltungen aller Art gleichsam instinktiv beachtet.

111 Interessant ist in diesem Zusammenhang auch der Fall OLG Bremen 23.4.70 (BB 1970, 1151). Vgl. dazu auch § 1 Rdn 148. Da bot die einem großen Verbrauchermarkt angeschlossene Tankstelle preisgünstig Benzin an. Das konnte schon deshalb nicht durch § 1 Abs. 2 AO legitimiert werden, weil die Tankstelle praktisch **nur** Benzin anbot. Denn Benzin fiel aus dem Warenangebot des Verbrauchermarktes nach der Verkehrsauffassung heraus. Es wurden also nicht „einzelne Waren" angeboten, sondern die einzige Ware, die die Tankstelle praktisch verkaufte. Durch die notwendige räumliche Absonderung dieses Warenangebotes wurde dieses in der Auffassung der Umworbenen ein selbständiges Angebot der Tankstelle, auch wenn beim Angebot die Firma des **Verbrauchermarktes** unübersehbar angegeben war und die Umworbenen wußten, daß die Tankstelle von dem Verbrauchermarkt betrieben wurde. Schwieriger kann die Beurteilung dann werden, wenn **unter einem Dach** von einer Vielzahl **selbständiger** Unternehmer unterschiedlichster Branchen in für den Verkehr nicht erkennbarer Weise getrennt Einzelhandel getrieben wird. Ob da das Gesamtsortiment der eng nebeneinander Einzelhandel treibenden Kaufleute bei Beurteilung der Frage, ob „einzelne" Waren im Sonderangebot angeboten werden, entscheidend ist oder nur das für den Letztverbraucher nicht unterscheidbare Sortiment des die Verkaufsveranstaltung durchführenden Einzelhändlers, wird von den Umständen abhängen. Es liegt da ja anders als bei der räumlich getrennten Tankstelle, die **nicht unter einem Dach** mit den anderen Einzelhändlern ihren Einzelhandel betreibt. Aber ebenso **wie in einem Kaufhaus** wird der Verkehr auch in solchen „Kollektivverkaufshallen" wohl grundsätzlich nach Warenarten trennen, und zwar nicht nur nach „food" und „non food", sondern **durchaus spezialisiert**: Fleischwaren, Gemüse oder Molkereiprodukte werden jeweils besondere „Gesamtangebote" sein und erst recht wird das im „non food"-Bereich zutreffen, wo etwa der Bastlerbedarf nicht mit Schreibwaren, Textilien oder Waschmitteln vom Verkehr in einem Topf geworfen werden wird. Die **Art der Warenpräsentation** kann dabei m. E. von Einfluß sein.

Bei Beurteilung der Frage, ob das Angebot nur einzelne Waren umfaßt, ist bei entsprechend organisierten Unternehmen (Warenhäuser usw.) auch innerhalb des Hauses zu unterteilen nach „Betriebsabteilungen", so wie auch § 1 Abs. 2 AO bei dem Merkmal des Einfügens in den Rahmen des regelmäßigen Geschäftsbetriebes neben dem „Gesamtunternehmen" die „Betriebsabteilung" anführt. Vgl. dazu § 1 Rdn 169. Als „Be- **112**

II. Legaldefinition der Sonderveranstaltungen

triebsabteilung" kann da z. B. in einer Buchhandlung die Abteilung für das Buchantiquariat anzusehen sein: sie lebt nach anderen Gesetzen als der sonstige Buchhandel. Vgl. § 1 Rdn 63, 74, 167.

113 Den Eindruck einer Sonderveranstaltung erwecken oft Ankündigungen als Wein-Werbe-Wochen (KG 29. 5. 55, NJW 1956, 596; vgl. aber § 1 Rdn 83) oder „Weiße Wochen" (BGH 25. 3. 58, GRUR 1958, 395; OLG Hamburg 7. 2. 57, WRP 1957, 83). Dabei werden nach Auffassung nicht unbeachtlicher Teile der Umworbenen nicht nur einzelne Waren, sondern ganze Warengattungen (etwa einer Weinhandlung) erfaßt. Es sind das also schon deshalb keine von § 1 Abs. 2 AO gedeckten Sonderangebote. OLG München 21. 1. 78 (WRP 1978, 398; vgl. § 1 Rdn 83) hielt aber die „Deutschen Wein-Werbe-Wochen" für **branchenüblich geworden,** so daß die AO nicht anwendbar war. Es handelte sich dabei um Verkaufsveranstaltungen, die mit Förderung und Beteiligung des Deutschen Weinbauinstitutes und eines Stabilisierungsfonds **überall in der BRD schon seit Jahren** stattfanden und die sich daher nach Ansicht des Gerichts als branchenüblich eingebürgert hatten (vgl. § 1 Rdn 40).

Für unzulässig hielt LG Bielefeld (WRP 1969) 497 die Ausstellung von über 100 Herrenartikeln (Mäntel, Anzüge, Hosen) in sieben Schaufenstern mit großen Schildern: „Mehr fürs Geld, Sonderangebote", weil da nicht einzelne Waren, sondern ganze Warengattungen angeboten wurden. Es dürfte auch fraglich gewesen sein, ob diese Aktion — es waren offenbar große Teile der Schaufenster blockiert — sich noch in den Rahmen des regelmäßigen Geschäftsbetriebes des Veranstalters einfügte: dieser kam ja doch zum Erliegen, wenn die Schaufenster so versperrt waren durch die in der Aktion angebotenen Waren! Vergl. auch § 1 Rdn 91.

114 Gehäufte, für sich allein nach § 1 Abs. 2 AO „zulässige" Sonderangebote, können funktionell zu einer nicht nur „einzelne

Waren" umfassenden Verkaufsaktion zusammenwachsen und damit **aus der Regelung des § 1 Abs. 2 AO herausfallen.** Die Umworbenen integrieren sie, was auch dem betriebswirtschaftlichen Geschehen entspricht, zu einer einzigen Veranstaltung, bei der nicht mehr der Eindruck von Angeboten „einzelner Waren" entsteht, sondern der Eindruck einer einzigen, breit das Sortiment erfassenden Sonderveranstaltung im Sinne des § 1 Abs. 1 AO, die nicht von Abs. 2 legitimiert wird. Eine solche umfunktionierende Zusammenfassung wird oft durch eine aufeinander abgestimmte Häufung zeitlich aufeinanderfolgender Einzelangebote eintreten: die Umworbenen erwarten etwa am Wochenende jeweils solche Sonderangebote des Unternehmens und sie beurteilen diese dann als Ganzes, wobei die Einzelangebote, zeitlich zusammen betrachtet, zum Konglomerat einer einheitlichen Verkaufsveranstaltung zusammenwachsen und damit aus der Ausnahmeregelung des § 1 Abs. 2 AO herausgeschoben werden (BGH 14.12.73, GRUR 1974, 341, ausführlich zitiert § 1 Rdn 49; vgl. auch § 1 Rdn 152). Aber nicht nur eine „**zeitliche**" **Integrierung** einzelner Angebote, wie sie in der Rechtsprechung mehrfach behandelt worden ist, ist möglich. Ebenso kann der Verkehr m. E. bei entsprechender „Aufmachung" auch systematisch organisierte **gleichzeitig stattfindende** Einzelangebote unterschiedlichen Inhalts, die von einer Anzahl von Zweigstellen desselben Unternehmens in derselben Stadt veranstaltet werden, durch **räumliche Integration** zu einer nach § 1 Abs. 1 AO unzulässigen Sonderveranstaltung zusammenziehen. Wesentlich wird dabei sein, ob insbesondere durch die **Ankündigung** solcher für sich isoliert betrachtet nach § 1 Abs. 2 AO als zulässige Sonderangebote anzusehenden Verkaufsveranstaltungen nicht unbeachtliche Teile der umworbenen Verbraucher das „Nebeneinander" dieser Veranstaltungen erkennen und es räumlich integrieren zum Gesamteindruck einer nicht nur „einzelne Waren" umfassenden Veranstaltung des Unternehmens. Wirtschaftlich betrachtet wird ein solches

II. Legaldefinition der Sonderveranstaltungen

zeitliches „Nebeneinander" von Sonderangeboten desselben Unternehmens auch Ähnliches herbeiführen wie eine in **demselben** Verkaufslokal durchgeführte Aktion mit dem Angebot aller dieser Waren.

cc) Kennzeichnung nach Güte oder Preis

115 Die angebotene Ware muß **entweder** nach Güte **oder** nach Preis gekennzeichnet sein (vgl. § 1 Rdn 102 ff.). Es muß also durch **einen** dieser Faktoren eine „Kennzeichnung" der Ware erfolgen. Um eine Richtlinie für die Erfordernisse einer derartigen Kennzeichnung zu finden, muß überlegt werden, **zu welchem Zweck** die AO eine derartige Kennzeichnung verlangt.

Die Gründe dafür liegen in mehrfacher Richtung. Einmal soll dadurch die für jedes durch § 1 Abs. 2 AO zugelassene „Sonderangebot" charakteristische Beschränkung auf „einzelne" Waren einer **Nachprüfung** zugängig gemacht werden: Es wird dadurch, daß der Veranstalter schon sein Angebot klar konkretisieren muß, eine unkontrollierbare Ausdehnung solcher Sonderangebote auf andere Waren erschwert. Ein zweiter und wohl wichtigerer Grund für diese von der AO vorgeschriebene Konkretisierung liegt aber darin, daß dadurch das Angebot selbst notwendig „eingedämmt" wird: Es wird vermieden, daß durch die Art und Aufmachung der Ankündigungen, sei es in Inseraten, im Schaufenster oder im Verkaufsraum selbst, beim Publikum der Eindruck erweckt wird, es werde „auf großer Basis", **über das ganze Sortiment hin,** eine besonders günstige Kaufgelegenheit geboten. Es wird also durch die von der AO verlangte Konkretisierung der angebotenen Waren die „Aufmachung" des Sonderangebotes weggedrängt von der insbesondere bei Saisonschlußverkäufen üblichen, in der Richtung einer allgemein stattfindenden Verkaufsveranstaltung liegenden Aufmachung; es wird schon rein äußerlich eine Aufmachung des Sonderangebotes erzwungen, die ihrer Art nach nicht geeignet ist, in den

Umworbenen — wenngleich nur im Unterbewußtsein — den Eindruck wachzurufen, es handle sich um eine den Schlußverkäufen in ihrer Bedeutung auch nur annähernd vergleichbare Verkaufsveranstaltung. Das Publikum soll eben mit der Nase darauf gestoßen werden, daß es sich hier um etwas „**Reguläres**" handelt, um etwas, das sich oft **wiederholt,** um eine Veranstaltung also, bei der man „nicht viel verpaßt". Unter diesem Blickwinkel ist m. E. das Erfordernis der Kennzeichnung der angebotenen Ware nach Güte oder Preis abzugrenzen.

Schließlich soll aber durch die geforderte Kennzeichnung nach Güte oder Preis auch eine sachliche Information der Umworbenen erzwungen werden (vgl. dazu aber § 1 Rdn 121). Der Wettbewerb lebt vom Vergleichen durch den Nachfrager. Vergleichen setzt aber Informiertsein der Marktteilnehmer voraus. Nur informierter Wettbewerb kann daher Leistungswettbewerb sein (Sölter, BB 1978, 1273).

Regelmäßig wird dieses Erfordernis durch **Angabe des Preises,** der als Werbefaktor natürlich meist ins Spiel gebracht wird, erfüllt. Der Preis kann dabei, etwa durch Vorsetzung des Wörtchens „nur", als besonders niedrig gekennzeichnet werden. Enthält ein Angebot ausnahmsweise den Preis nicht, so müssen allerdings an die **Kennzeichnung der Güte** der angebotenen Ware **entsprechende Anforderungen** gestellt werden. Dann d. h. also, wenn ausnahmsweise die Angabe des Preises fehlt — genügt es also nicht, lediglich anzugeben, daß es sich bei Kleidern um „**bewährte Qualitäten**", um „**aktuelle Formen und Farben**", um „gute Qualität in modischen Formen" handelt. Das sind farblose, subjektive Angaben, die die Umworbenen nur als werbliche Schlagworte verstehen und nicht als etwas, woraus sie sich ein Bild über die Güte der Waren machen können. Die ratio legis ist aber die, daß den Umworbenen durch die „Kennzeichnung nach Güte" der im Angebot liegenden Waren auch eine **Informationsgrundlage** für ihren Kaufentschluß gegeben werden soll. Dem genügen

116

II. Legaldefinition der Sonderveranstaltungen

aber nur Angaben, die — wenngleich kurz und global — konkrete Aussagen über die Warenbeschaffenheit machen. Ebenso wie es bei der Alternative einer Kennzeichnung nach dem Preis unstreitig nicht genügt, wenn da nur gesagt wird „sehr billig", „erheblich im Preis ermäßigt" oder dgl., so verlangt auch die Kennzeichnung „nach Güte" im Sinne des § 1 Abs. 2 AO Angaben, die dem Verkehr eine seiner ökonomischen Entschließung vorausgehende **Informationsgewinnung** ermöglichen (vgl. dazu § 1 Rdn 121 und in anderem Zusammenhang Fußnote 3). Offengelassen bei BGH 23. 6. 61 (GRUR 1962, 42) für „ganz gefüttert, in vielen Farben, in aktueller Linienführung und hervorragenden Qualitäten". Die Entscheidung der Frage konnte da offen bleiben, weil die einzelnen Waren nach ihren Preisen gekennzeichnet waren und es unstreitig genügt, wenn **entweder** nach Preis **oder** nach Qualität gekennzeichnet wird.

117 Die Kennzeichnung „**reine Wolle**" oder „**Popeline-Mäntel, ganz gefüttert**" wird dagegen genügen. Bei Möbeln wird beispielsweise die Angabe der Holzart regelmäßig eine genügende Kennzeichnung der Güte darstellen, m. E. auch die Angabe „reine Handwerksarbeit". Die Frage, welche Anforderungen an die Kennzeichnung der Güte zu stellen sind, tritt aber wie gesagt in der Praxis zurück, weil aus werblichen Gründen das Angebot fast immer die Angabe des Preises enthält, so daß dann also eine Kennzeichnung der Güte von der AO nicht mehr verlangt wird.

118 Die **Angabe von Gütezeichen** wie Wollsiegel oder Weinsiegel würde nur dann genügen, wenn dadurch die in Frage stehenden Teile des Verkehrs konkret über **bestimmte Eigenschaften** der Ware unterrichtet würden, was jedenfalls heute noch nicht der Fall ist. Solche Gütezeichen sind, falls nicht geeignete Zusätze gemacht werden, **Beurteilungen** der Güte, aber nicht eine Kennzeichnung der Ware, auf Grund derer sich die Umworbenen **selbst** ein Bild über die Güte der Ware machen können. Entsprechendes gilt für die Angabe von **Prüf-**

Die zulässigen Sonderangebote

zeichen wie „VDE geprüft" oder vom Hinweis auf die Benotung durch ein Testinstitut (etwa der Stiftung Warentest), wenn dabei eben nur die nüchterne Note („gut" usw.) angegeben wird und nicht nähere Ergebnisse einzelner, für die Beurteilung wichtiger Untersuchungen. Auch ein Hinweis auf Normen, etwa auf **DIN,** ist keine Kennzeichnung nach Güte. Man kann die Umworbenen nicht darauf verweisen, daß es ihnen ja freisteht, sich über den Aussagegehalt solcher — sicher für die Verbraucher sehr wichtigen! — Prüfzeichen oder Testergebnisse etwa durch Beschaffung des ausführlicheren Prüfungsergebnisses, des fraglichen Normenblattes oder der Satzung, die der Verleihung des Prüfzeichens zugrunde liegt, zu unterrichten. Denn die „Kennzeichnung nach Güte" muß **im Angebot selbst** erfolgen. Sie kann nicht durch Hinweise auf andernorts zu findende Angaben ersetzt werden. Entsprechendes gilt für eine Kennzeichnung durch internationale **„Pflegesymbole",** die meist für sich allein nicht ausreichend „nach Güte kennzeichnen". Anders auch hier, wenn entsprechende sachliche Zusätze gemacht werden.

119 In der Nachbarschaft des vorerörterten Problems liegt die Frage, ob durch die **Angabe der Marke** (des Warenzeichens) eine Ware ausreichend nach Güte gekennzeichnet werden kann. M. E. kann das nur in sehr seltenen Ausnahmefällen bejaht werden. Grundsätzlich ist die Marke ein **Herkunftskennzeichen.** Mit ihm verbindet sich also eine Gütegewähr nur auf dem Umwege über Ruf und Namen des Herstellers. Das sind jedoch sehr allgemeine Vorstellungen, es fehlt auch ihnen — wie den vorerörterten Gütezeichen und Testnoten — der **konkret** auf die in Frage stehenden, die „Güte" begründenden **Eigenschaften** eingehende Inhalt. Hier wird nicht „nach Güte gekennzeichnet", sondern nur „Güte behauptet". Auch die „große Marke" ist grundsätzlich zwar das Symbol einer vorgestellten Güte, sagt aber nichts darüber aus, **welche** Eigenschaften der Ware nun diese Vorstellung rechtfertigen.

II. Legaldefinition der Sonderveranstaltungen

Die Qualitätsvorstellungen, die sich mit großen Marken — etwa in der Kraftfahrzeugindustrie oder in der optischen Industrie — verbinden, sind zu allgemeiner Natur, um nach Güte zu kennzeichnen. Es mag in **sehr seltenen Fällen** einmal anders liegen, wenn z. B. das fragliche Erzeugnis für den Markeninhaber auch technisch, durch Patent oder Gebrauchsmuster, **monopolisiert** ist. Dann kann sich mit dem Markennamen die Vorstellung **konkreter Eigenschaften der Ware** — die dann nur unter dieser Marke vertrieben werden kann — verbinden. Es sind das die berühmten Fälle, in denen ein Warenzeichen in der Gefahr ist, vom Herkunftskennzeichen zum Gattungsnamen verwässert zu werden.

In **seltenen Ausnahmefällen** ist m. E. auch eine in **aesthetischer** Richtung liegende Gütevorstellung, wie sie sich etwa mit großen Porzellanmarken verbindet, geeignet, die Ware „nach Güte" zu kennzeichnen. Mit der Schwertermarke und mit dem darunter vertriebenen Meißner Porzellan verbinden z. B. die Letztverbraucher weitgehend international die Vorstellung hervorragenden **Dekors** und hervorragender **Gestaltung,** also konkretere Informationsinhalte.

120 Auch die Anforderungen an eine ausreichende **Kennzeichnung nach Preis,** die von der Praxis meist gewählt wird, sind nicht hoch. „Von-Bis-Angaben" sollte man in Toleranzen, die nach der Lebenserfahrung für das kaufinteressierte Publikum bei Prüfung der Frage, ob die Ankündigung „überhaupt Interesse hat", ausreichen, genügen lassen, so etwa „300 Damenmäntel von 100 bis 130 DM". Eine Aufteilung nach Partieen (80 Mäntel zu 100 DM, 70 Mäntel zu 112 DM, 90 Mäntel zu 120 DM, 60 Mäntel zu 130 DM) führt zu einer umständlichen, schwerfälligen Werbung, ohne die Umworbenen inhaltsreicher zu informieren. Bei **größeren** Preisspannen halte ich aber eine „Von-Bis-Preisangabe" **nicht** für ausreichend. Angebote der gleichen Ware in verschiedenen Größen, z. B. „Herrenoberhemden, Größe 38-42, von 8 DM bis 9,50 DM" oder „Damenschuhe, Größe 38-42, 22 DM bis 24 DM", sind ausreichend „nach Preis gekennzeichnet". Sie informieren konkret: die Umworbenen wissen, wo die Nummern etwa in der Preisspanne liegen. „**Ab-Preise**", bei denen die **Ober**grenze nicht angegeben ist, genügen nicht. Auch Angaben wie „Der Preis ist um 20 % ermäßigt" oder „25 % unter den unverbindlich empfohlenen Preisen" sind keine „Kennzeichnung nach Preis", sondern allenfalls Hinweise auf die Preiskalkulation. Der Preis muß vielmehr konkret in Zahlen angegeben werden, was ja auch sehr einfach möglich ist.

Es ist nicht zu verkennen, daß der Verkehr durch derartige **121** Kennzeichnungen „nach Güte oder Preis" nicht irgendwie genauer unterrichtet werden kann. Es kann sich immer nur um eine oberflächliche, globale Information handeln, die nicht die eigentliche Kaufentschließung vorbereitet, sondern nur darüber informiert, ob sich ein Umworbener für das Angebot **überhaupt interessiert** und sich die Waren näher ansieht. Es liegt das aber in der Natur der Sache und gilt für die meisten regulären Angebote ebenso. Ein Preis- und Qualitätsvergleich, der eine Grundlage für die Kaufentschließung bilden kann, ist — soweit nicht allgemein eingeführte Markenwaren mit Preisangabe angeboten werden — auf Grund von Inseratenwerbung (Wort-, Bild- oder kombinierte Werbung) überhaupt nicht möglich. Dem Gesetzgeber mag, als er in § 1 Abs. 2 AO das Erfordernis des Angebotes „einzelner Waren" aufstellte, wohl doch das Angebot einiger weniger Waren (wenngleich in hoher Stückzahl) vorgeschwebt haben. Nachdem dieses Merkmal aber sehr großzügig ausgelegt und in Relation zum Gesamtangebot des Unternehmens oder der Betriebsabteilung gesetzt wird (§ 1 Rdn 106, 108), ist eine entsprechende Großzügigkeit bei der Feststellung, ob eine ausreichende Kennzeichnung „nach Güte **oder** Preis" erfolgt, nur konsequent und die realen Möglichkeiten der Anschauungswerbung lassen eine andere Auslegung praktisch gar nicht zu, wenn man nicht die Sonderangebote völlig versperren wollte, was contra legem wäre. Eine Ware „kennzeichnen" heißt ja dem Wortsinn nach, sie so beschreiben, daß Dritte ihre wesentlichen Merkmale „erkennen" können. Das läßt sich jedoch mit Anschauungswerbung — soweit es sich nicht um im Verkehr allgemein bekannte Markenartikel handelt — nicht erreichen. Es kann sich bei der Beurteilung, ob dem Erfordernis einer „Kennzeichnung nach Preis oder Güte" im Sinne des § 1 Abs. 2 AO genügt ist, nur darum handeln, zu prüfen, ob die fraglichen Angaben den in Frage stehenden Verkehrskreisen eine erste Information dafür geben, ob es sich für sie lohnt, sich die Waren im Geschäft anzusehen. Eine Kennzeichnung nur nach dem Preis oder nur nach der Güte, wie sie § 1 Abs. 2 AO genügen läßt, ist aber auch dafür meist ein Nagel ohne Kopf. Die AO verlangt eben nur eine erste ganz grobe Unterrichtung darüber, ob das fragliche Angebot die Umworbenen vielleicht interessieren könnte, und unter diesem Gesichtspunkt hat m. E. hier die Auslegung zu erfolgen. Auch dafür genügen aber unstreitig inhaltsleere Angaben nicht. Irgendeinen konkreten, sachlichen Aussagegehalt müssen die Angaben haben, um dem § 1 Abs. 2 AO zu genügen.

dd) Angebot „ohne zeitliche Begrenzung"

122 Das Angebot muß, um nicht als Sonderveranstaltung im Sinne des § 1 Abs. 1 AO zu gelten und damit dem Verbote des § 2 AO zu unterliegen, **„ohne zeitliche Begrenzung"** erfolgen. Vgl. dazu auch § 1 Rdn 102 ff. Hieran knüpft sich eine umfangreiche, im einzelnen oft umstrittene **Kasuistik.**

Ausgangspunkt der Beurteilung muß auch hier sein, ob ein nicht unbeachtlicher Teil der Umworbenen die Ankündigung dahin auffaßt, daß sich ihm hier eine nur kurzfristige günstige Kaufgelegenheit bietet **und er so unter Zeitdruck kommt bei seiner Entschließung.** Wie stets ist maßgebend die Auffassung der Umworbenen, die ständigen Wandlungen unterliegt (BGH 29. 5. 70, GRUR 1970, 557, zu § 1 UWG; BVerwG 29. 11. 77, NJW 1978, 1492).

Die zulässigen Sonderangebote

Der Aussageinhalt einer Werbung bestimmt sich stets nach den Gesamtumständen. Es darf da aber nicht übersehen werden, daß die umworbenen Verkehrskreise heute gelernt haben, viele werbliche Formulierungen als aussagelose Werbefloskeln zu verstehen. Die Blickfangwerbung „Erntefest der kleinen Preise" hat daher OLG Oldenburg 16. 6. 77 (MDR 1978, 145) überzeugend nicht als Hinweis auf ein zeitlich begrenztes Angebot beurteilt. Der Blickfang wurde auch nicht als die Ankündigung der Gewährung besonderer Kaufvorteile angesehen, so daß schon deshalb die Anwendung der AO entfiel (vgl. § 1 Rdn 86).

Ob der Veranstalter nur zeitlich begrenzt anbieten **will** und ob die Verkaufsveranstaltung nur zeitlich begrenzt **durchgeführt wird**, ist unstreitig ohne Bedeutung.

Die AO spricht von **„zeitlicher Begrenzung"** des Angebots. Es **123** wird dadurch nicht etwa nur eine kalendermäßige Begrenzung durch Angabe des Anfangs- und Endtages erfaßt. Die zeitliche Begrenzung kann sich auch aus anderen Angaben in der Ankündigung oder aus sonstigen Umständen ergeben[67]. Es genügt jeder direkte oder indirekte Hinweis auf eine zeitlich beschränkte Laufzeit des Angebotes (BayObLGStr 20. 4. 56, WRP 1956, 89) und überhaupt jede Formulierung, aus der der Verkehr eine nicht ohnehin nach der Verbraucherauffassung jedem Sonderangebot innewohnende zeitliche Begrenzung — und zwar im Sinne eines **End**termins! — entnimmt, wobei auch die Umstände der Werbung eine solche Annahme rechtfertigen können. **Es muß dadurch der Kaufreiz stärker sein als bei einem Angebot, das lediglich als Sonderangebot bezeichnet ist,** denn auch bei diesem gehen die angesprochenen Verkehrskreise regelmäßig davon aus, daß die angebote-

---

[67] Unstreitig; z. B. BGH 23. 6. 61, GRUR 1962, 36; BGH 16. 6. 71, GRUR 1972, 125; BGH 14. 12. 73, GRUR 1974, 341 (§ 1 Rdn 49); BGH 6. 7. 77, BB 1977, 1270. Vgl. auch § 1 Rdn 148.
Die Angabe eines Anfangstages („ab . . .") ist überhaupt nicht geeignet, eine zeitliche Begrenzung auszudrücken. Diese muß vielmehr in einem Hinweis auf das Ende der Gültigkeit des Angebots bestehen!

II. Legaldefinition der Sonderveranstaltungen

nen Waren nur in beschränktem Umfang vorhanden sind, nicht ergänzt werden und deshalb das Angebot **zeitlich im Ergebnis auch begrenzt ist** (BGH 23. 6. 61, GRUR 1962, 36; BGH 16. 6. 71 GRUR 1972, 125), obwohl unstreitig ein Nachschieben von Waren hier zulässig ist (vgl. § 1 Rdn 63). Keineswegs ist aber ein Angebot deshalb, weil irgendwie erkennbar ist, daß es nicht unbestimmt lange Zeit läuft, als „zeitlich begrenzt" im Sinne des § 1 Abs. 2 AO anzusehen. So machen Angaben, die darauf hinweisen, daß nur ein begrenzter Warenvorrat angeboten wird, **grundsätzlich** das Sonderangebot nicht unzulässig (BGH 23. 6. 61, GRUR 1962, 36; vgl. auch § 1 Rdn 144 ff.). Denn die **stückzahlmäßige Begrenzung** liegt im Wesen fast jeden Angebotes und ganz besonders im Wesen eines Sonderangebotes. Ihre informierende Mitteilung konkretisiert das Angebot und ist sogar erwünscht, um zu verdeutlichen, daß es sich nur um das Angebot „einzelner" Waren handelt und nicht um eine große Teile des Sortiments betreffende Sonderveranstaltung[68]. Besonders unterrichtet aber eine solche Angabe über die Größe des Warenvorrates auch die Umworbenen darüber, daß der Unternehmer nicht — was er an sich darf — „nachschiebt" (vgl. § 1 Rdn 63, 144, 181). Allerdings kann die **werbliche Herausstellung** einer sehr kleinen Vorratsstückzahl die Beurteilung ändern: daraus können die Umworbenen schließen, daß das Angebot bald ausverkauft sein wird und können so zu überstürzten Käufen ohne vernünftige Berücksichtigung ihres Bedarfs veranlaßt werden (BGH 25. 3. 58, GRUR 1958, 395).

---

[68] Vgl. dazu § 1 Rdn 144. Es besteht sonst auch die Gefahr, daß die Werbung als Lockvogelwerbung (§ 3 UWG) beanstandet wird. Vgl. dazu Fußnote 1 und den lehrreichen Fall OLG Hamm 24. 2. 76, BB 1976, 662. Da hatte ein Juwelier, der in einer Großstadt zwei Verkaufsstellen betrieb, am 18. 7. 75 in einem Zeitungsinserat mit dem Blickfang „Riesenauswahl" besonders günstige Angebote von Schmuckstücken gemacht. Durch Testkäufer wurde festgestellt, daß bereits am Montag, 21. 7. 75, in der einen Verkaufsstelle eine der angebotenen Waren nicht mehr erhältlich war, weil sie von dort zur anderen Hauptverkaufsstelle gebracht worden war. Es wurde ein Verstoß gegen § 3 UWG verneint, weil das Gericht davon aus-

Die Beurteilung wird auch davon abhängen, **welche** Waren angeboten werden und ob es sich um ein Unternehmen handelt, das große Umsätze macht. Werden etwa im Sonderangebot 50 Mäntel angeboten, so wird eine „Torschlußpanik" viel eher zu befürchten sein, wenn ein großes Kaufhaus so wirbt, während bei einem kleinen Einzelhändler ein rascher Verkauf dieses Postens von den Umworbenen nicht „befürchtet" wird. Die Ankündigung einer großen Geflügelhandlung, die 10 000 Hähnchen billig anbietet, wird, auch wenn sie als Sonderangebot bezeichnet wird, nicht die Vorstellung auslösen, man könne zu spät kommen. Anders natürlich, wenn ausdrücklich zeitlich begrenzt geworben wird „10 000 Hähnchen im Sonderangebot, Pfund 2,85 DM, **nur 3 Tage**" (BGH 25. 3. 58, GRUR 1958, 395). Da ändert an der zeitlichen Begrenzung auch der große Warenvorrat nichts.

Nicht selten wünschen Einzelhändler, daß der Hersteller die **124** ihnen gelieferten Waren auf der Verpackung mit dem vom Einzelhändler verlangten Preis auszeichnet. Wenn das Bundeskartellamt (Merkblatt vom Januar 1975; BKA 24. 9. 74, BB 1975, 531) in diesem Zusammenhang im Problemkreise des § 38 a GWB empfiehlt, ein Unternehmer, der auf Wunsch des Händlers die von diesem bezogenen Waren mit dessen **Sonderpreis** auszeichnet, solle im Zusammenhang mit dem

---

ging, daß am Montag, 21. 7., nicht mehr davon auszugehen war, daß noch eine Nachfrage auf Grund der Ankündigung vom 18. 7. 1975 bestand (was mir allerdings fraglich erscheint, nicht zuletzt auch deshalb, weil Zeitungsnummern vom Freitag oft erst Anfang der nächsten Woche hins. ihrer Inserate von den Lesern ausgewertet werden). Außerdem war nicht glaubhaft gemacht worden, daß schon bei Aufgabe des Inserats vom 18. 7. 1975 die (unlautere) Absicht bestand, selbst bei weiterhin bestehender Nachfrage die angebotenen Waren nach zwei Verkaufstagen tatsächlich den Kunden nicht mehr anzubieten. Vgl. dazu auch § 1 Rdn 148.
Das Lockvogelangebot fällt dadurch unter das UWG, daß es unzutreffenderweise vom Verkehr als stellvertretend für die Preisgestaltung des ganzen Sortiments angesehen wird, während das Sonderangebot (§ 1 Abs. 2 AO) „erkennen lassen muß, daß es gegenüber den anderen Leistungen des Werbenden etwas Besonderes darstellt" (Piepenbrock, WRP 1970, 133). Vgl. dazu aber Fußnote 1.

II. Legaldefinition der Sonderveranstaltungen

Preisaufdruck zum Ausdruck bringen, „daß es sich hier um den (befristeten) Händler-Sonderangebotspreis handelt", so wird übersehen, daß dabei ein infolge zeitlicher Begrenzung nach der AO „unzulässiges Sonderangebot" herauskommen kann.

125 Die Ankündigung „Sonderangebot: Eduscho Express-Kaffee zum **Ferienpreis.** Sie sparen bis zu 1 DM" hält BGH 3. 11. 72 (GRUR 1973, 653) für ein zeitlich begrenztes Angebot, weil die Ferienzeit terminlich abgesteckt ist — was immerhin zweifelhaft sein kann bei den sehr breit gestreuten Schulferien in den einzelnen Bundesländern. Wenn solche Ankündigungen örtlich jeweils auf die am Ort geltenden Ferienzeiten abgestimmt sind, entfällt dieses Bedenken. Allerdings kann hier m. E. der Zusatz „Sie sparen bis zu 1 DM" einen Akzent in den werblichen Sinngehalt der Ankündigung bringen, der geeignet sein kann, **im ganzen Zusammenhang des Werbetextes** das Angebot als zeitlich begrenzt herauszustellen. Das Wort „sparen" **kann** in diesem Zusammenhang m. E. über die Ankündigung der Gewährung besonderer Kaufvorteile hinaus den Umstand, daß mit dem Ende der Ferien das Angebot ausläuft, in die Schicht des **kaufmotivierenden Bewußtseins** der Umworbenen heben: Eine Gedankenverbindung „ich kann **nur** bis zum Ferienende sparen" wird dadurch nahegelegt. Das Wort „sparen" erweckt beim Verbraucher die Vorstellung, daß das nur zeitlich begrenzt möglich sein wird und so können hier die Ferien als zeitlich begrenzter Zeitraum werblich bewußt gemacht werden und mit dem Näherkommen des Ferienendes verstärkt sich dann möglicherweise bei den Umworbenen diese Vorstellung, es werde nun bald „zu spät" sein.

Das Angebot betraf aber auch nicht nur „einzelne" Waren (vgl. § 1 Rdn 107).

Mir scheint jedoch fraglich, ob hier etwas vor sich ging, was **außerhalb des regelmäßigen Geschäftsverkehrs der Branche** lag. Die kurze, generelle Feststellung bei BGH 3. 11. 72

(a.a.O.), wonach es in der fraglichen Branche (Kaffeehandel) nicht üblich sei, eine Anzahl von Artikeln für begrenzte Zeit billiger anzubieten, ohne daß dafür andere Gründe als das Streben nach Umsatzbelebung zugrunde liegen, so daß § 1 Abs. 2 AO auch deshalb nicht anwendbar sei, überzeugt m. E. nicht. Es sprechen vielmehr sehr beachtliche Erwägungen dafür, daß hier gegebenenfalls eine **gesunde Fortentwicklung** vorlag, nicht zuletzt deshalb, weil die Zeit der großen Ferien ganz allgemein eine „Saure-Gurken-Zeit" ist, in der es volkswirtschaftlich sinnvoll und betriebswirtschaftlich nötig sein kann, durch Herausstellung von Niedrigpreisangeboten den Umsatz zu stützen! Das sind Zusammenhänge, die heute den Verbrauchern weitestgehend geläufig sind. Sie wissen, daß ihnen da nichts geschenkt wird, sondern daß der Unternehmer immer noch profitiert, wenn er in diesen umsatzarmen Monaten billiger verkauft — ähnlich wie es m. E. hinsichtlich der umsatzschwachen Wochentage liegt (vgl. auch Rdn 41, 45, 50, 171). Dann finden aber derartige Verkaufsveranstaltungen **nicht** außerhalb des regelmäßigen Geschäftsverkehrs der fraglichen Branche statt und schon deshalb kann die AO nicht angewandt werden! Die oben angedeuteten Erwägungen stellt im Gegensatz zu BGH 3. 11. 72 (GRUR 1973, 653) das in § 1 Rdn 131 besprochene Urteil des OLG Düsseldorf vom 7. 2. 75 (GRUR 1976, 149) zutreffend an.

Werbliche Wendungen wie „Enorme Nachfrage — daher **126** empfiehlt sich Ihr baldiger Besuch bei uns!" wirken als Hinweis darauf, daß das Angebot nicht lange läuft, also zeitlich begrenzt ist. Die Herausstellung solcher „Nebenmomente" kann eben einer Ankündigung den Akzent der zeitlichen Begrenzung geben.

Die Werbung „Greifen Sie zu, bevor Ihnen jemand zuvorkommt!" hält OLG Stuttgart 31. 10. 73 (WRP 1973, 665) überzeugend für die Ankündigung einer **zeitlich begrenzten** Verkaufsveranstaltung. Sie erweckt auch den Eindruck der Gewährung besonderer Kaufvorteile.

II. Legaldefinition der Sonderveranstaltungen

Stets muß es sich aber um eine zeitliche Begrenzung handeln, die geeignet ist, „motivierenden" Einfluß auf die Kaufentschließung der Umworbenen auszuüben. Denn die legislatorische Erwägung ist hier die, daß vermieden werden soll, das Publikum der starken Versuchung auszusetzen, die nun einmal auch in der Werbung auf den heutigen immer unselbständiger werdenden Durchschnittsmenschen alles ausübt, was den **Faktor Zeit betont,** was also die Gefahr der verpaßten Gelegenheit dem Umworbenen als drohendes Gespenst vor Augen stellt[69]. Auch Angebote, die auf längere Zeit begrenzt sind, können als zeitlich begrenzt anzusehen sein (unstreitig; BGH 3. 11. 72, GRUR 1973, 653). Es muß sich aber um einen „**absehbaren** Zeitraum" handeln, sonst fehlt die vom Gesetzgeber unterstellte typische Gefahrenlage (vgl. nachstehend Rdn 127).

127 Man muß immer den **Sinn der Vorschrift** im Auge behalten, der dahin geht, daß eine unerwünschte und in ihren Folgen bedenkliche Beeinflussung des Durchschnittsverbrauchers vermieden werden soll, der, wenn ihm etwas als nur kurzfristig erhältlich angeboten wird, dahinter eine „einmalige Gelegenheit" vermutet und dann nur allzu geneigt ist, alle Überlegungen und Hemmungen beiseite zu lassen und seinen Geldbeutel zu öffnen. Das Einreißen solcher werblicher Methoden würde nicht nur den Wettbewerbsfrieden, sondern auch die Situation der Verbraucher bedenklich gefährden. Diese typische Gefahrenlage will die AO dadurch verhindern, daß sie zur Voraussetzung eines „zulässigen" Sonderangebots im Sinne des § 1 Abs. 2 AO macht, daß es nicht durch eine solche den Käufer psychologisch unter Zeitdruck setzende zeitliche Begrenzung werbewirksam gemacht wird. Grundsätzlich weiß allerdings der Verkehr bei derartigen Sonderangeboten, daß es sich dabei um **nur vorübergehende**

---

[69] BGH 16. 6. 71, GRUR 1972, 125. Vgl. dazu in anderem Zusammenhang etwa RG 6. 1. 31, JW 1931, 1918 Nr. 31: Je kürzer die Verkaufsfrist ist, um so forcierter ist das Angebot und um so größer sind die vom Verkehr erwarteten besonderen Kaufvorteile.

Verkaufsveranstaltungen handelt, und so ist BGH 25. 3. 58 (GRUR 1958, 395, 397) zu verstehen, wenn es dort heißt, daß es zu den besonderen Kriterien der Sonderveranstaltung im Sinne des Abs. 1 gehört, daß dabei beim Publikum der Eindruck erweckt wird, daß besondere Kaufvorteile vorübergehend geboten werden. **Jede** Sonderveranstaltung wird also, wie diese Ausführungen des BGH richtig andeuten, vom breiten Publikum ihrer Natur nach als vorübergehender Natur empfunden[70]. Diese Tatsache allein macht daher ein Sonderangebot noch nicht zu einem „zeitlich begrenzten Angebot". Es muß, damit diese zeitliche Begrenzung im Sinne des § 1 Abs. 2 AO bejaht werden kann, **mehr** vorliegen als diese aus der Natur jeder besonderen Verkaufsveranstaltung folgende Erkenntnis des Publikums von der vorübergehenden Natur der Veranstaltung. Die zeitliche Befristung muß irgendwie **besonders herausgestellt** werden im Angebot. Das Ende muß in absehbarer Zeit zu erwarten sein, d. h. innerhalb einer Zeitspanne, für die die umworbenen Verbraucher bei ihrer Bedarfsdeckung **vorausdisponieren,** wobei dann wieder die Warenart und auch die Jahreszeit in die Beurteilung hineinspielen. Die zeitliche Begrenzung muß **als Werbefaktor**

---

[70] BGH 16. 6. 71, GRUR 1972, 125; OLG Hamm 27. 10. 70, GRUR 1972, 93, ausführlich zitiert § 1 Rdn 175. So schon LG Köln 24 O 53/58 v. 11. 3. 59, wo betont wird, daß es im Wesen der handelsüblichen Sonderangebote liegt, daß der Vorrat beschränkt ist und nicht ständig wieder aufgefüllt wird im Gegensatz zum regulären Angebot aus dem allgemeinen Sortiment. „Jedermann weiß, daß das Sonderangebot erlischt, sobald der abgesonderte Vorrat erschöpft ist." Das ist eine Selbstverständlichkeit und **keine zeitliche Begrenzung.** Der daraus etwa herauszukonstruierende Zeitpunkt, in dem das Angebot erschöpft ist, ist zu unbestimmt, um als zeitliche Begrenzung zu wirken. Er hängt von Umfang und Intensität der Nachfrage ab und das Publikum rechnet bei allen Sonderangeboten von vornherein damit und stellt diese „vorübergehende" Natur des Angebotes sogar bei Sortimentsware manchmal in Rechnung, wie LG Köln 11. 3. 59 betont. Diese **selbstverständliche** Tatsache, daß das Sonderangebot sich einmal erschöpft, kann also mit dem Begriff der „zeitlichen Begrenzung" in § 1 Abs. 2 AO nicht gemeint sein. Andernfalls würde der Begriff des Sonderangebots durch die in § 1 Abs. 2 AO eigens dafür geschaffene Begriffsbestimmung selbst ausgeschlossen!

II. Legaldefinition der Sonderveranstaltungen

ausgenutzt werden, um dadurch eben die Wirkung eines psychologischen Zeitdrucks auf die Umworbenen auszuüben; der Zeitfaktor muß als **kaufmotivierendes Element werblich ausgenutzt** werden. Eine zeitliche Begrenzung liegt immer vor, wenn bei den Umworbenen der Eindruck entstehen kann, es müsse bald gekauft werden, weil sonst die Gelegenheit versäumt werden könne (BGH 16. 6. 71, GRUR 1972, 125; BGH 12. 1. 73, GRUR 1973, 477). Ob eine Ankündigung diese Gefahr setzt, hängt immer von den Einzelumständen ab, aus denen heraus jeder werbliche Tatbestand beurteilt werden muß. Ich halte daher die Ankündigung einer Verkaufsveranstaltung für zeitlich begrenzt, wenn es darin heißt: „Bitte sofort bestellen, da Angebote zu diesen Preisen nur vorübergehend möglich sind." Das ist **mehr** als ein harmloser Hinweis auf die dem Verkehr geläufige Tatsache, daß derartige Sonderangebote immer nur vorübergehender Natur sind. Es liegt darin die „werbliche Ausnutzung" dieses Umstandes, die als Hinweis auf die zeitliche Begrenzung empfunden wird und diesen „Zeitfaktor" ins werbliche Spiel bringt. Wenn dann noch vor das Wort „Sonderangebot" der Blickfang „in letzter Minute" gesetzt wird, wird damit diese Wirkung noch unterstrichen.

Festgehalten werden muß aber, daß der Gegensatz zum „zeitlich begrenzten Angebot" im Sinne des § 1 Abs. 2 AO nicht etwa das „unbegrenzte Angebot" ist. Die zeitliche Begrenzung nach Abs. 2 setzt voraus, daß die vom Verkehr bei sehr vielen Angeboten als ganz selbstverständlich vorausgesetzte Tatsache, daß das Angebot „vorübergehender Natur" ist, **werblich in den Vordergrund gestellt** wird, also gleichsam aus dem Unterbewußtsein der Umworbenen heraufgehoben wird, und daß die zeitliche Begrenzung nicht „nebelhaft verschwommen irgendwann" und abhängig von allen möglichen unübersehbaren Faktoren einmal eintritt, sondern daß dieses Ende, ohne daß es kalendermäßig festgelegt sein muß, **in absehbarer Zeit,** d. h. innerhalb eines Zeitraumes bevorsteht, für den die Umworbenen einen etwaigen entsprechenden Bedarf „vorausplanen". Denn nur dann ist zu befürchten, daß die Umworbenen unbesonnen kaufen, um die Gelegenheit nicht zu verpassen. Waren des täglichen Bedarfs werden ständig gekauft, während seltenere Anschaffungen wie Möbel oder ein PKW langfristiger geplant werden. Gerade da können also auch Angebote, die durch eine zeitliche Begrenzung von längerer Dauer gekennzeichnet sind, geeignet sein, bei einem nicht unbeachtlichen Teil der Umworbenen werbewirksam den Eindruck hervorzurufen, es würden zeitlich begrenzt besondere Kaufvorteile gewährt (BGH 3. 11. 72, GRUR 1973, 653; BGH 4. 3. 77, GRUR 1977, 791).

Wenn Versandhäuser die Gültigkeit ihrer **Katalogangebote** bis zu einem bestimmten Tage begrenzen, so liegt darin aber keine zeitliche Begrenzung. Denn das Publikum faßt die Kataloge der Versandhäuser gleichsam als „Fortsetzungsromane" auf, hält also solche Hinweise auf die „Katalogdauer" für eine Selbstverständlichkeit, die in keiner Weise dazu veranlaßt, „rasch zuzugreifen": im nächsten Katalog können ja durchaus **günstigere** Angebote folgen! Wenn dagegen ein Versandhaus vier Wochen vor Ablauf des Zeitraumes, für den sein laufender Hauptkatalog noch gilt, seine Kunden darauf aufmerksam macht, daß der Katalog „nur noch vier Wochen Gültigkeit besitzt", dann ändert sich die Situation: Eine derartige Werbung malt für viele Verbraucher das Schreckgespenst der verpaßten Gelegenheit an die Wand und wird daher m. E. als Hinweis auf eine zeitliche Begrenzung verstanden. **Wenn** durch eine solche nachgreifende Werbung der Eindruck der Gewährung besonderer Kaufvorteile erweckt wird — etwa durch den Hinweis auf die inzwischen eingetretenen Preiserhöhungen, die im nächsten Katalog zu höheren Preisen zwingen —, dann können dadurch die Voraussetzungen des § 1 Abs. 1 AO geschaffen werden. Es kann also das bisher reguläre Katalogangebot zu einer außerhalb des regelmäßigen Geschäftsverkehrs der Branche stattfindenden Verkaufsver-

II. Legaldefinition der Sonderveranstaltungen

anstaltung werden. Eine Berufung auf § 1 Abs. 2 AO ist dabei — abgesehen von der zeitlichen Begrenzung — schon deshalb nicht möglich, weil es sich beim Katalogangebot nicht um ein Angebot „einzelner" Waren handelt. Die rechtliche Beurteilung solcher Fälle wird stets sehr von den Einzelumständen abhängen, also vom **Gesamteindruck,** den die „Schlußwerbung" bei den in Frage stehenden Verkehrskreisen macht. Vgl. zu Versandhauskatalogen auch § 1 Rdn 48.

129 Die Beurteilung der Frage, ob der Verkehr ein Angebot als zeitlich begrenzt in der Weise auffaßt, daß er dadurch zum schnellen, unüberlegten Kauf veranlaßt werden kann, hängt auch davon ab, ob der Unternehmer dabei den Anlaß aufdeckt, der ihn zu dem besondere Kaufvorteile gewährenden Angebot veranlaßt bzw. ob sich dieser Anlaß für die Umworbenen aus den Umständen ergibt (Sonderangebote „anläßlich der Geschäftseröffnung", zur „Einführung eines Artikels" und dgl.) oder ob der Anlaß dem Verkehr verborgen bleibt. Erkennt der Verkehr den Anlaß, so wird er sich daraus oft seine Ansicht darüber bilden können, ob das Angebot „zeitlich begrenzt" läuft oder nicht. Oft wird aber der Verkehr erkennen, daß der angegebene Anlaß nur ein „Aufhänger" dafür ist, daß das Angebot im fraglichen Zeitraum „herauskommt". Ein Sonderangebot **„für den Ostereinkauf"** oder schlechthin ein „Osterangebot" wird nicht dahin verstanden, daß es nur „bis Ostern" läuft. Es läuft nach der Auffassung des Verkehrs so lange, wie der Vorrat reicht und Nachfrage besteht und soll beim Ostereinkauf „beraten" und Vorschläge machen und „Geschenkideen" unterbreiten, ohne daß damit aber gesagt wird, daß nicht auch nach Ostern weiter so verkauft wird: Der Verkehr versteht solche Ankündigungen nicht als Angebote „bis" Ostern, sondern „für" Ostern (BGH 12. 1. 73, GRUR 1973, 477; BGH 6. 7. 77, GRUR 1977, 794; vgl. auch § 1 Rdn 57, 150). Nicht selten werden die Umworbenen sogar damit rechnen, daß die Osterhasen nach Ostern billiger werden! Das verkennt m. E. M. Lehmann (GRUR 1977, 795).

130 Anders aber, wenn das Angebot in den Augen der Umworbenen mit dem Anlaß „steht und fällt", also zeitlich eng mit ihm verbunden ist und nicht lediglich allgemeine Anregungen etwa zum Schenken gibt. So versteht der Verkehr regelmäßig preisgünstige Angebote aus Anlaß der Neueröffnung oder der Wiedereröffnung eines Geschäfts. Die Umworbenen folgern da, daß das Angebot nur für eine kurze Zeit, die auf die Geschäftseröffnung folgt, läuft. So z. B. die Ankündigung „Zur Filialeröffnung jedes Pfund Kaffee 1 DM billiger!" Eine solche Ankündigung ist nach § 1 Abs. 2 AO aus der Legaldefinition der Sonderveranstaltungen im Sinne des § 1 Abs. 1 AO **nicht** ausgenommen. Denn die Kopplung des Angebotes mit der zeitlich als begrenzt verstandenen Geschäftseröffnung macht die Ankündigung zum zeitlich begrenzten Angebot: der in der Werbung als Ursache der Verkaufsaktion herausgestellte **Anlaß** formt hier die Verkaufsveranstaltung in den Augen des Verkehrs. Außerdem betrifft das Angebot nicht nur „einzelne" Waren und fügt sich auch nicht in den Rahmen des regelmäßigen Geschäftsbetriebes des Veranstalters ein. Denn ein Unternehmen setzt nicht anläßlich der Eröffnung einer Filiale dort **sein ganzes Kaffeeangebot** im Preis herab, sondern bietet allenfalls einige Waren günstiger an (Fußnote 55). Vgl. dazu BGH 4. 3. 77, GRUR 1977, 791 und BGH 4. 11. 77, GRUR 1978, 112, ausführlich zitiert § 1 Rdn 146. Da war die Angabe, daß die Verkaufsveranstaltung durch die jeweils am Jahresanfang stattfindende Inventur veranlaßt wurde, geeignet, bei einem nicht unbeachtlichen Teil der Umworbenen die Vorstellung einer zeitlichen Begrenzung des Angebots hervorzurufen. Vgl. auch Fußnote 37.

131 OLG Düsseldorf 7. 2. 75 (GRUR 1976, 149) hat bei der Werbung eines Radio- und Fernsehgeräteeinzelhändlers „Zurück zur Schule — Spezielle Preise" anläßlich des Schulbeginns nach den Sommerferien eine zeitliche Begrenzung verneint, weil es sich nicht um Waren handelte, die in Zusammenhang mit dem Schulbeginn standen und die also um die Zeit des

II. Legaldefinition der Sonderveranstaltungen

Schulanfangs angeschafft werden müssen. Angeboten wurden zwei Stereoanlagen, ein Kassettenrekorder, ein Kofferradio und ein Stereokassettengerät. Hier ist wohl dieser blickfangmäßig herausgestellte Slogan überhaupt ohne echte Beziehung zum Angebot und wird vom Verkehr schon deshalb nicht als zeitliche Begrenzung der Laufzeit des Angebotes verstanden, sondern als **sachlich inhaltsleere Fangüberschrift.** Anders wäre es zu beurteilen, wenn das Angebot Schreibwaren, wie sie in der Schule besonders zu Beginn eines Schuljahrs gebraucht werden, oder „Zuckertüten" umfaßt hätte.

Im vorstehenden Falle handelte es sich um das Ende der großen Sommerferien. Das Urteil bejahte, daß sich die Verkaufsveranstaltung in den Rahmen des regelmäßigen Geschäftsbetriebes des Unternehmens einfügte, ließ es aber ausdrücklich offen, wie es zu beurteilen wäre, wenn solche Sonderangebote anläßlich des Schulwiederbeginns nach Weihnachten, Ostern oder Pfingsten gemacht würden. Nach den Sommerferien bestehe insofern eine **besondere** Lage, als da eine verhältnismäßig umsatzschwache Zeit sei infolge der bei weiten Bevölkerungskreisen bestehenden Geldknappheit. Daher könne es dem Kaufmann nicht verwehrt werden, wenn er gerade in dieser Zeit versuche, seinen Umsatz zu beleben. Das sei nicht mißbräuchlich, so daß es sich grundsätzlich in den Rahmen des regelmäßigen Geschäftsbetriebes des Veranstalters einfügen oder sogar im regelmäßigen Geschäftsverkehr der Branchen liegen könne. Nun ist allerdings das Streben nach Umsatzsteigerung in einer freien Wettbewerbswirtschaft grundsätzlich nicht mißbräuchlich und man könnte, ausgehend von den Erwägungen des Urteils, auch sagen, daß dann gerade in dieser umsatzarmen Zeit die Gefahr einer den Wettbewerb gefährdenden „Nachahmung" solcher Sonderangebote durch die Mitbewerber besonders nahe liege, was allerdings m. E. nicht überzeugend wäre. Das wäre die Folge eines dem Wettbewerb wesenseigenen Kampfes um die

Konsumkraft der Verbraucher: diesen Kampf abzumildern, ist grundsätzlich nicht Sache des Wettbewerbsrechtes. Interessant ist da auch ein Vergleich mit dem oben (§ 1 Rdn 125) erörterten Urteil des BGH vom 3. 11. 72 (GRUR 1973, 653), wo man die Auseinandersetzung mit den doch sehr naheliegenden volkswirtschaftlichen Überlegungen **vermißt**. Auch da handelte es sich um die Umsatzbelebung, und zwar im Kaffee-Einzelhandel, in der umsatzschwachen Zeit der großen Sommerferien!

Mit der Überschrift „Superangebote zum langen Samstag" **132** werden zeitlich begrenzte Angebote angekündigt (OLG München 2. 12. 71, WRP 1972, 95; vgl. auch § 1 Rdn 46). Die Ankündigung eines **Verkaufs vom LKW** wird, auch wenn sie sich in den Rahmen des regelmäßigen Geschäftsbetriebs des fraglichen Unternehmens einfügt, wie etwa bei Brauereien oder Gemüsehändlern (vgl. dazu § 1 Rdn 172), oft den Eindruck eines nur kurzfristigen Verkaufs „während der Parkzeit" des LKW — die ja auch angegeben werden muß in der Ankündigung! — hervorrufen im Gegensatz zu den Würstelbuden und sonstigen Verkaufsständen auf Rädern, die vor Kaufhäusern, SB-Zentren oder in Fußgängerzonen jetzt gang und gäbe sind und **den Zeitfaktor nicht ins Spiel bringen.** Sie erhalten auch ständig Warennachschub und das Glück fährt da den Kauflustigen nicht davon. Vgl. dazu OLG Hamm 27. 2. 76, GRUR 1977, 502 (§ 1 Rdn 172) und OLG Düsseldorf 16. 1. 76, GRUR 1977, 501. Bei OLG Düsseldorf 16. 1. 76 warb ein Selbstbedienungswarenhaus am Stadtrand mit großem Parkplatz wie folgt: „Verkauf direkt ab LKW, so lange der Vorrat reicht: 4 Hähnchen gefr., à 850 Gramm 10 DM; 5 Suppenhühner, gefr., à 1000 Gramm 10 DM; Verkauf direkt ab LKW, solange Vorrat reicht: Wicküler Bier, 20 Flaschen à 0,5 Liter, o. Pfd., Kasten 9,95 DM, 12 Flaschen Mineralwasser à 0,7 Liter, o. Pfd., Kasten 1,78 DM." Das OLG Düsseldorf hielt das für die Ankündigung einer unzulässigen Sonderveranstaltung. Es ließ dahingestellt, ob es sich da um

II. Legaldefinition der Sonderveranstaltungen

das Angebot „einzelner Waren" handle, nahm aber an, daß die Werbung den Eindruck erwecke, daß die Verkaufsveranstaltung zeitlich begrenzt sei. Der Hinweis „Verkauf direkt ab LKW, solange Vorrat reicht" erwecke bei einem nicht unerheblichen Teil des Verkehrs den Eindruck, als ob **nur die** Waren, die auf **einen** LKW geladen werden können, Gegenstand der Verkaufsveranstaltung seien. Unter solchen Bedingungen sei aber hier anzunehmen gewesen, daß der LKW in kurzer Zeit ausverkauft sein werde im Hinblick auf die angebotenen Waren (Bier und Mineralwasser in Kästen, vier oder fünf Hähnchen oder Hühner). Der Verkehr wisse auch, daß gefrorenes Geflügel von einem LKW schnell verkauft werden müsse wegen der Gefahr des Verderbs. Die Kaufinteressenten würden daher veranlaßt, möglichst sofort nach dem Erscheinen der Anzeige von dem Angebot Gebrauch zu machen. Daß die Firma noch weitere Wagen mit entsprechenden Waren bereit hielt, war ohne Bedeutung, denn maßgebend ist stets, wie die Ankündigung auf den Verkehr wirkt. Deren Wirkung war aber hier, daß die Verkaufsveranstaltung beendet sein werde, wenn die auf **einem** LKW geladenen Waren ausverkauft seien. Daß beim Leerverkauf dieses LKWs weitere Lastkraftwagen bereitstanden mit gleichen Waren, wurde in der Werbung nicht gesagt. Es wurde eben nicht etwa — was **nicht** die Wirkung einer zeitlich begrenzten Verkaufsveranstaltung hervorgerufen hätte — schlechthin ein Verkauf vor den Geschäftsräumen des am Stadtrand mit großem Parkplatz gelegenen Selbstbedienungseinzelhandelsunternehmens angekündigt, wobei nur der Beginn dieses zeitlich unbegrenzt geplanten „Verkaufs ab LKW" („ab Montag... direkt ab LKW") angegeben wurde, sondern es wurde der Eindruck erweckt, es werde nur die auf **einem** LKW geladene Ware verkauft — und diese Ladung war, wie die Umworbenen erkannten, bei der Art der angebotenen Waren sehr rasch ausverkauft. Da die Verkaufsveranstaltung außerhalb des regelmäßigen Geschäftsverkehrs stattfand, lag eine nach

Die zulässigen Sonderangebote

§§ 1, 2 AO untersagte Sonderveranstaltung vor. Das Urteil überzeugt im Ergebnis. Es unterscheidet aber jedenfalls **terminologisch** — ebenso wie das nachstehend in Rdn 133 ausführlicher zitierte Urteil des OLG Düsseldorf vom 22. 9. 72 (GRUR 1973, 373) — nicht klar zwischen dem „Stattfinden der Verkaufsveranstaltung außerhalb des regelmäßigen Geschäftsverkehrs" (§ 1 Abs. 1 AO) und dem „Einfügen in den Rahmen des regelmäßigen Geschäftsbetriebes des Gesamtunternehmens oder der Betriebsabteilung" (§ 1 Abs. 2 AO). **Nur Absatz 2 spricht von einem „Einfügen in den Rahmen"** und das muß bei der Auslegung der AO beachtet werden. Vgl. dazu auch § 1 Rdn 90, 134, 176.

Das interessante Urteil des OLG Düsseldorf 22. 9. 72 **133** (GRUR 1973, 373) hatte die Ankündigung zu beurteilen: „REHALIT — Größtes Teppichfliesengeschäft Deutschlands, jetzt auch in Düsseldorf! Wir laden ein zur Eröffnung unseres neuen Fußbodenmarktes... Unser Eröffnungsangebot: Auslegware, 100 Prozent Nylon mit Waffelrücken 400 cm breit, DM 8/qm." Die Ankündigung wurde mit Recht als die Ankündigung eines von § 1 Abs. 2 AO gedeckten Sonderangebots angesehen. Das Angebot lag nicht außerhalb des Rahmens des regelmäßigen Geschäfts**betriebs.** Denn es ist im Einzelhandel weitgehend üblich, anläßlich der Neueröffnung eines Geschäfts beim Verbraucher mit besonders günstigen Angeboten **einzelner Waren** zu werben. „Dem Verkehr ist es geläufig, daß bei Geschäftseröffnungen in allen Branchen des Einzelhandels (Automobile!) besondere Kaufvorteile versprochen werden." Es fällt nach dem Urteil daher „nicht aus dem Rahmen eines regelmäßigen Geschäftsverkehrs"[71], wenn

---

[71] Unklar und verwirrend! Vgl. § 1 Rdn 90, 131. § 1 Abs. 2 AO spricht vom Geschäfts**betrieb;** § 1 Abs. 1 AO nicht vom „Einfügen in den Rahmen . . ." Wenn eine Verkaufsveranstaltung im regelmäßigen Geschäftsverkehr stattfindet, fällt sie von vornherein aus dem Regelbereich der Anordnung heraus (vgl. § 1 Rdn 91). Und zum regelmäßigen Geschäftsverkehr im Sinne des § 1 Abs. 1 AO gehören solche — doch auf **singulären** Situationen aufbauende — Eröffnungsangebote nicht!

aus Anlaß der Eröffnung ein besonders günstiges Angebot gemacht wird. Der Verkehr wertet diese Ankündigung auch nicht als zeitlich begrenzt. Denn das **auf eine bestimmte Ware bezogene** Wort „Eröffnungsangebot" besagt nichts darüber, wann diese besondere Einkaufsmöglichkeit endet. Die Umworbenen verstehen die Ankündigung vielmehr dahin, daß die anläßlich der Geschäftseröffnung besonders günstig angebotene Ware so lange so angeboten wird, als der Vorrat reicht. Ein Druck zur baldigen Kaufentschließung wegen Zeitablaufs wird hier also nicht wirksam. Es wurde auch nicht der Eindruck erweckt, daß das gesamte oder nahezu das gesamte Warensortiment besonders vorteilhaft angeboten werde. Denn bei solchen **breit ausladenden** Ankündigungen wie „Eröffnungspreise" oder „Eröffnungsverkauf" nimmt der Verkehr — anders als beim „Eröffnungs**angebot**", das nur **einige wenige** nach Preis oder Güte gekennzeichnete Waren betrifft — regelmäßig an, das **umfassende** Angebot könne **nur kurzzeitig durchgehalten** werden. Außerdem fehlt bei einem solchen „Eröffnungsverkauf" die für ein von § 1 Abs. 2 AO gedecktes Sonderangebot notwendige Voraussetzung der Begrenzung auf „einzelne" Waren und der Einfügung in den Rahmen des regelmäßigen Geschäftsbetriebs des Gesamtunternehmens oder der Betriebsabteilung.

134 Dem Urteil ist zuzustimmen. Seine Begründung unterscheidet aber, wie schon vorstehend angedeutet, jedenfalls terminologisch nicht klar zwischen dem „Stattfinden der Verkaufsveranstaltung außerhalb des regelmäßigen Geschäftsverkehrs" (§ 1 Abs. 1 AO) und dem „Einfügen in den Rahmen des regelmäßigen Geschäftsbetriebes des Gesamtunternehmens oder der Betriebsabteilung" (§ 1 Abs. 2 AO). **Nur Abs. 2** spricht von einem „Einfügen in den Rahmen..." Das ist eine sehr feinsinnige Unterscheidung im Text der Anordnung, die aber eine gesetzestreue Auslegung nicht übersehen darf. Beim „Einfügen in den Rahmen..." ist der Auslegung ein größerer Spielraum gelassen. Vgl. dazu § 1 Rdn 90, 175, 176 und meine gleichen Bedenken zu OLG Düsseldorf 16. 1. 76, GRUR 1977, 501 (§ 1 Rdn 132).

Ein Angebot unter der Devise „Wir feiern Geburtstag - Feiern Sie mit! 6 Jahre D-SB-Warenhaus" wird vom Verkehr, hier insbesondere von den Hausfrauen, als zeitlich begrenzt verstanden. Anders als etwa bei der Ankündigung eines „Osterangebots" (s. o.) wird diese „Geburtstagswerbung" nicht als Aufforderung zum Einkauf anläßlich eines bevorstehenden Festes, etwa „zum Geburtstag", den gerade ein Verwandter oder Bekannter der Umworbenen feiert, verstanden, sondern es wird der Eindruck hervorgerufen, daß, eng begrenzt für die Zeit des „Geburtstags **des Unternehmens**", dessen Datum aber die Umworbenen gar nicht erfahren, allenfalls einige wenige Tage vorher oder hinterher, dieses günstige Angebot gilt (BGH 6. 7. 77, BB 1977, 1270; vgl. § 1 Rdn 174). Diese Werbung hatte also einen ganz anderen Sinn und demgemäß eine ganz andere Wirkung auf die Umworbenen als etwa eine Werbung mit dem Blickfang „Zum Muttertag!" **135**

Der Ausgangspunkt für die Entscheidung der Frage, ob ein Sonderangebot „ohne zeitliche Begrenzung" erfolgt, ist auch hier stets die **Beurteilung durch einen unbefangenen Durchschnittskäufer,** der werbliche Äußerungen **nicht gründlich durchliest,** sondern sie nur aus den Umständen heraus, unter denen die Werbung ganz allgemein an die Umworbenen herangetragen wird (Überflutung mit werblichen Reizen!), flüchtig und oberflächlich auf sich wirken lassen kann, wobei allerdings nicht auf völlige Wurstigkeit und Achtlosigkeit abgestellt werden darf, sondern eine im normalen Verkehr vom Durchschnittsverbraucher zu verlangende und zu erwartende Aufgeschlossenheit anzunehmen ist. Dabei ist m. E. auch zu beachten, daß dann, wenn eine Werbung das Interesse des Umworbenen erweckt, er achtsamer werden wird (vgl. dazu auch § 1 Rdn 70, 71). Es genügt, wenn eine nicht unbeachtliche Zahl von Umworbenen aus der Ankündigung eine zeitliche Begrenzung herausliest. Formulierungen wie **„Aus-** **136**

II. Legaldefinition der Sonderveranstaltungen

nahmetage" (BGH 25. 3. 58, GRUR 1958, 395), „So billig nur jetzt" oder „Jetzt zugreifen heißt Geld sparen" versteht der Verkehr grundsätzlich dahin, daß es sich um eine nur vorübergehend wahrnehmbare günstige Einkaufsgelegenheit handelt, also um ein zeitlich begrenztes Angebot (DW 1958, 21). Das Wort jetzt unterstreicht da die Einmaligkeit (OLG Frankfurt 3. 11. 77, WRP 1978, 220). Zutreffend sah BGH 16. 6. 71 (GRUR 1972, 125) eine Ankündigung als zeitlich begrenztes Angebot an, bei der unter dem Blickfang „Preissensation Nr. 1. Wir schenken ihnen mit diesem Sonderangebot für kurze Zeit 1,60 DM pro 100-Gramm-Glas Expreß-Kaffee... Eduscho-Expreß-Kaffee Gold... jetzt nur... DM..." geworben wurde. Hier werden die Worte „jetzt nur..." ganz eindeutig als zeitlich begrenzend verstanden im Zusammenhang mit dem Eingangstext: „Wir schenken Ihnen mit diesem Sonderangebot für kurze Zeit...". **Das Wort jetzt** versteht der Verkehr bei **solchen** Ankündigungen im Sinne von „**nur** jetzt", d. h. „**später nicht mehr**" und nicht im Sinne von „**ab** jetzt". Es kommt aber auch da auf den Zusammenhang an **und keineswegs gibt die Verwendung des Wortes „jetzt" in einer Ankündigung dieser notwendig den Sinn von „nur jetzt"**, d. h. also den Sinn einer zeitlich begrenzten Veranstaltung. Den Sinn von „**ab** jetzt", d. h. den Sinn **keiner** zeitlichen Begrenzung im Sinne des § 1 Abs. 2 AO, kann etwa eine Werbung nach dem Schema haben: „Waschmittel Marke X, jetzt nur noch... DM/10 kg!" Das versteht der Verkehr als die Unterrichtung von einer „jetzt" erfolgten Preisermäßigung **ohne** zeitliche Begrenzung. Wenn aber im Zusammenhang mit dem Worte „jetzt" in der Ankündigung irgendwie noch der Akzent auftaucht, daß man „jetzt" kaufen müsse, damit es nicht zu spät ist, dann wird dadurch die Werbung als Hinweis auf eine zeitlich begrenzt laufende Kaufmöglichkeit verstanden. Die Werbung „Jetzt müssen Sie kaufen! Alle Textilien um mindestens 20 Prozent herabgesetzt" steht auf der Grenze, wird aber m. E. von einem nicht unbeachtlichen

Die zulässigen Sonderangebote

Teil der Umworbenen dahin verstanden, daß das Angebot **nur zeitlich begrenzt** läuft. Denn wenn mit dem Worte „jetzt" eine solche Aufforderung zum raschen Zugreifen verbunden ist, gewinnt es die Bedeutung von „**gleich** jetzt" und wirkt damit „zeitlich begrenzend". Für unrichtig halte ich aber die bisweilen von Instanzgerichten und auch im Schrifttum vertretene Ansicht, das Wort „jetzt" werde grundsätzlich als zeitlich begrenzend verstanden von einem nicht unbeachtlichen Teil der Umworbenen. Es kommt auch da auf eine **ganzheitliche Betrachtung und Analyse des Textes** an. Immer wenn das Wort jetzt durch Zusätze in der Richtung von „gleich jetzt" im Sinngehalt fixiert wird, wird die Werbung kritisch, während Formulierungen, in denen das Wort „jetzt" den Sinn „von jetzt ab" hat, keine zeitliche Begrenzung im Sinne des § 1 Abs. 2 AO enthalten.

„Wir haben jetzt ein besonders großes Sparpreisangebot" wirkt m. E. als zeitliche Begrenzung (vgl. den Fall BGH 9. 1. 76, GRUR 1976, 702, besprochen § 1 Rdn 106).

In einer Werbung „So billig nur jetzt" hat das Wort „jetzt" eben einen **ganz anderen** Sinn als in der Werbung „Jetzt nur noch ... DM". Vgl. dazu auch § 1 Rdn 156.

Die Werbung für eine „Sonderwoche" oder für ein „Oktoberfestangebot" wird vom Verkehr dahin verstanden, daß sich die günstige Kaufgelegenheit nur kurze Zeit bietet[72]. Dagegen enthält die schlichte Bezeichnung „Sonderangebot" oder die Ankündigung „preisgünstig wie noch nie", „einmalige Preise", oder „einmalig günstige Preise" für sich allein keine zeitliche Begrenzung, sondern wird vom Verkehr nur als ein Hinweis

---

[72] „Sonderwoche" hat eben einen ganz anderen werblichen Sinngehalt als „Das Angebot der Woche" (vgl. dazu § 1 Rdn 151).
Ein Oktoberfestangebot kann aber in manchen Branchen eine Verkaufsveranstaltung sein, die „im regelmäßigen Geschäftsverkehr" stattfindet und deshalb von der AO nicht erfaßt wird! So z. B. bei Angeboten von Brauereien zum Münchner Oktoberfest — die allerdings meist nicht „den Eindruck der Gewährung besonderer Kaufvorteile hervorrufen", also auch deshalb nicht unter § 1 AO fallen.
Eine Werbung „Meine Weihnachtspreise — schon eine Freude" oder
(Fortsetzung Seite 188)

II. Legaldefinition der Sonderveranstaltungen

auf besondere Kaufvorteile verstanden (OLG Hamm 27. 10. 70, GRUR 1972, 93). Solche Werbewendungen können aber die Verkaufsveranstaltung in den Augen der Umworbenen aus dem Rahmen des regelmäßigen Geschäftsbetriebs des Unternehmens herausschieben, soweit darin die „Einmaligkeit" und damit das Ungewöhnliche betont wird (vgl. § 1 Rdn 173).

Es fehlt bei den obigen Werbeslogans eben - **anders** als etwa bei „So billig nur jetzt!" — jeder zeitliche Faktor: „einmalig" wird, wenn nicht aus dem Zusammenhang eine „zeitliche Note" hineingebracht wird, nicht als zeitliche Begrenzung, sondern nur als Hinweis auf die Gewährung besonderer Kaufvorteile verstanden. Es darf bei lebensnaher Beurteilung des werblichen Sinngehalts gerade bei Sonderangeboten auch nicht ganz übersehen werden, daß die Umworbenen da heute doch durch die sie ständig und überall umbrausende Flut des Werbegeschreis — beginnend bei der „Werbesendung" des Rundfunks, die zum Morgenkaffee genossen wird und endend am späten Abend, vor dem Nachtgebet — doch sehr abgebrüht sind. Wir leben nicht mehr in der Biedermeierzeit. Vgl. dazu auch § 1 Rdn 71.

138 Auch wenn besondere Kaufvorteile gewährende Ankündigungen im Zusammenhang mit dem **Hinweis auf ein längeres Bestehen des Geschäfts** erfolgen, versteht der Verkehr solche (vom 25jährigen Turnus des § 3 AO nicht gedeckte) „Jubiläumsangebote" jedenfalls dann nicht als zeitlich begrenzt, wenn das Jubiläum nur durch die Angabe einer Jahreszahl oder etwa durch „10jähriges Bestehen" erläutert wird. Auch wenn der Verkehr daraus herausliest, daß das Angebot im

---

„Vor Weihnachten bei R. kaufen heißt sparen" wird als zeitlich begrenztes Angebot verstanden. Hier wird ein Angebot nicht als für die Einkäufe vor Weihnachten geeignet herausgestellt. Die zeitliche Begrenzung, die durch den Bezug auf Weihnachten hereinkommt, betrifft da nicht die Werbung, sondern das Angebot als solches! „Für die Pfingsttage besonders preiswerte Wäsche" knüpft dagegen nur an den Bedarf, der durch das bevorstehende Pfingstfest eintritt, an und erinnert gleichsam daran und wird nicht als zeitlich begrenztes Angebot verstanden werden. Vgl. dazu auch § 1 Rdn 57, 129, 135, 150.

Die zulässigen Sonderangebote

nächsten Jahr nicht mehr gültig sein wird, so geht die hierdurch erweckte Vorstellung einer gewissen zeitlichen Begrenzung nicht weiter als die Vorstellung, die der Verkehr **von jedem Sonderangebot** hat: „Jedes Sonderangebot ist seiner Natur nach zeitlich begrenzt, wie jeder weiß!" (OLG Hamm 27. 10. 70, GRUR 1972, 93; ausführlich zitiert § 1 Rdn 175; vgl. auch BGH 16. 6. 71, GRUR 1972, 125, § 1 Rdn 132; OLG Koblenz 24. 9. 54, WRP 1955, 125, zitiert § 1 Rdn 81).

Die Sache kann anders liegen, wenn der Gründungstag angegeben wird: durch eine solche Verknüpfung einer Jubiläumswerbung mit einem bestimmten Zeitpunkt kann bei den Umworbenen der Eindruck entstehen, das Angebot gelte nur in den Tagen um dieses Datum herum. Dann liegt also zeitliche Begrenzung vor. So war der Sachverhalt bei BGH 6. 7. 77, BB 1977, 1270 (ausführlich zitiert § 1 Rdn 174) zu verstehen, der als unzulässige Sonderveranstaltung beurteilt wurde. Vgl. auch Fußnote 83.

Eine Umtauschaktion, bei der „200 gebrauchte Radiogeräte **139** einmalig günstig umgetauscht" werden, ist ein **befristetes** und daher **unzulässiges Sonderangebot** (LG Köln 30. 9. 53, GRUR 1954, 37; vgl. auch § 1 Rdn 31, 140). Auch eine Werbung unter dem Motto: „Jetzt ist die günstigste Umtauschzeit für Radiogeräte" wirkt zeitlich begrenzt. Sie wird aber, wenn nicht weitere Umstände hinzutreten, oft **nicht** den Anschein erwecken, als würden dabei „besondere" Kaufvorteile gewährt. Der Verkehr versteht eine solche Werbung nur als Hinweis auf eine **ganz allgemein** — also auch bei den Mitbewerbern — günstige Umtausch- (und damit Einkaufs-)zeit, ebenso, wie es z. B. eine „Spargelzeit" gibt (vgl. § 1 Rdn 74, 154).

Umtauschaktionen werden, abgesehen von der ihnen in den **140** Augen der Umworbenen imanent eigenen zeitlichen Begrenzung, auch meist „außerhalb des Rahmens des regelmäßigen Geschäftsbetriebs des Unternehmens" und stets außerhalb des regelmäßigen Geschäftsverkehrs der Branche liegen. Daß ein Einzelhändler gebrauchte Waren **im Wege einer**

II. Legaldefinition der Sonderveranstaltungen

Sonderaktion, also „geballt" und planmäßig, umtauscht, wird nur selten (Altwarenhandel) zu seinem regelmäßigen Tun gehören. Auch im Autohandel, wo die Inzahlungnahme gebrauchter Wagen beim Kauf eines neuen Autos, also von Fall zu Fall, sehr oft vorkommt, fügte sich eine solche Umtauschaktion nicht in den Rahmen des regelmäßigen Geschäftsbetriebes des Autohändlers ein und fände nicht im branchenüblichen regelmäßigen Geschäftsverkehr statt. Solche Umtauschaktionen stellen auch oft Rabattverstöße dar. Wenn z. B. ein Einzelhändler ankündigt „Für jede alte Krawatte, die Sie uns bis zum 22. 6. 1959 bringen, rechnen wir Ihnen DM 1 auf den Kauf einer Trevira-Krawatte an", so liegt darin ein Verstoß gegen die AO und eine verschleierte, 3 % übersteigende und daher unzulässige Rabattgewährung (BGH 20. 5. 60, WRP 1960, 235), da für die in Zahlung genommene Ware — eine alte, mülleimerreife Krawatte — ein 3 % übersteigender Preisnachlaß gewährt wird (DW 1963, 39). Solche gegen das Rabattgesetz verstoßende Verkaufsveranstaltungen können sich nie in den Rahmen des regelmäßigen Geschäftsbetriebs einfügen und finden stets außerhalb des regelmäßigen Geschäftsverkehrs statt (vgl. § 1 Rdn 48 ff., 69, 171; § 3 Rdn 26).

141 Eine Werbung „Wir senken die Preise! Ständig wachsende Umsätze und modernste Rationalisierung unserer Geschäfte geben uns die Möglichkeit zu einer umfassenden Preissenkung. Ab heute kaufen Sie alle Waren bei uns erheblich billiger" ist nicht die Ankündigung einer Sonderveranstaltung. Es handelt sich dabei auch um das **Gegenteil** einer **zeitlich begrenzten** Verkaufsveranstaltung, da ja angekündigt wird, daß „ab heute" ganz allgemein die Preise gesenkt werden infolge von Umständen, die **nicht vorübergehender** Natur sind (wie etwa „Einkauf eines günstigen Großpostens" oder „Angestaubte Waren"), sondern die künftighin **fortdauernd** die Kalkulation und damit die Preise des Unternehmens günstig beeinflussen. Die Überschrift „Außerordentlich günstige

November-Angebote" (bei Anzügen und Wintermänteln) wird vom Verkehr nicht als befristetes Angebot verstanden, sondern als ein Angebot für den im November **jahreszeitlich bedingten** Bedarf. Ob der Verkehr darin eine Ankündigung sieht, die den Eindruck der Gewährung besonderer Kaufvorteile hervorruft, ist sehr fraglich. Davon abgesehen ist aber die Gewährung von Kaufvorteilen entsprechend dem jahreszeitlichen Bedarf in vielen Branchen, so auch in der Konfektionsbranche, branchenüblich: eine solche Verkaufsveranstaltung unterliegt dann also schon deshalb nicht der AO, weil sie nicht außerhalb des regelmäßigen Geschäftsverkehrs stattfindet! Vgl. dazu § 1 Rdn 35 ff., 47.

Wird eine Ware zu einem **Probierpreis** angeboten, so erweckt **142** das nach BGH 13. 6. 73 (GRUR 1973, 658, unter Hinweis auf BGH 24. 11. 72, GRUR 1973, 416) im Verkehr den Eindruck eines Angebots zu einem vorübergehend, also für eine begrenzte Zeit, herabgesetzten Normalpreise. Denn eine solche billige Probierchance wird erfahrungsgemäß nur für kurze Zeit gewährt. Es liegt daher ein zeitlich begrenztes und deshalb von § 1 Abs. 2 AO nicht legitimiertes Angebot vor.

Eine Ankündigung in der Tagespresse, die mit dem Blickfang **143** „Hier Vorteile noch und noch" unter der Überschrift „Sonderangebote" eine Gegenüberstellung der bisherigen Preise für Anzüge und Hemden mit den herabgesetzten neuen Preisen bringt, wobei am unteren Rande der Anzeige der Hinweis steht: „Ende dieses Monats ziehen wir zur Ecke Peter- und Gaststraße", wird von nicht unbeachtlichen Teilen des Verkehrs als zeitlich begrenzt verstanden und ist daher, auch wenn die übrigen Voraussetzungen des § 1 Abs. 2 AO vorliegen, ein „unzulässiges" Sonderangebot — ganz abgesehen davon, daß preisgünstige Angebote aus Anlaß einer Geschäftsverlegung sich nicht in den Rahmen des „regelmäßigen Geschäftsbetriebs des Unternehmens" einfügen (DW 1961, 36).

Stellt ein Hinweis darauf, daß das Angebot nur solange gilt, **144** „als der Vorrat reicht", eine zeitliche Begrenzung dar? Die

II. Legaldefinition der Sonderveranstaltungen

generelle Bejahung, daß der Verkehr darin stets eine zeitliche Begrenzung sieht[73], wird heute wohl allgemein als **viel zu weitgehend** abgelehnt. Es kommt auf den **Gesamteindruck** der Ankündigung an: wie immer ist ganzheitliche Betrachtung der Werbung und aller ihrer Begleitumstände nötig. Im Zusammenhang mit der sonstigen werblichen Umgebung, in der ein solcher Hinweis gebracht wird, kann es (z. B. bei einer Werbung „Nur solange Vorrat reicht! Bestellen Sie daher sofort telefonisch!") so sein, daß ein nicht (völlig) unbeachtlicher Teil des Publikums diese Worte so versteht, daß eine nur kurzfristig sich bietende günstige Kaufgelegenheit angekündigt wird, die also alsbald wahrgenommen werden muß. Diese werbliche Wirkung, dieses „unter Druck setzen" der Umworbenen durch den Zeitfaktor, soll ja durch das Verbot der zeitlichen Begrenzung vermieden werden. **Regelmäßig** wird aber ein solcher Hinweis darauf, daß das Angebot nur so lange gilt, als der Vorrat reicht, vom Publikum **harmlos** hingenommen und nicht weiter beachtet werden. Die Umworbenen werden, wenn sonst die Ankündigung nicht durch eine entsprechende Aufmachung nachhilft, darin nur den Vorbehalt des Kaufmanns sehen, daß er nach Verkauf des fraglichen Warenpostens sein Angebot nicht aufrechterhalten kann, weil er nicht gewillt oder nicht in der Lage ist, nachzubestellen, wozu er ja, da das Gesetz ein „Nachschieben" hier nicht verbietet, rechtlich in der Lage ist. Oft ist auch ein Nachbestellen nicht möglich und das Publikum weiß das bei vielen Artikeln (z. B. bei modischen Textilien). Der Verkehr rechnet also auch ohne diesen Zusatz bei „Sonderangeboten" oft damit, daß Nachbestellungen nicht erfolgen. In diesem

---

[73] So z. B. GA 1/51 und BayObLG 20. 4. 56, WRP 1956, 80 in einer Strafsache, wo aber — wie LG Rottweil 23. 5. 56, DW 1956, 79 betont — sich gerade die Überlegung aufdrängt, daß aus allgemeinen Rechtsgründen eine ausdehnende Auslegung der AO grundsätzlich unzulässig ist. Gegen BayObLG 20. 4. 56 mit überzeugender Begründung LG Köln 24 0 53/58 v. 11. 3. 59. Vgl. zum strafrechtlichen Analogieverbot aber § 1 Rdn 15: es ist aus verfassungsrechtlichen Erwägungen sehr fraglich, ob Verstöße gegen die AO als Ordnungswidrigkeiten verfolgt werden können!

Angebot eines nur beschränkten Vorrats besteht ja gerade **das Kennzeichnende** des Sonderangebots, und das weiß der Verkehr meist (vgl. dazu § 1 Rdn 63, 123). Man kann es auch dem seriösen Kaufmann nicht verdenken, wenn er durch einen solchen Hinweis dem Verdachte begegnen will, er biete preisgünstige Ware an, die er dann nicht mehr liefern kann, er arbeite also mit sog. **„Lockvögeln"** (UWG §§ 1, 3; vergl. dazu auch Fußnote 68, Monika Lorenz, GRUR 1976, 512 und Krüger-Nieland, WRP 1979, 1).

Bei Beurteilung des Sinngehaltes einer Ankündigung, die **145** diesen Hinweis **„Nur solange der Vorrat reicht!"** enthält, darf allerdings nicht übersehen werden, daß durch diesen Satz die Werbung „auf die Grenze geschoben" werden kann dahingehend, daß Teile der Werbung, die **sonst** unschädlich sind, die Werbung „über die Grenze heben" **können,** weil das Publikum — „aufgereizt" durch diese für sich allein unbedeutende Erwähnung der begrenzten Liefermöglichkeit — dann eine „zeitliche Begrenzung" herausliest. Es spielt dabei m. E. auch eine Rolle, daß der Verkehr in der Hervorhebung an sich selbstverständlicher Umstände leicht etwas Besonderes sieht, daß das Publikum durch solche Hervorhebungen von Selbstverständlichkeiten also **gelegentlich** dazu verleitet werden kann, in die Werbung etwas Nichtselbstverständliches hineinzudeuten. Durch den Gesamteindruck der Ankündigung kann daher im Einzelfall der Satz „Nur solange Vorrat reicht" vom Verkehr als echte zeitliche Begrenzung verstanden werden, weil das Publikum infolge des Zusammenhanges, in dem ihm dieser Hinweis entgegentritt, sich nicht damit abfindet, daß ihm damit nur die „Selbstverständlichkeit" gesagt werden solle, daß nach Verkauf der Waren eben das Angebot hinfällig wird. Es ist auch nicht zu übersehen, daß sich der Kaufmann, der diesen Umstand in seiner Werbung erwähnt, dabei etwas denkt und das liegt dann in der Richtung eines Verdachtes, daß er — der am besten weiß, wie seine Werbung „ankommt" — sich davon werbliche Vorteile

II. Legaldefinition der Sonderveranstaltungen

erhofft, die nur in einer „Zeitwirkung" liegen können. Im allgemeinen lesen aber die Leute heute über einen solchen Hinweis hinweg. Die Sache kann anders zu beurteilen sein, wenn dieser Hinweis drucktechnisch hervorgehoben wird: dadurch kann er werblich einen Akzent erhalten und nicht unbeachtliche Teile der Umworbenen zum raschen, unüberlegten Kauf verleiten. Die typische Gefahrenlage wird eben dadurch geschaffen, daß dieser in die Augen fallende Vorbehalt hins. des Vorrates ernst genommen wird von den Umworbenen, während sie sonst darüber hinweglesen.

146 BGH 4. 11. 77 (GRUR 1978, 112; vgl. dazu auch § 1 Rdn 54) nahm im Gegensatz zu den Vorinstanzen überzeugend eine unzulässige Sonderveranstaltung im folgenden Fall an. Ein Möbelhändler warb zum Jahresanfang in Zeitungsinseraten mit dem Blickfang: „Wir haben Inventur gemacht und die Preise für Auslaufmodelle und Einzelstücke bis zu 40 % herabgesetzt." Es folgte dann in kleinerem Druck: „Unsere Stammkunden warten schon darauf. Bei der jährlichen Inventur unserer Ausstellung und unseres Lagers werden Auslaufmodelle, Einzelstücke und Möbel mit kleinen Fehlern... als ‚Inventur-Ware' gekennzeichnet und im Preis radikal herabgesetzt. Wertvolle Möbel, Teppiche, auch Küchen, die neuen Modellen Platz machen müssen, stehen bereit... Nutzen Sie diese gute Einkaufsgelegenheit! Sie ist meistens schon nach wenigen Tagen vorbei!" Das war der Schulfall einer unzulässigen Sonderveranstaltung. Es wurde eine außerhalb des regelmäßigen Geschäftsverkehrs der Branche stattfindende Verkaufsveranstaltung angekündigt. Innerhalb des regelmäßigen Geschäftsverkehrs der Branche fand die Verkaufsveranstaltung nicht statt. Denn es wurde — und zwar ganz massiv — als Anlaß der Verkaufsveranstaltung die Jahresinventur herausgestellt. Dem Verkehr ist aber allgemein bekannt, daß die Inventur nur einmal im Jahre, und zwar meist in den ersten Tagen des Januar, stattfindet. Das spricht nach der Lebenserfahrung entscheidend dafür, daß die Verkaufsveranstaltung von nicht unbeachtlichen Teilen des Publikums als eine Diskontinuität des regelmäßigen Geschäftsverkehrs, als dessen Unterbrechung, und nicht als ein Kulminationspunkt des Geschäftsablaufes angesehen wurde. Die Bejahung einer gesunden Fortentwicklung des branchenüblichen Geschäftsverkehrs (§ 1 Abs. 1) war schon deshalb ausgeschlossen, weil die Ankündigung geeignet war, bei einem nicht unbeachtlichen Teil der Umworbenen die irrige Vorstellung hervorzurufen, es handle sich um einen sog. Inventurschlußverkauf der allgemein bekannten Art (s. u.). Es lag also irreführende Werbung (§ 3 UWG) vor, womit der Aktion notwendig aus dem regelmäßigen Geschäftsverkehr im Sinne des § 1 Abs. 1 AO herausgeschoben wurde.

Sehr überzeugend bemerkt der BGH dazu, daß für das anzuerkennende Bedürfnis des Einzelhandels, bei der Inventur ausgemusterte Waren bald zu verkaufen, die schlichte Ankündigung einer Herabsetzung der Preise für Auslaufmodelle und Einzelstücke genügt hätte. § 1 Abs. 2 AO (zulässiges Sonderangebot) war aus mehreren Gründen nicht anwendbar. Es fehlten alle Merkmale, durch die eine an sich nach § 1 Abs. 1 AO unzulässige Verkaufsveranstaltung legitimiert werden kann. Zunächst fügte sich die Verkaufsveranstaltung nicht in den Rahmen des regelmäßigen Geschäftsbetriebes des Unternehmens ein. Denn irreführendes Geschäftsgebaren, wie es hier vorlag (s. o.), hat weder im regelmäßigen Geschäftsverkehr der Branche (§ 1 Abs. 1) noch im Rahmen des regelmäßigen Geschäftsbetriebes des veranstaltenden Unternehmens (§ 1 Abs. 2 AO) einen Platz. Es fehlte weiter am Angebot „einzelner nach Güte oder Preis gekennzeichneter Waren". Schließlich wurde die Werbung von nicht unbeachtlichen Teilen der Umworbenen als die Ankündigung einer Verkaufsveranstaltung verstanden, die zeitlich begrenzt lief. Das ergab m. E. schon der Schlußsatz, wo darauf hingewiesen wird, daß „diese gute Kaufmöglichkeit meistens schon nach einigen Tagen vorbei" ist. Das besagt

II. Legaldefinition der Sonderveranstaltungen

mehr als nur den selbstverständlichen Vorbehalt, daß nur solange verkauft werden kann, wie der Vorrat reicht. Die Umworbenen wurden dadurch unter Zeitdruck gesetzt und zum raschen Kaufentschluß ohne Leistungs- und Qualitätsvergleich veranlaßt. Außerdem verstand der Verkehr, wie schon oben erwähnt, die Werbung als die Ankündigung eines Schlußverkaufs der allgemein bekannten Art. Nicht unerhebliche Teile der Umworbenen verbinden damit aber die Vorstellung einer zeitlich begrenzten Verkaufsveranstaltung mit Gewährung besonderer Kaufvorteile. Ganz grundsätzlich zeigt der Fall aber auch die Leitlinie für die Abgrenzung sowohl des regelmäßigen Geschäftsverkehrs im Sinne des § 1 Abs. 1 AO wie auch dessen, was als regelmäßiger Geschäftsbetrieb des veranstaltenden Unternehmens im Sinne des § 1 Abs. 2 AO anerkannt werden kann. Es stellte sich die fragliche Aktion als eine Entwicklung dar, die darauf hinauslief, im Möbeleinzelhandel eine Art — sei es auch nur begrenzter — Abschnittsverkäufe einzuführen im Widerspruch zu der Einschränkung solcher Verkaufsveranstaltungen durch § 9 a UWG in Verbindung mit der VO vom 13. 7. 1958 (abgedruckt im Anhang Nr. 2). Die Verkaufsveranstaltung hielt sich daher nicht im Rahmen der von der Rechtsordnung gebilligten Ziele und bewegte sich auch deshalb **notwendig** sowohl außerhalb des regelmäßigen Geschäftsverkehrs jeder Branche im Sinne des § 1 Abs. 1 AO wie auch dessen, was § 1 Abs. 2 AO als regelmäßigen Geschäftsbetrieb des veranstaltenden Unternehmens gelten läßt.

147 Ähnliches gilt auch bei der **Angabe der Stückzahl der angebotenen Waren.** Es ist nach herrschender Meinung unbedenklich, wenn die Anzahl der vom Angebot erfaßten Stücke angegeben wird, falls nicht die angegebene Stückzahl nach den von den Umworbenen größenordnungsmäßig überschauten Umsätzen des Unternehmens (Riesenunternehmen in der Großstadt — kleiner Laden auf dem Lande) so gering ist, daß nicht unbeachtliche Teile der Umworbenen zu der Annahme kommen, die Ware werde bald ausverkauft sein (vgl. dazu § 1 Rdn 123 und 157, zu LG Rottweil 23. 5. 56, DW 1956, 79). Die zahlenmäßige Begrenzung der angebotenen Waren ist, wie immer wieder beachtet werden muß, ebenso wie seine dem Verkehr geläufige vorübergehende Natur ohnehin dem Sonderangebot eigentümlich, was der Verkehr also in Rechnung setzt. **Darin allein** kann daher ein Hinweis auf eine zeitliche Begrenzung nicht erblickt werden. Es liegt im Wesen der handelsüblichen Sonderangebote, daß der Vorrat an Ware gering ist[74] und im Gegensatz zum „normalen" laufenden Angebote nicht ständig wieder aufgefüllt wird (LG Rottweil, 23. 5. 56, DW 1956, 79), obwohl ein Nachschieben von Ware **unstreitig zulässig** ist. Ein Sonderangebot bestimmter gleichbleibender Waren als fortlaufendes Dauerangebot wäre aber ein Widerspruch in sich selbst, weil dann die angebotene Ware Bestandteil des allgemeinen Sortiments würde (vgl. dazu auch § 1 Rdn 167). Die Angabe der im Angebot liegenden Stückzahl deckt dann den Kaufmann auch, wenn er Kaufinteressenten, weil die fragliche Ware bereits verkauft ist, nicht mehr befriedigen kann. Wenn beispielsweise ein großes Konfektionshaus „400 Sportsakkos in verschiedenen Farben, je Stück nur 36 DM" anbietet, so kann der Verkehr aus der Angabe der zum Verkauf gelangenden Stückzahl ja schon einiges entnehmen über die zu erwartende Auswahl und Variationsbreite, also über Umstände, über die das Publikum schließlich in seinem eigenen Interesse unterrichtet sein will. Außerdem wird durch eine solche Angabe

---

[74] Wenn LG Köln 24 O 53/58 v. 11. 3. 59 betont, daß diese Beschränkung des Warenvorrates schon deshalb nötig sei, weil § 1 Abs. 2 AO das Angebot „einzelner" Waren verlangt, so überzeugt das allerdings nicht. Der Begriff der „einzelnen" Ware in § 1 Abs. 2 AO stellt nur den Gegensatz zum Sortiment als Ganzem dar. Damit wird jedoch nicht gesagt, daß nur „einzelne Stücke", also ein beschränkter Vorrat der angebotenen Waren, vorhanden sind. Vgl. § 1 Rdn 105. Die Begrenzung des Vorrats ergibt sich aber aus der dem breiten Publikum geläufigen Natur des Sonderangebotes, das nie ein „Dauerangebot" sein kann (abzulehnen die gegenteilige Ansicht BayObLGStr. 20. 4. 56, DW 1956, 80).

II. Legaldefinition der Sonderveranstaltungen

der Stückzahl auch im Sinne des § 1 Abs. 2 AO auf einfache Weise klargestellt, daß es sich nur um das Angebot „einzelner" Waren und nicht um eine das ganze Sortiment oder wesentliche Teile davon erfassende Verkaufsveranstaltung handelt. Mit dieser Verneinung einer zeitlichen Begrenzung durch Angabe der im Angebot liegenden Stückzahl steht auch nicht in Widerspruch, daß bei **Umtauschaktionen** die Angabe einer begrenzten Stückzahl von Waren, die zum Umtausch hereingenommen werden, als zeitliche Begrenzung angesehen wird (LG Köln 30. 9. 53, GRUR 1954, 37; vgl. § 1 Rdn 140). Die unterschiedliche Beurteilung rechtfertigt sich daraus, daß das Publikum hier verschieden reagiert: Im einen Fall ist der Verkehr an die Angabe der Stückzahl der angebotenen Waren gewöhnt und erwartet nach der Natur des Sonderangebotes nur eine von vornherein beschränkte Stückzahl, während das Publikum bei Umtauschaktionen stutzig wird und aus der beschränkten Anzahl der einzutauschenden Altwaren eine zeitliche Begrenzung „herausliest"[75]. Es wird dadurch also der Kaufentschluß der Umworbenen „beschleunigt"[76].

---

[75] Man hat mir entgegengehalten, es komme nicht darauf an, was der Verkehr aus einer Werbung „herauslese", sondern was in der Werbung stehe. Das überzeugt aber nicht. Die Wirkung einer Werbung ist wettbewerbsrechtlich nicht philologisch zu beurteilen, sondern danach, wie die in Frage stehenden Verkehrskreise sie verstehen. Es ist also auch das zu beachten, was unabhängig von einer philologischen Analyse aus einem Werbetext von einem nicht unbeachtlichen Teil der Umworbenen „herausgelesen" wird (oder, anders herum gesehen, was „hineingelesen" wird). Das gehört zum wettbewerbsrechtlichen Sinngehalt einer Werbung, der nie abstrakt sprachlich ergründet werden kann! Der Verkehr — und ganz besonders die bei der AO in Frage stehenden Verkehrskreise — „symbolisieren" gar nicht selten einen Werbetext über seinen rein sprachlichen Sinn hinaus und der Kaufmann muß diesen Sinngehalt seiner Werbung wettbewerbsrechtlich verantworten!

[76] Wenn ein Händler unter dem Motto „Ich suche 200 gebrauchte Radio-Geräte" ankündigt, daß er beim Kauf eines neuen Gerätes für jedes umgetauschte Altgerät einen Mindestabzug von 20 v. H. des Preises des neuen Gerätes gewährt (Fall LG Köln 30. 9. 53, GRUR 1954, 37), so fehlt diesem Angebot auch die für das zulässige Sonderangebot stets notwendige Beschränkung auf „einzelne" Waren. Es wird da ja das ganze Sortiment angeboten! Außerdem liegt ein Rabatt-

Die zulässigen Sonderangebote

Bei solchen Niedrigpreisangeboten mit geringem Warenvorrat ist übrigens immer zu prüfen, ob da etwa ein nach §§ 1, 3 UWG unzulässiges Lockvogelangebot vorliegt. Vgl. dazu Fußnote 68, D. Reimer, GRUR 1974, 568, Monika Lorenz, GRUR 1976, 512, und den Fall OLG Bremen 23. 4. 70, BB 1970, 1151. Da wurde die Ankündigung der Tankstelle eines großen Verbrauchermarktes: „Sonnabend, 1. November, bis 18 Uhr geöffnet. Wir verkaufen ab Sonnabend, 1. 11. 1969, 13 Uhr, einen größeren Posten Benzin zum Preise von 0,39 DM pro Liter, solange der Vorrat reicht. Höchstmenge je PKW eine Tankfüllung" als nach §§ 1, 3 UWG unzulässige Lockvogelwerbung und als Sonderveranstaltung verboten. Die bereitgestellte Menge von 10 000 l war, wie vom Unternehmer auch erwartet, bei ihrem Verhältnis zur Nachfrage schon am Montag vormittag ausverkauft. Der Verkauf billigen Benzins wurde auch überzeugend als außerhalb des regelmäßigen Geschäftsverkehrs stattfindend bei Tankstellen, die Discountgeschäften oder Verbrauchermärkten angegliedert sind, angesehen. **148**

Die Ankündigung fand schon deshalb außerhalb des regelmäßigen Geschäftsverkehrs statt und konnte sich auch nicht in den Rahmen des regelmäßigen Geschäftsbetriebes des Veranstalters einfügen, weil nach der Urteilsbegründung unlautere Lockvogelwerbung wegen Irreführung über die Menge der angebotenen Ware vorlag (§ 3 UWG). Vgl. dazu § 1 Rdn 40, 49. Außerdem erweckte die für die umworbenen Verkehrskreise erkennbar ungewöhnlich niedrige Preisstellung (bei Benzin kennt jeder Kraftfahrer die üblicherweise verlangten Preise!) den Eindruck, daß das offensichtlich erheblich unter den Selbstkosten liegende Angebot außergewöhnlich war. Die Umworbenen schlossen daraus, daß eine solche verlustbringende Verkaufsveranstaltung vom Händler

---

verstoß vor, der ein „Einfügen in den Rahmen des regelmäßigen Geschäftsbetriebes" des Veranstalters ausschließt (vgl. § 1 Rdn 45, 50, 146, 166).

II. Legaldefinition der Sonderveranstaltungen

nur sehr kurze Zeit durchgehalten werden könne. Die Ankündigung wirkte daher m. E. als „zeitlich begrenztes Angebot" im Sinne des § 1 Abs. 2 AO. Die fragliche Ankündigung wäre erst recht als erkennbar zeitlich begrenzt anzusehen gewesen, wenn dabei der Warenvorrat von 10 000 l angegeben worden wäre. Denn eine solche Tankstelle verkauft einen Vorrat von 10 000 l Benzin zu einem Niedrigpreis sehr schnell: die Umworbenen wissen, daß eine solche Tankstelle viel besucht ist. Die Verbraucher wurden also veranlaßt, aus der Erwägung „gleich zugreifen, sonst ist es zu spät" sich rasch zum Tanken zu entschließen. Für § 1 Abs. 2 AO fehlte es auch am Angebot „einzelner" Waren (vgl. § 1 Rdn 105 ff.).

Die Ankündigung eines Sonderangebotes mit dem Zusatz: „Ich kann heute noch nicht sagen, wie sich die Textilpreise in den nächsten Monaten entwickeln. Wenn ich ein Käufer wäre, würde ich mich aber jetzt entschließen" wirkt als zeitlich begrenztes Angebot. Außerdem ist eine solche Werbung mit der Angst auch nach § 1 UWG unzulässig (vgl. dazu H. Tetzner, MDR 1975, 281).

149 „**Sofort-Angebote**" werden vom Verkehr als zeitlich begrenzte Angebote verstanden (vgl. etwa OLG Frankfurt, WRP 1973, 273, für den Möbelhandel). Dasselbe gilt von Angeboten zu Auslaufpreisen oder von der Ankündigung eines Schnellverkaufs oder für „Heute nur 6 DM!".

150 Werden die in den verschiedensten Branchen immer mehr um sich greifenden Ankündigungen unter dem Motto „**Das Angebot der Woche**" vom Verkehr als zeitlich begrenzte Angebote verstanden? Es wird da immer auf die Umstände des Einzelfalles, auf örtliche Gepflogenheiten, dann aber auch auf die Branche und auf alle Begleitumstände der fraglichen Veranstaltung, auf ihren „Gesamteindruck", ankommen. **Meist** wird der Verkehr hinter derartigen „Angeboten der Woche", wie sie immer häufiger in Inseraten und

Die zulässigen Sonderangebote

Schaufensterankündigungen zu finden sind, gar kein „besonders günstiges Angebot" erwarten, sondern wird dabei davon ausgehen, daß ihm da etwas gezeigt oder angeboten wird, was praktisch ist, was er vielleicht bisher übersehen hat, aber recht gut brauchen kann. Er wird solche Angebote also meist als Anregungen zum Einkauf, als Einkaufsideen und auch als Gelegenheiten, seinen Marktüberblick zu vergrößeren verstehen[77], nicht aber als ein Angebot, bei dem „besondere Kaufvorteile gewährt werden". In dieser Richtung wirken z. B. derartige Angebote von Geschäften, die Haushaltswaren führen, regelmäßig. Dann entfällt also bereits die in § 1 Abs. 1 AO aufgestellte Voraussetzung, daß das Angebot, um unter die Vorschriften der AO zu fallen, den Eindruck hervorrufen muß, daß besondere Kaufvorteile gewährt werden. Der Verbraucher betrachtet solche „Angebote der Woche" aber meist auch nicht als zeitlich begrenztes Angebot, sondern empfindet nur die werbliche **Herausstellung der fraglichen Ware** als zeitlich begrenzt: in der nächsten Woche erwarten die Verbraucher, daß ihnen eine andere Ware vorgestellt wird, die früher herausgestellte Ware aber zum gleichen Preis weiter erhältlich ist! Die Sache liegt also ähnlich wie beim „Osterangebot" (vgl. § 1 Rdn 57, 129).

151 Nicht zu verwechseln mit solchen Angeboten der Woche sind aber Ankündigungen wie „Persianerwoche", „89-Pfennig-Woche", „Es lohnt sich — diese Woche Glas und Porzellan besonders billig" oder gar „Billige Woche vom 6. bis 11. März; reguläre Ware zum halben Preis". Solche Ankündigungen versteht der Verkehr stets als zeitlich begrenzte Angebote. Sie haben einen durchaus anderen werblichen Sinngehalt als ein schlichtes „Angebot der Woche", das oft als Schaufensterangebot, dann von Woche zu Woche wechselnd, auf andere Waren hinweist. Vgl. dazu auch § 1 Rdn 137.

---

77 als eine **„Schaufensterberatung"**.

II. Legaldefinition der Sonderveranstaltungen

152 Eine Ankündigung nach dem Schema „Schlagerangebot des Monats" verschiebt den Sinngehalt der Werbung bedenklich: Nicht unbeachtliche Teile der Umworbenen werden darin nicht die schlichte Vorstellung einer recht nützlichen Ware, die so in Erinnerung gebracht wird, sehen, sondern werden die Ankündigungen als Angebot einer Ware, die **zeitlich begrenzt besonders preiswert verkauft** wird, verstehen. Im nächsten Monat wird nach der Auffassung dieses Teiles der Umworbenen diese Ware **nicht mehr** so preiswert erhältlich sein, dafür vermutlich aber ein anderer „Monatsschlager". Ob hier allerdings die **generelle** Voraussetzung für die Anwendung der AO vorliegt, daß nämlich die Ankündigung den Eindruck der Gewährung besonderer Kaufvorteile hervorruft (§ 1 Abs. 1 AO), ist fraglich. Vgl. dazu § 1 Rdn 76.

Auch eine Werbung „2-DM-Wochen" verstehen nicht unbeachtliche Teile der Umworbenen als ein zeitlich begrenztes Angebot. Die **unklare** Fassung (Plural!) ändert daran nichts. Kündigt ein Unternehmen solche „2-DM-Wochen" aber laufend und jeweils mit unterschiedlichen Warenangeboten an, so integriert der Verkehr solche Ankündigungen zeitlich und **schon deshalb** wachsen sie dann zu einer Verkaufsveranstaltung zusammen, bei der nicht nur „einzelne Waren" angeboten werden. Vgl. dazu § 1 Rdn 114.

153 „Angebote der Woche", die vom Verkehr nur als zeitlich begrenzte werbliche Herausstellung bestimmter Waren und nicht als begrenztes Warenangebot verstanden werden (siehe oben), bewegen sich aber auch grundsätzlich nicht außerhalb des regelmäßigen Geschäftsverkehrs, so daß schon deshalb die AO nicht anwendbar ist. Solche werbliche Maßnahmen unterbrechen den regelmäßigen Geschäftsbetrieb nicht, sondern finden jedenfalls heute im regelmäßigen Geschäftsverkehr sehr vieler Branchen statt. Sie liegen auf der Ebene der Kundenberatung und gehören daher zu den **ureigensten** Funktionen des Einzelhandels, bei deren Vernachlässigung seine volkswirtschaftliche Wirkungssphäre gefährlich ausgehöhlt werden muß zugunsten anderer, mit dem tradierten Einzelhandel immer stärker konkurrierender Vertriebswege (Versandhandel, Discounter, Supermärkte usw.), bei denen ihrer Art nach diese Beratungsfunktion zurücktritt.

Allerdings kommt es auch da stets auf die Verhältnisse und **154** auf den Gesamteindruck der Ankündigung eines solchen „Angebots der Woche" an. Bei Lebensmittelgeschäften wird das Publikum im Hinblick auf die leichte Verderblichkeit der Waren z. B. eher in die Gefahr kommen, ein nur kurzfristig auf die laufende Woche begrenztes Angebot zu vermuten als etwa bei Haushaltswaren. Regelmäßig wird heute aber der Verkehr in einem solchen „Angebot der Woche" nichts anderes sehen als die Herausstellung einer Ware, die — etwa jahreszeitlich bedingt — viel gebraucht wird (Einkochgläser und dgl.) und preisgünstig angeboten werden kann — also eine Art „Kaufberatung". Als zeitlich begrenzt wird nur dieses werbliche „in den Vordergrund stellen", nicht dagegen das Angebot als solches, das zeitlos läuft, verstanden werden (GA DW 1957, 65).

Daß Veranstaltungen dieser Art überhaupt nur dann unter die AO fallen können, wenn es sich um **Waren**angebote handelt, ist unstreitig (vgl. § 1 Rdn 33). Die Durchführung von Werbewochen für gewerbliche Leistungen, wie sie z. B. Färbereien oder chemische Reinigungsbetriebe gern durchführen, fällt daher schon deshalb nicht unter die AO, weil es sich nicht um das Angebot von Waren, sondern von gewerblichen Leistungen handelt. Wenn ein Friseurmeister in seinem Schaufenster durch ein Schild ankündigt, daß er einen „Werbemonat" durchführt und in dieser Zeit den Preis für eine Dauerwelle auf 10 DM heruntersetzt, so ist das also nach der AO nicht zu beanstanden, weil es sich da um eine gewerbliche Leistung und nicht um das Angebot von Waren handelt.

Die Werbung eines großen Kaufhauses „Trostpflaster — bei **155** uns staubts! **Es wird gehämmert und gesägt...** Wir bitten um

II. Legaldefinition der Sonderveranstaltungen

Verständnis. Als Dank gibts SENSATIONELLE SONDERANGEBOTE!" wird als für die Zeit des Umbaus zeitlich begrenztes Sonderangebot verstanden und liegt außerdem auch nicht im Rahmen des regelmäßigen Geschäftsbetriebes eines Kaufhauses, ist also von § 1 Abs. 2 AO nicht gedeckt (OLG Celle 17. 3. 76, GRUR 1976, 598).

156 Über das Wort „jetzt" und seine werbliche Bedeutung vgl. § 1 Rdn 136. „Jetzt kaufen heißt sparen" oder „Die sparsame Hausfrau kauft jetzt" sind Blickfänge, die grundsätzlich als zeitliche Begrenzungen verstanden werden. „Jetzt" hat da noch unübersehbar den Sinn von „jetzt **und nicht später!**". Es sind das m. E. auch nicht so abgegriffene Slogans, daß sie von den Umworbenen überlesen werden und nicht doch von einem **nicht unbeachtlichen Teil** des Verkehrs als inhaltliche Unterrichtung über das Angebot — hier also eben über die Dauer seiner Laufzeit — verstanden werden, mögen auch viele Hausfrauen, die das lesen, darüber lächelnd hinwegsehen. Es gilt immer auch bei der Texturierung von Werbungen die alte Weisheit „Semper aliquid haeret"! Auf jeden Fall verschieben solche Blickfänge die Werbung gefährlich auf die Grenze und da es immer auf den Gesamteindruck ankommt, kann sie durch andere Elemente des Werbetextes leicht **eindeutig** als Ankündigung eines zeitlich begrenzten Angebotes zu beurteilen sein.

157 Gerade in solchen Zusätzen kann aber auch, wenn die Werbung kurz vor oder nach den Saisonschlußverkäufen erscheint, die Vorwegnahme oder Verlängerung eines Schlußverkaufs gesehen werden, so daß dann also ein Verstoß gegen § 9 UWG und § 2 der VO des BWM v. 13. 7. 1950 und gegen § 3 UWG vorliegen kann (DW 1957, 126; Schopps, Abschnittsschlußverkäufe und Sonderangebote, WRP 1975, 647; vgl. dazu BGH 23. 6. 61, GRUR 1962, 36 und § 1 Rdn 9, 11, 15). Die Aufforderung „Kommen Sie bald!" hält LG Rottweil 23. 5. 56, DW 1956, 79, für zu unbestimmt und farblos, um als zeitliche Begrenzung zu wirken. Es wird auch da auf den Gesamteindruck, also auf die Umgebung dieses Slogans, ankommen. Bei LG Rottweil a.a.O. wurde ein „Sonderposten von ca. 3000 m Stoffen aller Art, die teilweise kleine Webfehler aufweisen", auf „Extratischen enorm billig" angeboten, und zwar von einem „großen Textilgeschäft". Im Hinblick auf den immerhin beachtlichen Warenposten — der sich allerdings auf unterschiedliche Stoffqualitäten und Muster aufgeteilt haben wird! — scheint die Entscheidung überzeugend. Auch ein „großes Textilgeschäft" verkauft einen solchen Warenvorrat nach der Lebenserfahrung der Umworbenen nicht so schnell, obwohl es da allerdings auf die Einzelumstände, die die Urteilsveröffentlichung nicht mitteilt, ankommen wird. So verkauft sich ein solcher Posten in der Großstadt viel schneller als in einer kleineren Stadt und in einem großen Warenhaus mit verkehrsbekanntem Riesenumsatz ist ein solcher Posten nach der Lebenserfahrung **rasch** verkauft: da wird also ein solcher Slogan grundsätzlich „zeitlich begrenzend" wirken! Vgl. dazu auch § 1 Rdn 145, 170.

Die Werbung „**So billig nur jetzt**" oder „**Preissenkung für alle** **158** **Bestellungen, die im Mai eingehen**" (GA 4/1956) ist unstreitig geeignet, beim Publikum den Eindruck hervorzurufen, es handle sich um eine nicht für längere Zeit, sondern **nur vorübergehend** gebotene günstige Einkaufsgelegenheit. Es liegen also zeitlich begrenzte Sonderangebote vor[78].

---

[78] Es kann da aber im **Einzelfall** anders liegen, wenn nämlich das Publikum weiß, daß die fraglichen Waren zu bestimmten Zeiten ganz allgemein billiger angeboten werden. So ist es mit den Kohlenpreisen im Sommer, mit Pelzmänteln im Frühjahr, mit landwirtschaftlichen Traktoren oder mit Kühlschränken im Winter. Da wird also die Werbung unter dem Motto „Sommerpreis" oder „Jetzt Winterpreis" nicht als „besonders günstiges" Kaufangebot des so Werbenden verstanden, sondern als Hinweis darauf, daß zur Zeit eben **allgemein** die Preise „saisonbedingt" in der Branche herabgesetzt sind (vgl. § 1 Rdn 47). Selbst wenn man also so „globale" zeitliche Beschränkungen als „zeitlich begrenzte" Angebote im Sinne des § 1 Abs. 2 AO ansieht, so fehlt es jedenfalls an einer Ankündigung, die den Anschein erweckt, es würden „besondere" Kaufvorteile gewährt.

II. Legaldefinition der Sonderveranstaltungen

159 Besondere Probleme tauchen hinsichtlich dieses Verbotes zeitlicher Begrenzung — aber auch hins. des **zentralen Merkmals aller von der AO erfaßten Verkaufsveranstaltungen,** nämlich des in § 1 Abs. 1 AO festgelegten **Stattfindens außerhalb des regelmäßigen Geschäftsverkehrs** — im **Wandergewerbe** auf und haben die Gerichte häufig beschäftigt. Wegen des sachlichen Zusammenhangs soll nachstehend auch nochmals auf die Abgrenzung des regelmäßigen Geschäftsverkehrs im Wandergewerbe — also auf eine Auslegungsfrage des § 1 **Abs. 1** AO — mit eingegangen werden.

Wandergewerbeveranstaltungen sind **ihrer Natur nach** zeitlich begrenzt. Es ist daher heute unstreitig, daß bei der Ankündigung von Wanderlagern der Hinweis auf die Zeit, während deren der fragliche Verkauf stattfindet, **zulässig** ist. Der Wandergewerbetreibende muß natürlich das Publikum davon unterrichten können, wann und wo er in der betreffenden Stadt verkauft. Während in der Regel eine befristete Verkaufsveranstaltung andeutet, daß der reguläre Geschäftsablauf unterbrochen wird, ist diese zeitliche Begrenzung also für eine im Wandergewerbe durchgeführte Veranstaltung typisch. Die zeitliche Begrenzung bedeutet im Wandergewerbe also nicht, daß die fragliche Verkaufsveranstaltung „außerhalb des regelmäßigen Geschäftsverkehrs" stattfindet (DW 1957, 120; Habscheid, WuW 1953, 527; BayObLGStr. 4. 11. 53, GRUR 1954, 276). Das Wandergewerbe besteht gerade darin, daß es ständig derartige für sich jeweils zeitlich begrenzte Verkaufsveranstaltungen im Umherziehen veranstaltet. Man kann aber selbstverständlich nicht etwa den Betrieb des ambulanten Gewerbes als eine Kette aneinandergereihter Sonderveranstaltungen ansehen. Die AO erfaßt zwar unstreitig nicht nur den stehenden Einzelhandel, sondern auch das Wandergewerbe (§ 1 Rdn 22). Dadurch aber, daß unter die AO nur Veranstaltungen fallen, die außerhalb des regelmäßigen Geschäftsverkehrs stattfinden, sind die **üblichen** Veranstaltungen der Wandergewerbetreibenden **von der AO nicht**

erfaßt, obgleich bei ihnen die befristete Ankündigung unvermeidbar ist. Durch eine andere Auslegung würde praktisch das Wandergewerbe stillgelegt. Ein solches Verbot des Wandergewerbes hätte jedoch vom Reichswirtschaftsminister gar nicht ausgesprochen werden können, weil es nicht von der Ermächtigung des § 9 a UWG umfaßt war (OLG Hamburg 7. 2. 57, WRP 1957, 83). Es würde heute auch gegen die verfassungsmäßigen Grundrechte verstoßen und daher außer Kraft gesetzt sein.

Daraus ergibt sich allerdings, daß das Wandergewerbe insoweit dem stehenden Gewerbe gegenüber **werbepsychologisch im Vorteil** ist. Es ist nicht zu verkennen, daß der Umstand, daß der Wandergewerbetreibende unstreitig auf die kurzbefristete Dauer seines Angebotes hinweisen darf (und muß!), ihm gegenüber dem stehenden, ortsansässigen Gewerbe einen werblichen Vorsprung sichert. Es ist an der Tatsache nicht vorbeizusehen, daß auch dann, wenn die fragliche Ankündigung im übrigen alles vermeidet, was vom Verkehr als Hinweis auf eine einmalige, besondere Gelegenheit verstanden werden kann, das Publikum eben doch schon wegen dieser Kurzfristigkeit der fraglichen Kaufgelegenheit immer dazu neigt, hier etwas Besonderes zu vermuten und in eine Art Jahrmarktpsychose zu verfallen. Man kann, wenn man derartige Anzeigen unbefangen auf sich wirken läßt, sich oft des Eindrucks nicht erwehren, daß dabei schon allein wegen der kurzen zeitlichen Begrenzung etwas angekündigt wird, was einem nicht alle Tage angeboten wird und was man daher nicht verpassen sollte. Davon abgesehen spielt bei der Ankündigung eines Wanderlagers auch die Gruppenvorstellung der Verbraucher hinein, man kaufe da preisgünstiger als beim stationären Einzelhandel. Diese Annahme resultiert aber aus den von den Letztverbrauchern mehr oder weniger klar erkannten **unterschiedlichen kalkulatorischen Grundlagen** und stellt einen „spezifischen Branchenvorteil" des Wandergewerbes dar und zutreffend betont OLG Hamburg 7. 2. 57

II. Legaldefinition der Sonderveranstaltungen

(WRP 1957, 83), daß diese ungleiche Wettbewerbslage in Kauf genommen werden muß und jede andere Auslegung **nicht gesetzestreu** wäre (vgl. auch KG 29. 5. 55, NJW 1956, 596).

161 Gerade diese Sachlage muß allerdings dazu veranlassen, darauf zu achten, daß der dem Wandergewerbe durch die derzeitige Rechtslage eingeräumte Vorsprung im Wettbewerb **nicht über Gebühr ausgeschlachtet** wird. Es muß vom Wandergewerbetreibenden verlangt werden, daß er diese ihm gelassene Freiheit, auf die kurzzeitige Begrenzung der angekündigten Verkaufsveranstaltung hinzuweisen, **nur im Rahmen einer notwendigen Unterrichtung der Umworbenen hinsichtlich der Verkaufszeit** nutzt und sie nicht dazu ausnutzt, um dadurch den Zeitfaktor werblich ins Spiel zu bringen. Der Hinweis auf die zeitlich begrenzte Dauer des Verkaufs muß vom Verkehr dahin verstanden werden, daß sich diese zeitliche Begrenzung aus der Natur der Verkaufsveranstaltung eines Wandergewerbetreibenden, der sich **überall** nur kurze Zeit aufhält, ergibt und daß sie nichts mit dem Angebot, als solchem zu tun hat. Der Wandergewerbetreibende darf auch, um den Bannkreis der AO nicht zu betreten, nicht durch die Aufmachung seiner Veranstaltung, durch Plakate und Inserate und dgl., in denen das Wanderlager angekündigt wird, den Anschein einer **außergewöhnlichen** Verkaufsveranstaltung hervorrufen. Er darf zwar ankündigen, wann, wie lange und wo er verkauft und er darf auch alle Angaben über die Größe seines Verkaufsraumes, den Umfang seines Warenangebotes und die Günstigkeit der Preise wie jeder andere Händler bringen. Er muß aber in seiner Werbung, soweit er nicht zulässigerweise ein Sonderangebot ankündigt, unbedingt den Eindruck vermeiden, daß er etwas anderes biete, „als was er ständig in gleichbleibender Weise nur an wechselnden Orten anzubieten hat" (OLG Hamburg 7. 2. 57, WRP 1957, 83). Die Zulässigkeit eines im übrigen von § 1 Abs. 2 AO gedeckten Sonderangebotes wird aber eben unstreitig nicht dadurch beseitigt, daß das Sonderangebot eines Wandergewerbetreibenden im vorstehenden Sinne als zeitlich begrenzt angekündigt wird. Im Rahmen des § 1 Abs. 2 AO darf also auch der **Wandergewerbetreibende** die besondere Preisgünstigkeit eines Sonderangebotes betonen.

Falls ein Wandergewerbetreibender eine aus dem Rahmen des regelmäßigen Wandergewerbebetriebs herausfallende Verkaufsveranstaltung mit den Merkmalen des § 1 Abs. 1 AO ankündigt, liegt, soweit nicht die Voraussetzungen für ein „zulässiges Sonderangebot" vorliegen, ein Verstoß gegen die AO vor. Zutreffend hat daher das OLG Hamburg a.a.O. die Verwendung des Wortes **Großveranstaltung** in der Ankündigung eines Wandergewerbetreibenden für unzulässig erachtet. Das Wort kann zwar dahin verstanden werden, daß damit lediglich darauf hingewiesen wird, daß das fragliche Unternehmen ein Großunternehmen des Wandergewerbes ist. Ein nicht unbeachtlicher Teil des Publikums wird aber eine solche Werbung dahin verstehen, daß dabei etwas angeboten wird, was aus dem Rahmen herausfällt, daß sich also eine besonders günstige Kaufgelegenheit bietet, eine Kaufgelegenheit, die „außerhalb des regelmäßigen Geschäftsverkehrs" im Wandergewerbe der betreffenden Branche liegt[79]. Nur die normalen, keine Sondervorteile ankündigenden Verkaufsveranstaltungen fügen sich eben in diesen Rahmen ein. Wenn ein Wandergewerbetreibender einen „großen Sonderverkauf" ankündigt, bei dem „einmalig günstig" eine Partie neuer Schnellwaschmaschinen und Trockenschleudern „weit unter dem Preis" verkauft wird, so erweckt er damit beim Publikum die Vorstellung einer einmaligen, besonderen Kaufgelegenheit, die außerhalb des regelmäßigen Geschäftsverkehrs stattfindet und sich auch nicht in den Rahmen seines regelmäßigen Geschäftsbetriebes einfügt (DW 1957, 120). Ankündigungen wie „sensationell preisgünstig", „einmalige Gelegen-

---

[79] Es kann dabei aber ein „zulässiges Sonderangebot" gem. § 1 Abs. 2 AO vorliegen. Vgl. dazu das Folgende.

II. Legaldefinition der Sonderveranstaltungen

heit" und dgl. sind eben nur zulässig, wenn — unbeschadet der Tatsache, daß der Wandergewerbetreibende auf die **zeitliche Begrenzung** seines Wanderlagers hinweisen darf — **die sonstigen Voraussetzungen** des § 1 Abs. 2 AO vorliegen, insbesondere also das Angebot sich in den Rahmen des regelmäßigen Geschäftsbetriebes des Wandergewerbetreibenden einfügt und in diesem nicht als etwas „selten Vorkommendes" ein Fremdkörper ist, und wenn nur „einzelne durch Güte oder Preis gekennzeichnete Waren" angeboten werden. Dabei darf natürlich nicht irreführende Werbung (§ 3 UWG) getrieben werden, d. h. es müssen die besonderen Kaufvorteile, deren Gewährung angekündigt wird, auch tatsächlich geboten werden. Vgl. dazu auch § 1 Rdn 50.

163 Das BayObLG hat es in seinem Urteil v. 4. 11. 53 (GRUR 1954, 276, Strafsache) für eine unzulässige Sonderveranstaltung angesehen, wenn ein Wandergewerbetreibender ankündigt: „Achtung Hausfrauen! Einmaliger Sonderverkauf von Strickwolle zu den Sommerpreisen. Direkt ab Spinnerei!" oder „Achtung Hausfrauen! Großer Wiederholungsverkauf!"[80]. Die Ankündigung eines Wanderlagers: „Einmalige Gelegenheit! Nur ein Tag, Freitag, den 3. Juni 1951 — Große Frühjahrs-Verkaufsmusterschau..." hat VerwG Würzburg 3. 12. 52 (GRUR 1953, 450) mit Recht für eine unzulässige Sonderveranstaltung gehalten (a.A. Habscheid, GRUR 1953, 450). Das Publikum versteht die Worte „Einmalige Gelegenheit" hier, gerade im Zusammenhang mit dem bei der Ankündigung von Wanderlagern eben unvermeidlichen — hier übrigens durch die Formulierung („**nur**" ein Tag) **werblich ausgenutzten** und daher m. E. nach § 1 Abs. 2 AO als zeitliche Begrenzung unzulässigen — Hinweis auf die kurze zeitliche Begrenzung, als echte Aussage über das Angebot, das durch eine eindringliche, über den Rahmen der **notwendigen Information** des Ver-

---

[80] Der Fall scheint mir auf der Grenze zu stehen. Die Angaben sind doch **recht farblos**. Daß für Strickwolle ganz allgemein Sommerpreise eingeräumt werden, ist den Leuten wohl auch bekannt! Dasselbe gilt z. B. für Pelzkleidung oder Wintersportartikel.

kehrs hinausgehende Hervorhebung der zeitlichen Begrenzung die Umworbenen zum unüberlegten Kaufentschluß zu verleiten geeignet ist. Derartige Verkaufsveranstaltungen finden daher nicht im regelmäßigen Geschäftsverkehr statt. Formulierungen wie **„Nur 3 Tage"** sind m. E. nicht durch die Besonderheiten des Wandergewerbes veranlaßt. Es genügt da die schlichte und nicht anreizende Angabe „Vom 1. bis 3. März 1978" oder ähnliche, **rein sachliche** Formulierungen. Die Verbraucher wissen ohnehin, daß Wandergewerbeverkäufe stets nur einige Tage lang stattfinden an dem fraglichen Ort; sie achten daher, wenn sie Interesse haben, von sich aus darauf, an welchen Tagen das der Fall ist.

164 Wenn die durch die notwendige Angabe der Befristung einer Wanderlagerveranstaltung ohnehin **labile Stimmung der Umworbenen** noch irgendwie durch Hinweise auf die Einmaligkeit oder Außergewöhnlichkeit der fraglichen Kaufmöglichkeit ausgenutzt wird, wird also das Vorliegen einer unzulässigen Sonderveranstaltung im Sinne der Anordnung zu bejahen sein (H. Tetzner, JR 1953, 208). Zutreffend hat daher BVerwG 12. 12. 57 (GRUR 1958, 200) die Ankündigung eines Wandergewerbetreibenden als eine nach § 1 Abs. 1, § 2 AO unzulässige Sonderveranstaltung angesehen. Es lag da geradezu ein Schulfall einer solchen Sonderveranstaltung vor. Es wurde für eine „Große Textil- und Strickwaren-Ausstellung mit unserem beliebten Verkauf" mit Zusätzen wie „Einmalige Gelegenheit", „Ihr Vorteil... Nur 2 Tage" geworben. Weiter war die Rede von einer „bisher nicht gezeigten Auswahl einmalig schöner Muster und Qualitäten", von „einmalig niedrigen Preisen", von „Restposten weit unter Preis" und am Schluß hieß es „Nutzen Sie diese einmalige Gelegenheit"!
Ein **„großer Lodenmantelverkauf"**, den ein Wandergewerbetreibender mit dem Zusatz „Nur drei Tage — jetzt kaufen — enorm billig" ankündigt, wird vom LG München im Urteil v. 14. 1. 58 (DW 1958, 56) als unzulässige Sonderveranstaltung angesehen. Das Urteil betont, daß diese Ankündigung die

II. Legaldefinition der Sonderveranstaltungen

notwendige und erlaubte Mitteilung der für die Umworbenen wichtigen Daten des angekündigten Wanderlagers „weit überschreitet". Der Kunde werde eine derartige Ankündigung dahin verstehen, daß hier ein großer Warenposten rasch und daher anders als im regelmäßigen Geschäftsverkehr, nämlich zu außergewöhnlich niedrigen Preisen, abgesetzt werden sollte, daß also eben eine „Sonderveranstaltung" angekündigt wird. Ich glaube, daß auch bei dieser Ankündigung schon allein die Angabe der zeitlichen Begrenzung unter Hinzufügen des Wortes „nur" die Unzulässigkeit nach der AO herbeiführt. Warum heißt es nicht: „3 Tage — vom 1. bis 3. August"? Die — an sich nicht unbedingt nötigen — Worte „3 Tage" sind m. E. noch unschädlich. Sie setzen in diesem Zusammenhang nicht unter Zeitdruck, sondern lenken die Aufmerksamkeit des Verkehrs auf die kalendermäßige Zeitangabe und können daher noch geduldet werden. Der Wandergewerbetreibende muß ja seinen Werbetext so gestalten können, daß der Verkehr unübersehbar darüber informiert wird, daß die Verkaufsveranstaltung „demnächst" stattfindet und das geschieht hier durch die Worte „3 Tage", die unmittelbar vor der kalendermäßigen Zeitangabe stehen und auf diese hinlenken.

165 Die Worte „Weit unter Preis" rufen natürlich leicht den Anschein der Einmaligkeit und der besonderen Kaufgelegenheit hervor. Sie müssen also bei der Ankündigung der Veranstaltung von Wandergewerbetreibenden vermieden werden (DW 1957, 120), soweit nicht, abgesehen vom Verbot der zeitlichen Begrenzung, die speziellen Voraussetzungen eines „zulässigen Sonderangebotes" gem. § 1 Abs. 2 AO vorliegen. Denn unstreitig können, was nochmals betont werden mag, auch Wandergewerbetreibende im Rahmen des § 1 Abs. 2 AO **„Sonderangebote"** machen, nur müssen dabei eben **alle** Voraussetzungen des § 1 Abs. 2 AO mit Ausnahme des Fehlens einer zeitlichen Begrenzung vorliegen, die im Rahmen der erforderlichen Unterrichtung über die Verkaufszeit nicht

Die zulässigen Sonderangebote

schadet. Denn einen Hinweis auf die Zeit, während derer er sein Wanderlager am Ort veranstaltet, muß der Wandergewerbetreibende auch dann bringen können, wenn er, was ihm gem. § 1 Abs. 2 AO freisteht, **Sonderangebote** ankündigt, die sich aber natürlich in den Rahmen seines regelmäßigen Geschäftsbetriebes einfügen müssen (vgl. § 1 Rdn 167). Eine andere Auslegung würde das Wandergewerbe von den Vorteilen der „zulässigen Sonderangebote" schlechthin ausschließen. Das wäre aber durch die Ermächtigung in § 9 a UWG nicht gedeckt und stünde außerdem in Widerspruch mit dem Grundgesetz.

ee) Einfügung der Verkaufsveranstaltung in den Rahmen des „regelmäßigen Geschäftsbetriebes" des Veranstalters

166 Schließlich muß sich ein zulässiges Sonderangebot „**in den Rahmen des regelmäßigen Geschäftsbetriebes des Gesamtunternehmens oder der Betriebsabteilung einfügen**". Das Sonderangebot darf sich also nach der Auffassung der damit Umworbenen nicht als eine willkürliche, nicht aus den innerbetrieblichen Gegebenheiten und Bedürfnissen des Unternehmens herauswachsende **Unterbrechung** des regelmäßigen Geschäftsbetriebes darstellen (BGH 13. 9. 73, GRUR 1973, 658). Es muß diesen vielmehr unterstützen. Schon daraus ergibt sich Wesentliches. Wenn nach der Art der Durchführung der Verkaufsveranstaltung z. B. große Teile der Auslagen eines Kaufhauses durch die Sonderangebotswerbung blockiert werden, so wird das meist dafür sprechen, daß der regelmäßige Geschäftsbetrieb zugunsten der Sonderangebotsaktion stark zurückgedrängt und unterbrochen wird. Vgl. dazu auch § 1 Rdn 113, 114. Eine Werbung „Ab heute bis zum 23. Dezember nur Sonderangebote!" ist der **Schulfall** einer unzulässigen Sonderveranstaltung: da ist der regelmäßige Geschäfts**verkehr** sogar aufgesogen von lauter Sonderangeboten — ein Geschäftsgebaren, das sich nie in den Rahmen des regelmäßigen Geschäfts**betriebes** eines Unternehmens einfügen kann. Denn ein Geschäftsgebaren kann sich **nur dann** in den Rah-

II. Legaldefinition der Sonderveranstaltungen

men des regelmäßigen Geschäftsbetriebes des Veranstalters im Sinne des § 1 Abs. 2 AO einfügen, wenn es eine wenngleich neue, so doch billigenswerte Form geschäftlichen Handelns ist. Es gilt insoweit das, was in § 1 Rdn 40 für den Begriff des „regelmäßigen Geschäftsverkehrs" im Sinne des § 1 Abs. 1 AO gesagt worden ist, entsprechend. Wettbewerbswidriges Verhalten kann sich — wie alles, was sich nicht im Rahmen der von der Rechtsordnung gebilligten Ziele hält — **nie** in den Rahmen des regelmäßigen Geschäftsbetriebs eines Unternehmens im Sinne des § 1 Abs. 2 AO einfügen. Vgl. dazu etwa BGH 4. 11. 77, GRUR 1978, 112, ausführlich besprochen § 1 Rdn 146 und § 1 Rdn 50 zu BGH 20. 5. 74, GRUR 1975, 491.

167 Das Sonderangebot im Sinne des § 1 Abs. 2 AO muß immer aus dem normalen Geschäftsablauf des Veranstalters, in dessen Rahmen es sich einfügen muß, herauswachsen. Der regelmäßige Geschäftsbetrieb des Unternehmens darf sich also nicht lediglich in Sonderangeboten erschöpfen. Nun darf man aber Sonderangebote nicht mit dem verwechseln, was gemeinhin als „Gelegenheit" bezeichnet wird. Geschäfte, die alte Kleidung usw. anbieten, machen dabei keine „Sonderangebote", sondern bieten eben entsprechend der da verkauften Ware billig an. So liegt es auch z. B. im **Antiquariatsbuchhandel.** Auch da sind die einzelnen Angebote schon deshalb keine Sonderveranstaltungen im Sinne der AO, weil ihre Ankündigung nicht der Beschleunigung des Warenabsatzes (§ 1 Abs. 1 AO) dient. Der regelmäßige Geschäftsverkehr dieser speziellen Branche des Buchhandels (vgl. auch § 1 Rdn 112) besteht seinem Wesen nach aus lauter Angeboten, die oft günstig sind, die aber keine Sonderangebote sind, sondern vom Verkehr zutreffend als das normale, laufende Angebot des Unternehmens aufgefaßt werden. Sie erwecken nicht den Eindruck der Gewährung besonderer Kaufvorteile (vgl. dazu § 1 Rdn 63, 74), und zwar schon deshalb nicht, weil ihre Ankündigung nicht den Eindruck erweckt, die fraglichen Bücher würden günstiger als sonst in dem Geschäft angeboten. Die AO ist also da **nicht anwendbar:** es fehlt an den **Grundvoraussetzungen einer Sonderveranstaltung im Sinne der Anordnung,** wie sie § 1 Abs. 1 AO verlangt.

Beim Wandergewerbe bestehen solche aus der Branche herauswachsende Eigentümlichkeiten nicht. Das Wanderlager darf daher nicht lediglich in Sonderangeboten bestehen. Die Zulassung derartiger Veranstaltungen liefe darauf hinaus, daß der ganze Geschäftsbetrieb aus einer sich örtlich verlagernden Kette solcher „Sonderangebote" bestünde. Diese würden sich dann also nicht — wie es § 1 Abs. 2 AO verlangt — in den Rahmen des regelmäßigen Geschäftsbetriebes des Wandergewerbetreibenden „einfügen", sondern würden den Geschäftsbetrieb in seiner Totalität ausfüllen. Das Sonderangebot würde dadurch zu einem Dauerangebot werden, was ein Widerspruch in sich selbst wäre. Denn Sonderangebote sind immer Angebote „besonderer Art", die aus dem Geschäftsbetrieb des Unternehmens gelegentlich herauswachsen und sich von den den Kern des Geschäftsablaufes bildenden normalen Angeboten absondern und abheben und nur als Füllgeschäfte „im Rahmen des regelmäßigen Geschäftsbetriebes" des Veranstalters auftreten dürfen. Vgl. dazu auch § 1 Rdn 147.

Das Sonderangebot im Sinne des § 1 Abs. 2 AO stellt sich in **168** den Augen der Umworbenen — ebenso wie die Verkaufsveranstaltung des § 1 Abs. 1 AO — als eine Steigerung des Leistungsangebotes dar. Wenn sich nun dieser Angebotsgipfel — und das ist die legislatorische Rechtfertigung des § 1 Abs. 2 AO — sowohl tatsächlich wie auch nach Auffassung des Publikums in den Rahmen des kontinuierlichen Geschäftsablaufes des Unternehmens, eben in den Rahmen des regelmäßigen Geschäftsbetriebes des Veranstalters, mit seinen zeitlich unterschiedlichen, vom Marktgeschehen gesteuerten Kalkulationen und Dispositionen einfügt und nach dem werblichen Sinngehalt der Ankündigungen aus einer zwar besonderen, aber doch normalen Situation herauswächst, die

II. Legaldefinition der Sonderveranstaltungen

immer wieder unregelmäßig gelegentlich im Jahresablauf eintritt und daher mit ihrer Folge, dem „Sonderangebot", nichts Auffälliges und Seltenes mehr darstellt, dann ist diese Verkaufsveranstaltung, wenn die sonstigen Voraussetzungen des § 1 Abs. 2 AO vorliegen, von der AO nicht erfaßt. Es liegt dann keine Sonderveranstaltung im Sinne der AO vor.

Das von § 1 Abs. 2 AO gedeckte Sonderangebot darf also nicht „künstlich aufgezogen" sein, sondern muß sich aus innerbetrieblichen Bedürfnissen (Großeinkauf, günstiger Einkauf verderblicher Waren usw.) „organisch" ergeben[81]. Ob das der Fall ist, hängt von den Umständen des Einzelfalles, von der Größe und Art des Unternehmens und wesentlich auch vom Wert und Umfang der im Sonderangebot liegenden Waren im Verhältnis zum Umfang und zum Wert des außerhalb des Angebotes vorhandenen Warenangebots des Veranstalters ab. Nach dieser Relation beurteilt eben das Publikum die Frage, ob nur „einzelne Waren" preisgünstig angeboten werden.

169 Die AO spricht vom Einfügen in den Rahmen des regelmäßigen Geschäftsbetriebes „des Gesamtunternehmens oder der Betriebsabteilung". Welche Bedeutung hat diese Unterteilung? M. E. kommt es darauf an, ob sich die Verkaufsveranstaltung in den Rahmen des regelmäßigen Geschäftsbetriebes **„des Veranstalters"** einfügt — und zwar nach der Auffassung der umworbenen Letztverbraucher. Der Rahmen des regelmäßigen Geschäftsbetriebes eines überregionalen Kaufhauskonzerns kann also (und wird oft) von Stadt zu Stadt variieren — denn als **Veranstalter** sieht der Verkehr nicht den „anonymen" Konzern an, sondern die Verkaufsstelle, von der die Ankündigung ausgeht. In kleineren Städten wird dieser Rahmen des regelmäßigen Geschäftsbetriebes anders sein als in

---

[81] Das Sonderangebot darf sich also nicht als Einmaligkeit hinstellen, etwa durch Zusätze wie „Zufolge ungewöhnlicher Preisschwankungen", durch das Hervorheben einer „unerwartet günstigen, außergewöhnlichen Situation" oder dgl. Es muß eine neutrale Formulierung haben, die es nicht als einmalig erscheinen läßt, sondern als „regulären" Geschäftsvorgang. Vgl. dazu über die besondere Lage **beim Wandergewerbe** § 1 Rdn 161 ff.

Großstädten und auch von Norden nach Süden werden sich da vielerlei Unterschiede zeigen. Einem Letztverbraucher aus Hamburg oder Köln kann manches, was er in einer Filiale eines großen Kaufhauskonzerns etwa in München sieht, unüblich für diese Firma vorkommen, während es sich für den Kunden aus München und seinem Einzugsgebiet in den Rahmen des regelmäßigen Geschäftsbetriebes des Münchner Hauses einfügt. Hier kommt es auf den regionalen Kundenkreis, an den sich die Ankündigung in erster Linie richtet, an: eine überregionale Üblichkeit für das Gesamtunternehmen wird nicht verlangt. Sie würde solche überregional tätige Unternehmen (Warenhäuser usw.) auch im Wettbewerb mit den nur regional arbeitenden Firmen unterschiedlich behandeln. Man kann das damit begründen, daß § 1 Abs. 2 AO neben dem Gesamtunternehmen die „Betriebsabteilung" anführt und kann die Zweigbetriebe des Konzerns als solche Betriebsabteilungen ansehen. M. E. beinhaltet aber der Begriff der „Betriebsabteilung" (scil. des Gesamtunternehmens) noch eine weitere Analyse. Innerhalb eines Warenhauses z. B. unterscheidet der Verkehr — trotz räumlichen Nebeneinanders — die einzelnen Abteilungen: zunächst food und non-food, dann aber wieder viele einzelne Betriebsabteilungen, etwa bei food Fleisch- und Wurstwaren, Molkereiprodukte, Süßwaren, Backwaren usw. und bei non-food Textilien, Schuhe, Wäsche, Möbel usw. Wie subtil sich diese Aufspaltung im Verbraucherbild vollzieht, wird von den einzelnen Umständen abhängen. Jede solche „Betriebsabteilung" hat aber dann beim Letztverbraucher ihr besonderes, durch ihr aus ihren betriebsinternen Gegebenheiten herausgewachsenem Geschäftsgebaren gestaltetes „Image" und damit ihren eigentümlichen Rahmen des regelmäßigen Geschäftsbetriebes. Dieser Umstand wird auch wichtig für die Frage, ob „einzelne" Waren angeboten werden: Umfang und Umsatz der in Frage stehenden **Betriebsabteilung** werden da maßgebend dafür, ob der Verkehr hier noch einzelne Waren an-

II. Legaldefinition der Sonderveranstaltungen

nimmt oder darüber hinausgehende Angebote. Vgl. dazu § 1 Rdn 105 ff. und das instruktive Urteil OLG Bremen 23. 4. 70 (BB 1970, 1151), ausführlich wiedergegeben § 1 Rdn 148.

170 Entscheidend ist immer, wie der Verkehr die Ankündigung versteht (unstreitig; OLG Düsseldorf 16. 1. 76, GRUR 1977, 501; BGH 4. 11. 77, BB 1978, 61 und ständig).

Erkennt das umworbene Publikum, dem Art und Umfang des Geschäftsbetriebes des Veranstalters den Umständen nach bekannt sind[82], daß es sich bei dem Sonderangebot nur um einen kleinen Bruchteil des im fraglichen Unternehmen vorhandenen Warenbestandes handelt, so wird es daraus folgern, daß dieser Posten „nebenher", **ohne Unterbrechung** des regelmäßigen Geschäftsbetriebes des Unternehmens, zwanglos und „üblicherweise" mit verkauft wird (LG Rottweil 23. 5. 56, DW 1956, 79; ausführlich wiedergegeben § 1 Rdn 157).

Übersteigerte Angebote wird der Verkehr dagegen meist als einmalig und nicht wiederholbar ansehen und als Angebote beurteilen, die das Unternehmen sonst nicht bieten kann. Solche Angebote fügen sich daher nicht in den Rahmen des regelmäßigen Geschäftsbetriebs des Unternehmens ein. Vgl. dazu auch § 1 Rdn 173.

171 Zeitliche Begrenzungen (§ 1 Rdn 122 ff.) werden oft ein Angebot aus dem Rahmen des regelmäßigen Geschäftsbetriebs des Unternehmens (und oft auch aus dem regelmäßigen Geschäftsverkehr der Branche!) herausschieben, müssen das

---

[82] Hier kommt es also darauf an, ob sich die Werbung an Kreise richtet, denen diese Umstände bekannt sind. Große Versandhäuser, Warenhäuser, Großunternehmen des Textileinzelhandels und dgl. sind weithin und „überörtlich" bekannt.
Oft wird sich diese anschauliche Kenntnis des veranstaltenden Unternehmens aber örtlich beschränken und sie fällt regelmäßig ganz weg beim Wandergewerbetreibenden, der kommt und geht und dessen Verhältnisse dem Publikum kaum näher bekannt sind. Daher wirkt beim Wandergewerbetreibenden die Ankündigung einer „Großveranstaltung" immer als etwas Besonderes, aus dem Rahmen des regelmäßigen Geschäftsbetriebs des Wandergewerbetreibenden Herausfallendes, auch wenn es sich um ein Großunternehmen handelt (vgl. § 1 Rdn 162).

aber nicht schlechthin tun. Wenn etwa im Sommer größere Posten leicht verderblicher Waren angeboten werden oder im Frühjahr Waren angeboten werden, die mit dem Ende des Winters nach den Käufergewohnheiten nicht mehr gefragt sind und die bei weiterer Lagerung dem Verderb ausgesetzt sind, dann braucht es sich bei solchen Angeboten, auch wenn sie mit besonderen Kaufvorteilen und **zeitlich begrenzt** angeboten werden, nicht unbedingt um unzulässige Sonderangebote zu handeln (vgl. auch BGH 16. 6. 71, GRUR 1972, 125). Hier ist das zeitlich begrenzte Angebot das verständliche und nicht mißbräuchliche Mittel, den Absatz der Waren so rasch herbeizuführen, daß sie nicht vorher verderben. Auch bei Angeboten zu bestimmten Festtagen, an denen besondere Waren stark gefragt sind, kann es branchenüblich sein und damit im regelmäßigen Geschäftsverkehr stattfinden, wenn derartige Waren etwa an den letzten Tagen vor dem Fest mit dem Hinweis darauf angeboten werden, daß das Angebot nur bis zum Tage vor den Feiertagen gilt: **nur so kann erreicht werden,** daß die preisgünstig angebotenen Waren noch rechtzeitig, ehe sie verderben, einen Käufer finden. **Solche** zeitlichen Begrenzungen versteht der Verkehr als eine aus dem regelmäßigen Geschäftsverkehr der Branche (leicht verderbliche Waren, Lebensmittel, Blumen usw., die die bevorstehenden Feiertage nicht überleben) herauswachsende und überall anzutreffende nicht willkürliche Gewährung besonderer Kaufvorteile, die nichts mit einer besonderen Verkaufsveranstaltung zu tun hat (vgl. BGH 13. 6. 73, NJW 1973, 1608; OLG Bremen 23. 4. 70, BB 1970, 1151; OLG Stuttgart 8. 2. 72, WRP 1972, 283). **Die AO findet daher keine Anwendung.** Vgl. dazu auch § 1 Rdn 41, 45 ff. Das sind auch keine Ankündigungen, die „unter Zeitdruck setzen": sie werden als selbstverständliche Betriebsnotwendigkeiten, die der Verkehr als solche auffaßt, verstanden und der Verkehr erwartet bei vielerlei Waren, z. B. bei Obst oder Gemüse, vor längeren Feiertagen geradezu solche „Feiertagsangebote". Die Umwor-

II. Legaldefinition der Sonderveranstaltungen

benen wissen, daß oft größere Vorräte eingekauft werden müssen, deren Reste dann kurz vor Torschluß hinausgeworfen werden müssen mit dem Hinweis „Nur bis zum... mittags" oder dgl. Die Hausfrauen warten daher mit ihren Einkäufen, „bis es soweit ist". Hier wird also durch die Zurückhaltung der Nachfrageseite die „Gewährung besonderer Kaufvorteile" veranlaßt und nicht umgekehrt durch Sonderangebote ein **unkritisches,** aus sachfremden Motiven erwachsendes Kaufen verursacht. Es wird durch derartige Angebote kein Bedarf geweckt, sondern durch die sehr überlegte „Verbrauchertaktik" eine wegen der Verderblichkeit der Ware oder ihrer „Feiertagsgebundenheit" erzwungene Kalkulation ausgenutzt. Alle die Momente, die ein Sonderangebot — das in der Zone der **Bedarfsbildung** der Verbraucher mit dem da ausgesprochen **irrationalen** Verbraucherverhalten wirksam wird — für den Verbraucher so gefährlich machen und die der Ausgangspunkt der AO sind, fallen daher in solchen Fällen weg. Denn in der Phase der **Marktentnahme** handelt der Verbraucher erfahrungsgemäß meist **sehr rational!** Vgl. dazu auch OLG Braunschweig 30. 6. 72, BB 1972, 1158. Das Urteil befaßt sich mit § 1 **Abs. 1** AO, und zwar mit der Abgrenzung des Begriffs des „regelmäßigen Geschäftsverkehrs", stellt dabei aber ähnliche Erwägungen an, wie sie vorstehend bei Abgrenzung des Begriffs des sich Einfügens in den Rahmen des regelmäßigen Geschäftsbetriebs des Gesamtunternehmens oder der Betriebsabteilung im Sinne des § 1 **Abs. 2** AO erörtert worden sind (vgl. dazu § 1 Rdn 90). Es betont, wie ich das oben bei der Untersuchung, ob sich eine Verkaufsveranstaltung in den Rahmen des regelmäßigen Geschäftsbetriebes des Veranstalters (§ 1 **Abs. 2** AO) einfügt, auch tue, den bedeutsamen Einfluß betriebswirtschaftlicher Notwendigkeiten eines beschleunigten Warenumsatzes für die Abgrenzung des Begriffs des „regelmäßigen Geschäftsverkehrs". OLG Braunschweig 30. 6. 72 hält die Blickfangwerbung „Schräger Dienstag" mit sehr preisgünstigen Angeboten für nicht von der AO erfaßt, weil sie im regelmäßigen Geschäftsverkehr (§ 1 **Abs. 1** AO) stattfinde. Die Begründung geht dahin, daß es sich dabei um eine neuartige Werbemethode handle, die sachgerecht und nicht mißbräuchlich sei, weil im Lebensmitteleinzelhandel im Zusammenhang mit Änderungen der Käufergewohnheiten und dem verlängerten Wochenende die Tendenz bestehe, am Wochenende verstärkt einzukaufen. Das habe die verkehrsarmen Wochentage in der ersten Wochenhälfte zur Folge. Daher sei es sachgerecht, wenn durch Sonderangebote, die zeitlich auf diese umsatzschwachen Wochentage begrenzt sind, der Umsatz ausgeglichen werde. Das liege nicht nur im Interesse der Wirtschaft und des zum Wochenende sehr überlasteten Personals, sondern auch des kaufenden Publikums, das so durch verlockende Sonderangebote an den umsatzarmen Wochentagen veranlaßt werde, an diesen Tagen einzukaufen, an denen man ruhiger einkauft als an den überfüllten Wochenendtagen. BGH 20. 5. 74 (GRUR 1975, 491, ausführlich zitiert § 1 Rdn 50), erklärte die Verkaufsveranstaltung überzeugend aus **anderen** Gründen, nämlich wegen Irreführung, für außerhalb des regelmäßigen Geschäftsverkehrs der Branche stattfindend und — was mich nicht überzeugt — für zeitlich begrenzt, also für unzulässig nach der AO. § 1 Abs. 2 AO war aber m. E. deshalb nicht anwendbar, weil eine irreführende Ankündigung sich grundsätzlich auch nicht in den Rahmen des regelmäßigen Geschäftsbetriebes des Veranstalters einfügen kann (vgl. § 1 Rdn 45, 50, 146, 166).

In den Rahmen des regelmäßigen Geschäftsbetriebs eines **172** Unternehmens, das den Einzelhandel mit Holz- und Fertigfenstern in „fest eingerichteten Verkaufsstellen" betreibt, fügt es sich nicht ein, wenn dieses den **Verkauf durch Lastkraftwagen** betreibt, die von Ort zu Ort fahren. Ob das auch dann noch gilt, wenn lediglich vor den Filialen Lastkraftwagen aufgestellt werden, scheint mir fraglich. OLG Hamm 27. 2. 76 (GRUR 1977, 502) scheint das zu bejahen. Zur Ankündi-

II. Legaldefinition der Sonderveranstaltungen

gung „Verkauf direkt ab LKW, solange der Vorrat reicht" durch ein Selbstbedienungseinzelhandelsunternehmen, das diese LKWs vor seinen Filialen aufstellte, vgl. OLG Düsseldorf 16. 1. 76, GRUR 1977, 501, wo das als zeitlich begrenzte Aktion und daher als unzulässig angesehen wurde, weil nur die Waren, die auf einem einzigen LKW Platz hatten, Gegenstand der Verkaufsveranstaltung waren, so daß also § 1 Abs. 2 AO nicht anwendbar war. Vgl. dazu auch § 1 Rdn 132.

173 Oft wird eine Verkaufsveranstaltung auch dadurch, daß die gebotenen **Kaufvorteile** als ganz außergewöhnlich herausgestellt werden, vom Verkehr als etwas Einmaliges, das aus dem Rahmen des regelmäßigen Geschäftsbetriebes des Veranstalters herausfällt, also als eine seltene Gelegenheit, aufgefaßt werden. Es ist überhaupt alles, was beim Durchschnittspublikum dahin verstanden werden kann, daß es sich nicht lediglich um eine günstige Gelegenheit, wie sie sich **immer wieder** bietet, handelt, sondern um eine Gelegenheit, die nicht so schnell wiederkommt, geeignet, eine Verkaufsveranstaltung aus dem Rahmen des „regelmäßigen Geschäftsbetriebes des Veranstalters" **herauszuschieben.** Derartige „qualifizierte Einkaufsmöglichkeiten" sind eben — im Gegensatz etwa zum ständig vorkommenden Verkaufe preiswerter Restposten oder günstig eingekaufter Sonderpartien — etwas **Außergewöhnliches,** das aus den „normalen" Gelegenheiten und damit aus dem „Rahmen des regelmäßigen Geschäftsbetriebs des Veranstalters" sich heraushebt und **damit kontrastiert.** Wenn aber ein Versandhaus zum Ausdruck bringt, daß eine Sonderliste, in der etwa Restposten zu herabgesetzten Preisen angeboten werden, „nur an die Kunden" versandt wird, so liegt darin **nichts Außergewöhnliches.** Es ist das die Konsequenz davon, daß derartige Sonderangebote oft nur einen beschränkten Warenvorrat umfassen. Außerdem will man „gezielt" werben.

Auch daraus, daß von als besonders preiswert angebotenen Waren nur beschränkte Mengen an den einzelnen Käufer ab-

Die zulässigen Sonderangebote

gegeben werden, wird der Verkehr meist noch nicht ein den Rahmen des regelmäßigen Geschäftsbetriebs des Veranstalters sprengendes Angebot ableiten. Das gilt natürlich erst recht dann, wenn ein Unternehmen schon lange Jahre hindurch unbeanstandet so geworben hat und der Verkehr daher darin nichts Außergewöhnliches mehr sieht. Immer ist in solchen Fällen aber § 3 UWG zu beachten.

174 Es kann also wichtig sein, wie das in Frage stehende Unternehmen sonst werblich aktiv war und welches „Image" sich das Unternehmen dadurch bei den Umworbenen aufgebaut hat. Daraus kann sich — jedenfalls bei großen Unternehmen — in den umworbenen Kreisen der „Rahmen des regelmäßigen Geschäftsbetriebs" dieses Unternehmens abgrenzen: Der Verkehr kann sich an bestimmte Werbungsformen eines Unternehmens gewöhnen (LG Düsseldorf 27. 6. 73, WRP 1973, 493). Bei BGH 6. 7. 77 (BB 1977, 1270) warb ein Lebensmittel SB-Unternehmen in allen seinen Filialen regelmäßig mit meist halbseitigen, wechselnden Angeboten unter der Überschrift: „D informiert" mit nachfolgenden wechselnden Angeboten einzelner Waren unter Angabe von Güte und Preis „aus dem D-Tiefpreis — Dauerprogramm". Das waren — laufend gebrachte — von § 1 Abs. 2 AO gedeckte Sonderangebote. Am 15. 10. 1974 erschien nun „plötzlich" eine Anzeige mit der Blickfangüberschrift: „Wir feiern Geburtstag. Feiern Sie mit. Es gibt einen Grund zum Feiern. 6 Jahre D-SB-Warenhaus. Wir haben uns deshalb ein paar außergewöhnliche Angebote ausgedacht, Geburtstagsangebote...". Daneben wurden links unter den Überschriften „Schlachtfest bei D, gutes Fleisch, gute Wurst zum Geburtstagspreis" 25 Fleisch- und Wurstwaren angeboten. In der Mitte wurde, drucktechnisch stark herausgehoben, ein Sekt zum „Geburtstagspreis" angeboten. Unten folgten unter „Textil-Sonderposten" drei Angebote und rechts wurden unter der Überschrift „Auch bei Obst und Gemüse das breite, volle Sortiment. Und die Preise? Hier 15 Beispiele" Obst und Gemüse angeboten. Die Werbung wurde

II. Legaldefinition der Sonderveranstaltungen

überzeugend als unzulässige Sonderveranstaltung angesehen[83]. Ein von § 1 Abs. 2 AO gedecktes Sonderangebot lag nicht vor, weil nicht unbeachtliche Teile der Umworbenen ein solches „Jubiläumsangebot" als zeitlich begrenzt auffassen (vgl. § 1 Rdn 122 ff., 135). Außerdem fiel die Aktion aber schon deshalb aus dem Rahmen des regelmäßigen Geschäftsbetriebes des Kaufhauses heraus, weil dieses in den in Frage stehenden Verkehrskreisen durch seine regelmäßig gebrachte Werbung für das „D-Tiefpreis-Dauerprogramm" den Eindruck hervorgerufen hatte, daß Sonderangebote **nicht** im Rahmen des Geschäftsgebarens lagen: die Ankündigung eines „Geburtstagspreises" war also auffallend. Daß die Ankündigung eines „Jubiläumsverkaufs" den Eindruck erweckt, es handle sich um eine den Rahmen des regelmäßigen Geschäftsbetriebes sprengende Verkaufsveranstaltung, ergibt sich auch aus § 2 Abs. 2 AO. Denn dort wird das grundsätzliche Verbot von Sonderveranstaltungen dahin **gelockert,** daß Jubiläumsverkäufe, die der Vorschrift des § 3 AO entsprechen, vom Verbot ausgenommen werden. Solche Verkaufsveranstaltungen sieht daher die AO als typische Sonderveranstaltungen an, falls nicht die Werbung ganz deutlich dahin

---

[83] Es liegt hier — was m. E. M. Lehmann, GRUR 1977, 796 übersieht — durchaus anders als im Fall „Für den Ostereinkauf Sonderangebote" (§ 1 Rdn 57, 129, 150). Diese Ankündigung wurde als ein für die Zeit vor Ostern begrenzter **Vorschlag für geeignete Ostergeschenke** aufgefaßt, **nicht** aber als ein auf die Osterzeit begrenztes Angebot! Außerdem fand die Verkaufsveranstaltung im regelmäßigen Geschäftsverkehr der Branche statt, womit die Anwendung der AO von vornherein entfällt. Wenn M. Lehmann a.a.O. meint, die Beurteilung im oben erörterten Fall BGH 6. 7. 77 wäre vielleicht anders ausgefallen, wenn auf der Basis geworben worden wäre: „Zum Geburtstagseinkauf Sonderangebote", so verkennt er, daß das, wenn damit nicht irgendwie für die Umworbenen erkennbar an den 6jährigen Geschäftsbestand angeknüpft wurde, ein zeitlich nicht begrenzter Vorschlag für Geburtstagsgeschenke gewesen wäre, der mit der AO nicht kollidierte. Aber es ging ja doch darum, daß der Unternehmer **durch die Herausstellung seines 6-jährigen Geschäftsbestehens** werben wollte und nicht Vorschläge für geeignet scheinende Geburtstagsgeschenke machen wollte! Der Fall BGH 6. 7. 77 liegt also auf einer ganz anderen Ebene als der von BGH 12. 1. 73 (GRUR 1973, 477) entschiedene Fall!

formuliert ist, daß der Eindruck einer Sonderveranstaltung bei den Umworbenen nicht aufkommen kann. Das kann etwa der Fall sein, wenn der „Jubiläumshinweis" unmißverständlich als Hinweis auf Geschäftserfahrung usw. verstanden wird und **nicht als Anlaß für die Gewährung besonderer Kaufvorteile.** Vgl. dazu § 1 Rdn 138 und OLG Düsseldorf 27. 10. 72 (GRUR 1973, 324), ausführlich zitiert § 1 Rdn 83.

Hierher gehört auch der Fall OLG Hamm 27. 10. 70 (GRUR **175** 1972, 93). Da wird zunächst überzeugend betont, daß eine Werbung im Zusammenhang mit dem Hinweis auf das 10jährige Bestehen des Unternehmens zwar die Vorstellung einer zeitlichen Begrenzung des Angebotes hervorrufen **kann.** Zur Beurteilung stand die Prospektwerbung: „10 Jahre Uhren-, Gold- und Silberwaren von Sprenger. Wir belohnen Ihre Treue und Ihr Vertrauen durch unser Angebot zu einmalig günstigen Preisen". Die Worte „10 Jahre", „Sprenger" und „Angebot" waren durch fetten, größeren Druck hervorgehoben. Auf der Rückseite des Prospektes wurden acht Artikel mit Preisangabe angeboten, also „einzelne, nach Preis gekennzeichnete Waren". Eine zeitliche Begrenzung des Angebotes wurde nicht angenommen und die Verkaufsveranstaltung als von § 1 Abs. 2 AO gedecktes Sonderangebot beurteilt. Es fügte sich nach Ansicht des Gerichts in den Rahmen des regelmäßigen Geschäftsbetriebes des Unternehmens ein, da die Firma „auch sonst mit Ankündigungen, die den Anschein eines besonders günstigen Angebotes erweckten, insbesondere mit dem Hinweis auf die Unterschreitung des Richtpreises um 40 % bei Schweizer Armbanduhren" warb. Das Gericht war der Ansicht, daß die durch die Werbung erweckte Vorstellung einer gewissen zeitlichen Begrenzung und daher der dadurch verursachte Kaufanreiz nicht weiter gehe als die Vorstellung, die der Verkehr von einem Sonderangebot stets hat. „Jedes Sonderangebot ist seiner Natur nach zeitlich begrenzt, wie jeder weiß." Ich halte das Urteil für richtig. Entscheidend war, daß hier nach der werblichen

II. Legaldefinition der Sonderveranstaltungen

Taktik des Unternehmens eine Einfügung in den Rahmen des regelmäßigen Geschäftsbetriebs der Firma — und damit ein von § 1 Abs. 2 AO gedecktes Sonderangebot — angenommen werden konnte: ein Schulfall dafür, wie wichtig es ist, diesen Punkt bei der werblichen Strategie zu beachten! Der Unternehmer war offenbar ein — vielleicht den Richtern direkt bekannter — „typischer Preisbrecher", bei dem daher der Verkehr nicht gleich an etwas Außergewöhnliches denkt, wenn ein preisgünstiges Angebot, wie man es auch sonst von der Firma gewohnt war, als Aufhänger und Blickfang den Hinweis auf das 10jährige Geschäftsbestehen erhielt, und daher auch nicht zeitlich begrenzend wirkte.

176 Wenn in dieser Weise der Umstand herangezogen wird, ob das fragliche Unternehmen in entsprechender Weise schon **längere Zeit hindurch** Verkaufsveranstaltungen veranstaltet hat, so ist allerdings nicht zu verkennen, daß dabei ein gewisses Zufälligkeitsmoment in die Betrachtung hineingetragen wird. Wenn eine solche Veranstaltung ihrer Art nach an sich nicht üblich ist, so wird sie anfänglich nicht als sich in den Rahmen des regelmäßigen Geschäftsbetriebes des Veranstalters einfügend angesehen werden. Zunächst würde man also eine solche Veranstaltung als unzulässige Sonderveranstaltung unterbinden können. Nach einiger Zeit (aber nicht schon „nach einigen Wiederholungen"!) schleifen sich aber die Verhältnisse ab. Der Verkehr gewöhnt sich dann daran, beim fraglichen Unternehmen immer wieder auf solche Veranstaltungen zu stoßen und empfindet sie daher als übliche Verkaufsveranstaltungen dieses Unternehmens. Die normative Kraft des Faktischen wirkt sich also auch hier aus und tatsächlich besteht ja dann kein Anlaß mehr, solche Veranstaltungen, **soweit sie sich als eine sinngemäße, die Grundsätze des Leistungswettbewerbs nicht mißachtende Fortbildung darstellen,** zu verhindern, wenn sie der Verkehr als in den Rahmen des regelmäßigen Geschäftsbetriebes des Veranstalters sich einfügend ansieht, wenn ihnen also der Reiz der

Einmaligkeit genommen ist. Die Sache erinnert etwas an die Probleme bei der Durchsetzung im Verkehr, z. B. beim Ausstattungsschutz. Großunternehmen mit Massenwerbung werden sich schneller einen solchen Besitzstand der Üblichkeit erobern als kleine Betriebe: darin liegt keine ungleiche Behandlung, sondern das ist die Folge ihrer größeren Dynamik im Wettbewerbsleben. Stets genügt aber **"Einfügen in den Rahmen** des regelmäßigen Geschäftsbetriebes": Das ist eine Erweiterung gegenüber dem relativ starren Begriff des „regelmäßigen Geschäftsbetriebes": Es wird in § 1 Abs. 2 AO ausdrücklich nur der „Rahmen" als Abgrenzung festgelegt im Gegensatz zu § 1 Abs. 1 AO, wo der „regelmäßige Geschäftsverkehr" eine viel starrere Abgrenzung bildet. Im „Rahmen des regelmäßigen Geschäftsbetriebes" können mancherlei Varianten untergebracht werden bei der notwendig auch hier zu beachtenden **ständigen Wandelbarkeit unternehmerischen Wirkens.**

Der „regelmäßige Geschäftsbetrieb" führt eben zur Heraus- **177** bildung eines individuellen Geschäftsstils und ebenso wie der Stil im aesthetischen Sinn eine breite Streuung zuläßt, ist es auch beim „regelmäßigen Geschäftsbetrieb" eines Unternehmens. Der Verkehr gewöhnt sich an Werbungen, denen er bei dem Unternehmen **häufig** begegnet und empfindet dann ein werbliches Verhalten innerhalb dieses „Stils" als „im Rahmen des regelmäßigen Geschäftsbetriebes dieses Unternehmens" liegend. Von einem Geschäft, das sehr exclusiv geführt wird, erwartet der Verkehr einen anderen Geschäftsbetrieb als von einem Warenhaus: „noblesse oblige". Es kann sich aber durch die Geschäftsgebarung des Unternehmens dieser Stil im Laufe der Zeit ändern. Es ist das sogar recht häufig: denn nirgends sind konservative Verhaltensweisen so bedenklich wie bei der Wirtschaftswerbung, die sich ständig nach massenpsychologischen Erkenntnissen **neu orientieren muß.** Während der Übergangszeit können sich da Schwierigkeiten ergeben. Das Unternehmen hat im Verkehr noch eini-

II. Legaldefinition der Sonderveranstaltungen

ge Zeit bei Verkaufsveranstaltungen das Image der Exclusivität! In den Rahmen seines regelmäßigen Geschäftsbetriebes fügen sich daher Verkaufsveranstaltungen, die bei weniger exclusiv geführten Unternehmen gang und gäbe sind, noch nicht ein. Das Unternehmen muß dann also bemüht sein, seinen früheren Ruf in den Augen der Umworbenen abzubauen, um sich so bei Verkaufsveranstaltungen so betätigen zu können, wie es seine „gleichrangigen" Mitbewerber tun dürfen. „Ist der Ruf erst ruiniert, lebt man völlig ungeniert!" Das Umgekehrte gilt beim Aufsteigen in exclusivere Gefilde.

178 Daß sich in den Rahmen des regelmäßigen Geschäftsbetriebes des Veranstalters nur ein Geschäftsgebaren einfügen kann, das sich im Rahmen der von der Rechtsordnung gebilligten Ziele hält, ist schon oben mehrfach betont worden (vgl. § 1 Rdn 50, 146, 166).

179 Es gibt singuläre Fälle, bei denen der Rahmen des regelmäßigen Geschäftsbetriebs des Unternehmens nach Lage der Sache nicht nach dem beurteilt werden kann, was der Betrieb „sonst tut". So kann z. B. im Zusammenhang mit Jubiläumsverkäufen (§ 3 AO) die Frage auftauchen, ob sich da ein Sonderangebot für im Jubiläumsverkauf liegengebliebene Waren in den Rahmen des regelmäßigen Geschäftsbetriebs des Unternehmens einfügt oder ob es grundsätzlich im Hinblick auf seinen **irregulären** Grund außerhalb des Rahmens des regelmäßigen Geschäftsbetriebs des Veranstalters liegt. Ich glaube, daß, wenn Ankündigung und Durchführung einer solchen Verkaufsveranstaltung organisch aus dem Jubiläumsverkauf herauswächst und die Veranstaltung wirtschaftlich gesehen seine Folge ist, sich das Sonderangebot grundsätzlich in den Rahmen des regelmäßigen Geschäftsbetriebes einfügt, auch wenn hier die Wurzel des Sonderangebotes eine singuläre Veranstaltung — nämlich der gem. § 3 AO nur alle 25 Jahre zulässige Jubiläumsverkauf — ist. Betriebswirtschaftlich ist die Ursache eines solchen Sonderangebots doch auch dieselbe wie sonst oft, nämlich ein infolge

Überdisposition entstandener Warenstau. Man kann ja auch beurteilen, was sich „in den Rahmen einer regelmäßigen Hochzeit einfügt", obwohl man nicht alle Tage heiratet.

Natürlich darf bei einer solchen einem Jubiläumsverkauf **180** nachfolgenden Verkaufsveranstaltung nicht der Eindruck erweckt werden, es handle sich ebenfalls um einen Jubiläumsverkauf. Vgl. dazu OLG Stuttgart 19. 9. 69, BB 1969, 1287. Dort hatte ein Einzelhändler aus Anlaß eines zulässigen Jubiläumsverkaufes sein gesamtes Lager im Preis bis zu 50 % herabgesetzt. Nach Abschluß des Jubiläumsverkaufes wies er in Inseraten darauf hin, daß er die verbilligten Waren im Preis nicht heraufgesetzt habe. Das war die Ankündigung einer unzulässigen Sonderveranstaltung, weil ein nicht unbeachtlicher Teil der Umworbenen einen Zusammenhang mit dem vorausgegangenen Jubiläumsverkauf annahm. Es muß in solchen Fällen also in der Werbung streng vermieden werden, daß bei den Umworbenen ein Zusammenhang mit dem vorausgegangenen Jubiläumsverkauf vermutet werden kann. Der Hinweis, daß zu Jubiläumspreisen weiterverkauft werde, ist also unzulässig. Ganz allgemein wird jede Erwähnung des Jubiläumsverkaufs die Gefahr heraufbeschwören, daß nicht unbeachtliche Teile des Verkehrs einen Zusammenhang der späteren Verkaufsveranstaltung mit dem Jubiläumsverkauf vermuten.

Werbepsychologisch kann, wenn die Preise in solchen Sonderangeboten niedriger liegen als im Jubiläumsverkauf — bei dem die Kunden ja auch die Gewährung besonderer Kaufvorteile vorausgesetzt haben! — leicht eine Verärgerung der Verbraucher entstehen.

Grundsätzlich ist bei Sonderveranstaltungen und auch bei **181** Sonderangeboten ein Nachschieben von Ware zulässig (vgl. § 1 Rdn 63, 144). Ich möchte das auch in diesen singulären Fällen eines durch den vorangegangenen Jubiläumsverkauf verursachten Sonderangebots annehmen. Die Umworbenen dürfen ja dessen Ursache nicht erfahren!

III.
Preisgegenüberstellung bei Sonderveranstaltungen und Sonderangeboten

182 Bei Sonderangeboten, die nach § 1 Abs. 2 AO nicht unter die AO fallen und bei den Sonderveranstaltungen, deren Abhaltung gem. § 2 Abs. 2 AO ausnahmsweise nicht untersagt ist, taucht die Frage auf, ob die — natürlich wahrheitsgemäße — **Preisgegenüberstellung** des alten und des neuen Preises zulässig ist, etwa nach dem Schema „Bisher 60 DM, jetzt 50 DM" oder „Sonst 50 DM, Jubiläumsverkaufspreis 40 DM". Oft findet man auch Preisgegenüberstellungen in der Form, daß der alte Preis durchstrichen und der neue Preis danebengesetzt ist.

Grundsätzlich sind solche Preisgegenüberstellungen **zulässig**. Das ergibt sich auch aus der Sondervorschrift des § 3 Abs. 3 der VO über Sommer- und Winterschlußverkäufe vom 13. 7. 1950 (abgedruckt im Anhang Nr. 2): Dort wird für derartige Schlußverkäufe die Preisgegenüberstellung „in öffentlichen Ankündigungen, insbesondere in Schaufenstern" (im Gegensatz zur Preisgegenüberstellung innerhalb der Verkaufsräume) untersagt. Im Wege des Umkehrschlusses, der bei der Nachbarschaft beider Materien zulässig erscheint, ergibt sich daraus die **grundsätzliche** Zulässigkeit solcher Preisgegenüberstellungen, die auch in DW 1956, 92 schon bejaht wird, für die von der AO nicht erfaßten Sonderveranstaltungen und Sonderangebote. Auch die Angabe der prozentualen Ermäßigung des Preises ist zulässig. Sie genügt aber, falls nicht der alte Preis mit angegeben wird, nicht dem Erfordernis einer „Kennzeichnung nach Preis" in § 1 Abs. 2 AO (vgl. dazu § 1 Rdn 120). In solchen Fällen kann jedoch ein Verstoß gegen das Rabattgesetz vorliegen, wenn nach der Werbung der sich nach der Ermäßigung ergebende Preis nicht als **Normalpreis**, der für die Dauer der Verkaufsveranstaltung allgemein gilt, verstanden wird, sondern als Preisnachlaß vom weiter geltenden Normalpreis (unstreitig, OLG Celle 29. 11. 63, WRP 1964, 91; OLG Stuttgart 6. 8. 71, BB 1972, 1026, beide Urteile zu Jubiläumsverkäufen nach § 3 AO). Der Verkehr weiß aber heute grundsätzlich, daß in solchen Fällen kein Rabatt gewährt wird, sondern daß hier ein für die Dauer der Sonderveranstaltung oder während des Sonderangebotes **allgemein geltender Normalpreis** angegeben wird. Nur bei Ankündigungen, die ihrer Art nach geeignet sind, die Umworbenen zur Annahme einer Rabattgewährung zu verleiten, liegen daher Verstöße gegen das Rabattgesetz vor. Zu beachten ist auch das **Preisangabenrecht.**

Bei Preisgegenüberstellungen besteht auch dann **kein Auskunfterteilungsanspruch,** wenn erhebliche Verdachtsmomente dafür sprechen, daß irreführende Werbung (§ 3 UWG) vorliegt (BGH 4. 3. 77, GRUR 1978, 54). 183

§ 2 Verbot des Abhaltens — Ausnahmen

(1) Die Abhaltung von Sonderveranstaltungen wird untersagt.
(2) Die Vorschrift des Absatzes 1 gilt nicht
   a) für Jubiläumsverkäufe, die den Vorschriften des § 3 entsprechen;
   b) für Resteverkäufe nach Maßgabe des § 4.

Inhalt der Erläuterungen

1. Begriff des Abhaltens von Sonderveranstaltungen . . 1, 2
2. Folgen des Abhaltens untersagter Sonderveranstaltungen 3, 4
3. Auflockerung des grundsätzlichen Verbots (§ 2 Abs. 2 AO) 5
4. Streitwert 6–15
5. Klagantrag 16

1. Begriff des Abhaltens von Sonderveranstaltungen

1 § 2 AO setzt dem Wortlaut nach voraus, daß eine Verkaufsveranstaltung, die sich als „Sonderveranstaltung" gem. § 1 der AO darstellt, **abgehalten** wird. Dazu gehört die Bereitstellung der angebotenen Ware im Einzelhandel mit der Möglichkeit der unmittelbaren Abgabe an den Kunden und weiter die irgendwie (also nicht notwendig in Inseraten) erfolgende „Ankündigung" dieser Verkaufsveranstaltung. Es besteht aber heute Einigkeit darüber, daß bereits **die bloße Ankündigung** einer Sonderveranstaltung als Teil der unzulässigen Verkaufsveranstaltung **für sich allein** untersagt ist, falls im übrigen sämtliche Merkmale des § 1 Abs. 1 AO vorliegen (BGH 22. 6. 61, GRUR 1962, 36; BGH 16. 6. 71, GRUR 1972, 125; BGH 13. 6. 73, GRUR 1973, 658; OLG Celle 17. 3. 76, GRUR 1976, 598; vgl. auch § 1 Rdn 53, 66).

Eine **Vorankündigung** allein erfüllt den Tatbestand der Abhaltung einer Sonderveranstaltung noch nicht. Zivilrechtlich begründet aber nach allgemeinen Grundsätzen bereits die **Vor**ankündigung den **vorbeugenden Unterlassungsanspruch.** Dadurch, daß § 2 Abs. 1 AO die „Abhaltung von Sonderveranstaltungen" untersagt, wird unstreitig nicht verlangt, daß bereits Verkäufe getätigt worden sind (BayObLG Str 20. 3. 56, WRP 1956, 80). **2**

Die wahrheitswidrige Ankündigung des Abhaltens einer Verkaufsveranstaltung als einer nach der AO untersagten Verkaufsveranstaltung, deren Abhaltung **nicht** von der AO untersagt ist, verstößt grundsätzlich gegen §§ 1, 3 UWG, weil die Umworbenen dadurch sittenwidrig angelockt werden (BGH 23. 6. 61, GRUR 1962, 36). Eine solche Werbung erweckt den Eindruck, es werde eine „an sich verbotene Verkaufsveranstaltung abgehalten" und lockt dadurch, wie alles Verbotene, die Umworbenen sittenwidrig an.

2. Folgen des Abhaltens untersagter Sonderveranstaltungen

Bei Verstoß gegen das Verbot des § 2 AO erwachsen die in § 13 UWG festgelegten allgemeinen zivilrechtlichen Ansprüche, insbesondere also der Unterlassungsanspruch der Mitbewerber und der **Verbände.** Wiederholungsgefahr wird regelmäßig vorliegen. Der Klagantrag muß sich an die **konkrete Verletzungsform** anschließen[84]. Es gilt auch hier § 13 UWG. Es besteht also für die Unterlassungsklage auch die Klagbefugnis der in § 13 UWG aufgeführten Verbände, obwohl § 13 UWG den § 9 a UWG nicht erwähnt (unstreitig; BGH 25. 3. 58, **3**

---

[84] Dabei darf nicht etwa die Durchführung der Veranstaltung oder ihre Ankündigung schlechthin verboten werden. Regelmäßig wird sich der Klagantrag darauf richten müssen, daß dem Beklagten verboten wird, in seinen Ankündigungen die Angabe der Verkaufsdauer zu bringen. Vgl. dazu den lehrreichen Fall BGH 25. 3. 58, GRUR 1958, 395; § 2 Rdn 16 und Fußnote 64.

GRUR 1958, 395; Habscheid, WuW 1953, 531). § 13 Abs. 1 a UWG gibt aber **bisher** den **Verbraucher**verbänden keine Klagbefugnis (vgl. Einleitung vor § 1 Rdn 3). Sog. **Mischverbände,** d. h. Verbände, die satzungsmäßig gleichzeitig die Förderung gewerblicher Interessen wie auch der Interessen der Verbraucher durch Aufklärung und Beratung wahrnehmen, hält das Kammergericht (KG 11. 1. 77, WRP 1978, 51; KG 20. 1. 78, WRP 1978, 453) für aktivlegitimiert (a.A. Pastor, GRUR 1969, 751 und OLG Köln GRUR 1969, 484).

Schuldhafte Verstöße gegen die AO begründen nach allgemeinen Grundsätzen Schadenersatzansprüche gem. §§ 823, 826 BGB. Aber **auch im Rahmen des § 13 UWG** können **Schadenersatzansprüche** begründet sein. Denn der in § 13 Abs. 2 UWG aufgeführte § 10 UWG bezieht auch schuldhafte Verstöße gegen die auf Grund des § 9 a UWG ergangene Anordnung vom 4. 7. 1935 ein. Es ist daher **auch zivilrechtlich bedeutsam,** ob schuldhafte Verstöße gegen die AO Ordnungswidrigkeiten sind (vgl. § 1 Rdn 15).

Auf Ansprüche, die wegen Verstoßes gegen die AO erhoben werden, finden die Zuständigkeitsvorschriften der §§ 24 und 27 UWG und besonders die Vorschrift des § 27 a UWG über die Anrufung der bei Industrie- und Handelskammern errichteten **Einigungsstellen** Anwendung.

4 Ob Verstöße gegen die AO **Ordnungswidrigkeiten** nach § 10 Abs. 1 Nr. 3 UWG sind und mit **Bußgeld** belegt werden können, ist umstritten. Vgl. dazu § 1 Rdn 15. Vgl. zur **zivilrechtlichen** Bedeutung dieses Umstandes § 2 Rdn 3 und § 1 Rdn 15.

3. Auflockerung des grundsätzlichen Verbots (§ 2 Abs. 2 AO)

5 § 2 Abs. 2 AO nimmt zwei Fälle von Verkaufsveranstaltungen, die nach der Lebenserfahrung typische, von der AO erfaßte Verkaufsveranstaltungen sind und bei denen die Vermutung der typischen Gefahrenlage der Verbraucher, vor der die AO grundsätzlich bewahren will, vorliegt (vgl. Einleitung vor § 1 Rdn 2; § 1 Rdn 2, 19), **vom Verbot des § 2 Abs. 1 AO** aus. Hier arbeitet der Gesetzgeber also nicht, wie bei den sog. „zulässigen Sonderangeboten" in § 1 Abs. 2 AO, mit einer Herausnahme solcher Verkaufsveranstaltungen aus dem Begriff der Sonderveranstaltung im Sinne der AO (§ 1 Abs. 1 AO), sondern mit einer **Ausnahme vom Verbot** des Abhaltens solcher Verkaufsveranstaltungen, die unverändert **Sonderveranstaltungen im Sinne der AO** bleiben. Vgl. auch § 3 Rdn 1 und 4. Daß die Voraussetzungen des § 2 Abs. 2 AO gegeben sind, muß der Beklagte, der sich darauf beruft, beweisen (vgl. § 1 Rdn 101). Vgl. dazu auch BGH 4. 3. 77, GRUR 1977, 791.

4. Streitwert

Während bei Schadenersatzklagen, die vermutlich im Zuge **6** der Bestrebungen zur Änderung des **UWG** erheblich an Bedeutung gewinnen werden, der Streitwert meist festliegt, bereitet die Streitwertfestsetzung bei **Unterlassungsklagen auf Grund der AO** vielfach Schwierigkeiten.

Nach § 3 ZPO, § 11 GKG wird der Streitwert nach freiem Ermessen des Gerichts, dem aber **tatsächliche Anhaltspunkte** zugrunde liegen müssen, geschätzt.

Vertieft hat sich Schramm (GRUR 1953, 104) mit den speziellen Fragen der Streitwertberechnung im gewerblichen Rechtsschutz befaßt. Er hat versucht, eine formelhafte Lösung zu finden, von der die Gerichte seither nicht selten ausgegangen sind.

Zunächst ist Schramm beizutreten, wenn er fordert, daß die Gerichte von den Parteien **zu Beginn des Rechtsstreits** eine begründete Stellungnahme zum Streitwert verlangen sollen. Dasselbe fordert ein im gewerblichen Rechtsschutz so erfahrener Richter wie Spiess in GRUR 1955, 227. Vgl. dazu auch Borck, WRP 1978, 435 und § 2 Rdn 15. Es liegt ja auf der Hand, daß, wenn sich erst einmal durch den Verlauf des Prozesses die Prozeßchancen herausschälen, von den Parteien objektive Angaben oft nur schwer zu erlangen sind.

Ausgangspunkt der Streitwertschätzung ist auch hier die wirtschaftliche Bedeutung, die die Durchsetzung der mit der Klage geltend gemachten Ansprüche **für den Kläger** hat. So schon grundlegend die immer noch wichtige Entscheidung RGZ 45, 404 (Vereinigte Zivilsenate). Dabei kommt es aber nur auf das **un**mittelbare Interesse des Klägers an. Erwägungen etwa in der Richtung, daß durch den fraglichen Rechtsstreit im Ergebnis noch über andere gleichartige, aber nicht streitbefangene Handlungen des Beklagten oder Dritter, die wirtschaftlich den Kläger auch berühren, entschieden wird, scheiden aus.

7 Ein grundsätzlicher Faktor bei der Streitwertabschätzung ist das Integral über **alle** Umstände, die die reale Gefahr bestimmen, welche die beanstandete Handlung für den Kläger bringt und die somit dessen wirtschaftliches Interesse an der Verhinderung der beanstandeten Handlungen aufzeigen. Hier kommt besonders die wirtschaftliche Bedeutung und Größe des Unternehmens des Klägers, die Intensität und Gefährlichkeit der in Frage stehenden Wettbewerbshandlung (vgl. etwa OLG Karlsruhe 20. 6. 74, BB 1975, 109, zum UWG) und die Bedeutung des Beklagten als Mitbewerber auf dem Markt in Frage. Zur Frage, ob dabei der Ausgangspunkt der (jährliche?) Umsatz oder der Reingewinn sein soll, spricht sich Spiess (GRUR 1955, 227) m. E. überzeugend für den Umsatz aus, der aber bei Vorliegen besonderer Verhältnisse **modifiziert** werden muß. So schon OLG München 4. 12. 56 (GRUR 1957, 148). In Betracht zu ziehen ist auch, ob die beanstandete Handlung andere Mitbewerber des Klägers **zur Nachahmung** veranlassen kann: dadurch kann eine Lawine wettbewerbsfremder Handlungen der Mitbewerber ausgelöst werden, die für den Kläger die Gefahr großer Umsatzeinbrüche bedeuten kann.

Bei der Heranziehung des Umsatzes darf aber nur **der** Teil **8** des Gesamtumsatzes berücksichtigt werden, der von den beanstandeten Handlungen tangiert wird. Durch die Veranstaltung unzulässiger Sonderveranstaltungen oder durch Sonderangebote wird allerdings der Umsatz des Klägers grundsätzlich **auf breiter Front** bedroht. Denn auch wenn ein Sonderangebot sich nur auf einzelne Waren bezieht, so ist doch seine Auswirkung universell: Es werden die Verbraucher dadurch in das Geschäft gelockt, wo sie dann nicht nur die im Sonderangebot angebotenen Waren kaufen, sondern sich umsehen und andere Waren mit kaufen. Gerade das wird ja durch solche Sonderveranstaltungen bezweckt: der Verkauf der meist sehr preisgünstig kalkulierten Waren interessiert den Veranstalter oft wenig.

Die Höhe der zu befürchtenden Umsatzverschiebung hängt aber sehr bedeutsam auch von der **wettbewerblichen Aktivität des Beklagten,** von seiner Marktbekanntheit und seiner Unternehmensgröße ab. Man spricht im Anschluß an Schramm (GRUR 1953, 104) da oft vom „Angriffsfaktor".

Daneben ist aber auch **die künftige Entwicklung,** wie sie in **9** absehbarer Zeit wahrscheinlich ist, zu beachten (vgl. dazu § 1 Rdn 13; OLG Frankfurt 30. 5. 68, GRUR 1970, 48 und § 2 Rdn 14; BGH 5. 7. 67, GRUR 1968, 106), so z. B. eine — konkret voraussehbare — Entwicklung dahin, daß der Beklagte seine Kapazitäten ausbaut und dadurch sich seine „Gefährlichkeit" als Mitbewerber erweitert. Dann aber auch die Frage, ob etwa eine Entwicklung dahin anzunehmen ist, daß die sich z. Z. noch gar nicht oder nur wenig überschneidenden **örtlichen** Absatzgebiete künftighin sich stärker überdecken werden. Solche Entwicklungen können aber nur Beachtung finden, wenn sie konkret voraussehbar sind in absehbarer Zeit.

Ein Beispiel dafür, wie der Angriffsfaktor einer Verletzung **durch das Verhalten des Beklagten gemindert** werden kann, bringt OLG Stuttgart 29. 9. 77 (WRP 1978, 481). Es handelte

Verbot des Abhaltens — Ausnahmen

sich um einen Jubiläumsverkauf. Das LG nahm einen Streitwert von 30 000 DM an — beide Parteien waren bedeutendere Unternehmen. Das OLG setzte den Streitwert auf 10 000 DM herab, weil der Antragsgegner noch vor Beginn des Jubiläumsverkaufes von seiner Durchführung Abstand nahm zufolge eines belehrenden Hinweises der Industrie- und Handelskammer. Damit wurde auch die Wiederholungsgefahr erheblich geringer.

10 Im **einstweiligen Verfügungsverfahren** wird häufig der Streitwert auf ²/₃ oder ¹/₂ des Streitwertes in der Hauptsache geschätzt. Ich halte das **grundsätzlich** für richtig. Denn die Regelung im einstweiligen Verfügungsverfahren ist nur eine vorläufige, es steht also nur das Interesse bis zur Herbeiführung einer endgültigen Entscheidung auf dem Spiele. Bei einfach liegenden Sachen, bei denen mit einer baldigen endgültigen Entscheidung zu rechnen ist, wird oft die „Wirkdauer" der einstw. Verfügung geringer angesetzt als bei schwierigen Rechtsstreitigkeiten (so etwa OLG Frankfurt 30. 5. 68, GRUR 1970, 48).

11 Zum Streitwert wettbewerbsrechtlicher Unterlassungsklagen **nach vorausgegangener einstweiliger Verfügung** vgl. OLG Düsseldorf 11. 12. 68, BB 1969, 193. Da wird zunächst betont, daß dadurch, daß bereits eine entsprechende einstweilige Verfügung vorliegt, das Rechtsschutzinteresse für den Antragsteller nicht entfällt. Dann wird betont, daß das wirtschaftliche Interesse im ordentlichen Verfahren zwar grundsätzlich höher zu bewerten ist als im einstweiligen Verfügungsverfahren mit dem gleichen Ziele. Von diesem Grundsatz muß aber, wie der Beschluß überzeugend ausführt, „dann abgewichen werden, wenn kein Gesichtspunkt erkennbar ist, der ein besonderes Interesse an einer urteilsmäßigen Wiederholung des Urteils in der einstweiligen Verfügung erkennen läßt. Das gilt insbesondere dann, wenn ein in Fragen des Wettbewerbsrechts unerfahrener Gewerbetreibender einen in tatsächlicher und rechtlicher Hinsicht unzweifelbaren

Wettbewerbsverstoß begangen hat und keine Anhaltspunkte für die Annahme vorliegen, er werde sich dem Unterlassungsgebot in der einstweiligen Verfügung widersetzen. Die Erfahrung lehrt, daß es die wenigsten Antragsteller für erforderlich halten, in solchen Fällen über die einstweilige Verfügung hinaus zusätzlich eine Klage zu erheben. Das zeigt, daß in diesen Fällen das Interesse an einem besonderen urteilsmäßigen Ausspruch der Unterlassungsverpflichtung recht gering sein muß". Offenbar handelte es sich dabei um eine durch Endurteil ergangene einstweilige Verfügung. Die Erwägungen des Beschlusses überzeugen aber auch dann, wenn es sich um eine durch Beschluß ergangene einstweilige Verfügung handelt und der Antragsgegner sich gegen diese längere Zeit hindurch nicht gewendet hat. Meist wird er allerdings vom Antragsteller aufgefordert, sich ausdrücklich der einstweiligen Verfügung zu unterwerfen, womit dann, wenn der Antragsgegner das tut, die Wiederholungsgefahr und damit das Rechtsschutzinteresse an einer Hauptsacheklage ausgeräumt wird.

Sehr problematisch ist die Streitwertschätzung bei Unterlassungsklagen von **Verbänden.** Bei **Klagen einer wirtschaftlichen Interessenvereinigung** bestimmter Gewerbetreibender (sog. „Interessenverbände") wird oft die Summe der Interessen (Umsätze!) aller Mitglieder zusammengerechnet, wobei gegebenenfalls der Streitwert noch erhöht werden kann, wenn durch die Rechtsverfolgung die Belange von Nichtmitgliedern mit wahrgenommen werden (RG GRUR 1911, 240; OLG Hamburg 17. 1. 52, GRUR 1952, 262, Warenzeichenverletzung). Bei OLG Hamburg 17. 1. 52 ging es um eine Klage des Verbandes der französischen Parfümeriefabrikanten. Das OLG Hamburg betont, daß das Interesse des Klägers zur Zeit der Klagerhebung maßgebend ist, das Interesse des Beklagten dagegen nur insofern von Bedeutung sein könne, als sich aus der wirtschaftlichen Bedeutung des Beklagten Rückschlüsse auf die Gefährlichkeit seines Angriffs und damit **12** auch auf das wirtschaftliche Interesse der Klägerin ziehen lassen. Weiter wird betont, daß, da die Unterlassungsklage sich auf die Zukunft richtet, für sie nicht das bisherige, sondern das zukünftig zu erwartende Geschehen maßgebend sei. Betont wird dabei noch, daß es für die Streitwertfestsetzung von Bedeutung sein könne, wenn der Beklagte nur unbeabsichtigt gehandelt habe und ohne Abmahnung verklagt worden ist. Solchenfalls kann der Streitwert niedriger bemessen werden, weil „kein ernsthafter Angriff des Beklagten" vorlag. Dabei ist natürlich Voraussetzung, daß der nicht verwarnte Beklagte den Klaganspruch alsbald anerkennt.

13 Es ist nicht zu verkennen, daß die Streitwertschätzung zu unbilligen Ergebnissen führen kann, wenn das Interesse des klagenden Interessenverbandes schematisch nach dem Gesamtjahresumsatz seiner Mitglieder oder auch nur derjenigen Mitglieder, die Mitbewerber des Beklagten hinsichtlich der beanstandeten Handlung sind, geschätzt wird. Der Angriffsfaktor kann da sehr klein sein, wenn z. B. ein kleiner Einzelhändler verklagt wird, der seine Umsätze nur lokal begrenzt macht, also die Gesamtumsätze der über das ganze Land verteilten Verbandsmitglieder nicht entfernt tangieren kann. Vgl. dazu OLG Frankfurt 30. 5. 68, GRUR 1970, 48. Da verklagte eine wirtschaftliche Interessenvereinigung eine „mittlere Laboranstalt". Der Gesamtgewinn der Mitglieder des klagenden Verbandes, auf den das OLG grundsätzlich abstellt, betrug jährlich etwa 100 000 000 DM. Hier war ein so starkes Auseinanderfallen dieses Gesamtgewinns der Verbandsmitglieder und des (nicht genannten) Gewinns des Beklagten festzustellen, daß der sog. Angriffsfaktor helfen mußte und zum entscheidenden Schätzungselement wurde. Der Streitwert (im einstw. Verfügungsverfahren) wurde daher auf 30 000 DM festgesetzt.

14 Bei Klagen eines sog. **gemeinnützigen Vereins,** d. h. eines Verbandes zur Förderung des lauteren Wettbewerbs, der keine eigenen unmittelbaren wirtschaftlichen Interessen verfolgt und dem oft Gewerbetreibende verschiedener Branchen angehören, dessen Satzungszweck also nicht die Vertretung wirtschaftlicher Interessen der Mitglieder sondern die Erhaltung des lauteren Wettbewerbs ist, wird nach h. A. **anders** verfahren. Denn derartige Verbände werden nicht lediglich durch die Summe ihrer Mitglieder repräsentiert und klagen auch nicht lediglich als Prozeßstandschafter. Ihnen gewährt § 13 Abs. 1 UWG vielmehr einen eigenen Unterlassungsanspruch und ein eigenes Klagrecht unabhängig davon, ob und welche ihrer Mitglieder betroffen sind und ob diese an einem Einschreiten interessiert sind: die Aktivlegitimation solcher gemeinnütziger Verbände beruht vielmehr darauf, daß die Bekämpfung von Auswüchsen im Wettbewerb **auch im öffentlichen Interesse** liegt und nicht dem Belieben der Verletzten überlassen bleiben soll. Bei derartigen Unterlassungsklagen gemeinnütziger Vereine wird demgemäß oft das Interesse der Allgemeinheit an der Verhinderung wettbewerbsfremden Handelns der maßgebende Faktor bei der Streitwertschätzung sein. Es kommt dann also auf die allgemeine Bedeutung der beanstandeten Wettbewerbshandlung nach Art und gebietlicher Auswirkung, auf die Größe der Gefahr einer Nachahmung durch andere Mitbewerber und auf die Marktstellung des Beklagten und die Intensität seiner Handlung an. Hier kommt daher das, was Schramm (GRUR 1953, 104) als Angriffsfaktor bezeichnet hat, sehr zur Geltung. BGH 5. 7. 67 (GRUR 1968, 106) bringt dazu ausführlichere Gedankengänge. Es handelte sich da um die Klage eines Vereins zur Förderung des lauteren Wettbewerbs im Einzelhandel der Stadt H. und Umgegend, also eines gemeinnützigen Verbandes, gegen einen Ratio-Großmarkt und Selbstbedienungsmarkt wegen Ausgabe von Kaufscheinen. Seinen Jahresumsatz gab der Ratio-Markt mit 42 000 000 DM an. In der Klage war der Streitwert vom klagenden Verein mit 150 000 DM angegeben worden. Das OLG Düsseldorf setzte den Streitwert auf 5 000 000 DM fest. Der BGH setzte ihn, entsprechend den vorstehenden Erwägungen, für alle drei Instanzen auf 600 000 DM herab.

Nachdem jetzt auch die **Verbraucher**verbände für Unterlassungsklagen aktiv legitimiert sind (§ 13 Abs. 1 a UWG), ist die Frage der Streitwertfestsetzung bei Klagen gemeinnütziger Verbände noch wichtiger geworden. Bei Verletzungen der AO entfällt das allerdings, da § 13 Abs. 1 a UWG für Klagen **wegen Verletzung der AO den Verbraucherverbänden keine Aktivlegitimation** einräumt: § 10 UWG wird da nicht erwähnt. Zur Streitwertbegünstigung des § 23 a UWG für Verbandsklagen (die auch bei Klagen aus der AO möglich ist) vgl. V. Deutsch, GRUR 1978, 19.

15 Abschließend noch kurz einiges zur Frage der Bedeutung der Streitwertschätzung, die der Kläger **bei Einreichung seiner Klage** vornimmt. Ich bin **im Gegensatz** zu Schramm (GRUR 1953, 104) der Ansicht, daß ein Kläger, der später, wenn er den Prozeß verloren hat, **ohne einleuchtende Begründung** einen niedrigeren Streitwert anstrebt oder nach dem Gewinnen des Rechtsstreits einen höheren Streitwert erstrebt, auf der Ebene des „agere contra factum proprium" handelt. Vom Kläger muß verlangt werden, daß er auch bei der Streitwertschätzung verantwortlich und **ehrlich** handelt. Ich bin daher der Ansicht, daß sich der Kläger an der Streitwertschätzung, die er in seiner Klagschrift oder in seinem Antrag auf Erlaß einer einstweiligen Verfügung angibt, **grundsätzlich** festhalten lassen muß, es sei denn, daß da Faktoren hereinspielen, die der Kläger erst während des Rechtsstreits überblicken kann (Umsätze des Beklagten und dgl.!). Allen diesen Schwierigkeiten entgeht der Richter, wenn er, wie eingangs schon gefordert, bei Beginn des Prozesses die Streitwertfrage anschneidet und die Parteien veranlaßt, sich dazu zu erklären. Oft wird aber so verfahren, daß, auch wenn eine Partei eine solche Anregung vorträgt, das Gericht sich darauf nicht einläßt mit den ganz offensichtlich bedenklichen Folgen der erst nach Prozeßbeendigung erfolgenden Streitwertfestsetzung (s. o.).

Überzeugend m. E. OLG München 22. 12. 76 (WRP 1977, 277): „Ein wichtiger Anhaltspunkt für die Streitwertfestsetzung ist, wie der Kläger selbst bei Anrufung des Gerichts sein Interesse beziffert. Nur wenn sich die Interessenlage als objektiv unvertretbar erweist, kann sie bei der Wertfestsetzung durch das Gericht nicht als Grundlage dienen." BGH 20. 5. 77 (WRP 1977, 568) hat diesen m. E. richtigen Ausgangspunkt aber doch merkbar abgeschwächt, wenn es da heißt: „Die Angaben in der Klagschrift sind zwar insoweit ein wichtiges Indiz, sie entbinden das Gericht aber nicht von der Notwendigkeit, diese Angaben anhand der objektiven Gegebenheiten und unter Heranziehung seiner Erfahrung und üblicher Wertfestsetzungen in gleichartigen oder ähnlichen Fällen nachzuprüfen." Und auf die oben vorgetragene Forderung, daß über den Streitwert nach Möglichkeit **zu Beginn des Verfahrens verhandelt** werden sollte, daß also das Gericht die Parteien da — also zu einem Zeitpunkt, wo der Ausgang des Prozesses noch in der Schwebe ist — zu begründeten Stellungnahmen veranlassen sollte, gehen beide Urteile nicht ein. Da liegt aber m. E. in sehr vielen Fällen die Lösung dieses für die Praxis so wichtigen Problems: denn Ungewißheit über den Streitwert ist für die Parteien ein Unsicherheitsfaktor, den der Richter nach bestem Können auszuräumen bemüht sein sollte.

5. Klagantrag

Das regelmäßige **Rahmenschema eines Unterlassungsklagantrags** lautet etwa (ZPO § 890):

„... den Beklagten zu verurteilen, es bei Vermeidung eines für jeden Fall der Zuwiderhandlung festzusetzenden Ordnungsgeldes bis zu 500 000 DM, ersatzweise Ordnungshaft, oder einer Ordnungshaft bis zu 6 Monaten, zu vollziehen am

Geschäftsführer der Beklagten, Herrn..., zu unterlassen,...".
Dabei muß das Klagbegehren stets auf den **konkreten** Verletzungsfall bzw. auf die **konkret zu befürchtende** Verletzungshandlung abgestellt sein, muß sich also an das **beanstandete Verhalten** eng anlehnen (vgl. Fußnoten 64, 84. Unstreitig, aber oft übersehen!). Es muß auch darauf geachtet werden, daß der Klagantrag vollstreckbar ist, d. h. daß er nicht Entscheidungselemente in die Vollstreckungsinstanz verlagert.

Ob die Höchstgrenzen der Ordnungsmittel anzugeben sind, ist **umstritten.** Überzeugend bejahend OLG Düsseldorf 14. 10. 76, GRUR 1977, 261.

Auch gegen **Ausländer,** die der deutschen Gerichtsbarkeit unterstehen, ist eine Androhung von Ordnungsmitteln zulässig (BGH 23. 10. 70, GRUR 1971, 153).

Da die materielle Rechtskraft nur den Kern der **konkret** untersagten Handlung ergreift, können nur Änderungen, die das Wesen der festgestellten Rechtsverletzung nicht berühren, durch Urteilsauslegung in die Rechtskraftwirkung einbezogen werden. Es muß daher das Charakteristische der konkreten Verletzungshandlung im Klagantrag klar eingefangen werden. Jede verallgemeinernde Formulierung macht leicht Schwierigkeiten bei der Vollstreckung. Ebenso wie ein Verbot, das lediglich den Gesetzestext wiederholt anstatt die Verletzungshandlung zu fixieren, nicht vollstreckbar ist, sind es Urteilsformulierungen mit Abstraktionen wie „oder ähnlich" und dgl. Solche Urteile sind insoweit wertlos und nur hinsichtlich des auf die konkrete Verletzungshandlung abgestellten Verbots vollstreckbar.

§ 3 Jubiläumsverkäufe

(1) Jubiläumsverkäufe dürfen zur Feier des Bestehens eines Geschäftes nach Ablauf von jeweils 25 Jahren abgehalten werden. Ihre Veranstaltung ist nur zulässig, wenn das Unternehmen den Geschäftszweig, den es bei der Gründung betrieben hat, die angegebene Zeit hindurch gepflegt hat.

(2) Der Wechsel des Firmennamens oder des Geschäftsinhabers ist für die Zulässigkeit der Veranstaltung von Jubiläumsverkäufen ohne Bedeutung.

(3) Am Jubiläumsverkauf des Gesamtunternehmens dürfen auch Zweigniederlassungen und Verkaufsstellen teilnehmen, die nicht so lange wie das Stammhaus bestehen. Eigene Jubiläumsverkäufe von Zweigniederlassungen oder Verkaufsstellen finden nicht statt.

(4) Der Jubiläumsverkauf muß in dem Monat beginnen, in den der Jubiläumstag fällt. Die Verkaufszeit beträgt längstens 12 Werktage. Sonn- und Feiertage, die durch Anordnung der höheren Verwaltungsbehörde für den Verkauf freigegeben sind, werden in die Verkaufszeit nicht eingerechnet.

Inhalt der Erläuterungen

1. Jubiläumsverkäufe als Unterfälle sonst untersagter Sonderveranstaltungen zulässig 1-4
2. Nötig ist das Abhalten „zur Feier des Bestehens eines Geschäftes" 5
3. Kreis der Teilnahmeberechtigten (§ 3 Abs. 3 AO) . . 6-8
4. Erfordernis der Geschäftskontinuität (§ 3 Abs. 1 Satz 2, § 3 Abs. 2 AO). Zeitliche Unterbrechungen. Begriff des „Geschäftszweiges". Änderungen des Distributionssystems 9-17
5. Angabe der Preisermäßigung in Prozenten 18
6. Vorschriften über Beginn und Dauer von Jubiläumsverkäufen (§ 3 Abs. 4 AO) 19-26
7. Irreführende Alterswerbung 27

1. Jubiläumsverkäufe als Unterfälle sonst untersagter Sonderveranstaltungen zulässig

1 Verkaufsveranstaltungen, die zur Feier des Bestehens eines Geschäftes abgehalten werden, sind stets Verkaufsveranstaltungen, die außerhalb des regelmäßigen Geschäftsverkehrs stattfinden. Sie erwecken auch bei den Umworbenen den Eindruck, daß besondere Kaufvorteile gewährt werden. Sie sind daher typische Sonderveranstaltungen im Sinne der AO (vgl. etwa OLG Koblenz 24. 9. 54, WRP 1955, 125 und § 1 Rdn 81, 174). Für solche Jubiläumsverkäufe bringt nun § 2 Abs. 2 Buchst. a AO eine Lockerung des grundsätzlichen Verbots des Abhaltens von Sonderveranstaltungen (§ 2 Abs. 1 AO) dahingehend, daß Jubiläumsverkäufe, **wenn** sie den Vorschriften des § 3 AO entsprechen, von diesem Verbot ausgenommen werden. Die fraglichen Verkaufsveranstaltungen bleiben aber — anders als Sonderangebote gem. § 1 Abs. 2 AO — Sonderveranstaltungen im Sinne der AO.

2 Immer ist also Voraussetzung für die Anwendung des § 3 AO, daß **alle Merkmale des § 1 Abs. 1 AO vorliegen,** daß also eine Sonderveranstaltung im Sinne der AO vorliegt und nicht etwa der Sachverhalt des § 1 Abs. 2 AO (sog. zulässiges Sonderangebot) gegeben ist (OLG Hamm 27. 10. 70, GRUR 1972, 93, ausführlich zitiert § 1 Rdn 175).

Logisch müßte daher stets zunächst geprüft werden, ob eine Sonderveranstaltung im Sinne der AO vorliegt. Erst wenn das zu bejahen ist, wäre zu prüfen, ob die Voraussetzungen des § 3 AO gegeben sind, so daß nach § 2 Abs. 2 Buchst. a AO das Verbot des § 2 Abs. 1 AO ausnahmsweise nicht gilt. Solche Jubiläumsveranstaltungen sind eben — was immer beachtet werden muß — Sonderveranstaltungen im Sinne der AO. Nur ist ihre Abhaltung zufolge § 2 Abs. 2 Buchst. a AO **nicht untersagt.**

Hinsichtlich der Reihenfolge bei der Prüfung gilt aber das entsprechend, was in § 1 Rdn 99 hinsichtlich der Prüfung, ob ein nach § 1 Abs. 2 AO „zulässiges" Sonderangebot vorliegt, gesagt worden ist. Wenn nämlich klar ist, daß die Verkaufsveranstaltung, falls sie unter § 1 Abs. 1 AO fallen sollte, die besonderen Voraussetzungen des § 3 AO erfüllt, so ist es aus prozeßökonomischen Erwägungen nicht erforderlich, zunächst zu prüfen, ob überhaupt eine Verkaufsveranstaltung im Sinne der AO vorliegt. Die AO ist dann von vornherein nicht anwendbar, wobei offen bleibt, ob das zufolge der Vorschrift in § 2 Abs. 2 Buchst. a AO der Fall ist oder deshalb, weil keine Sonderveranstaltung im Sinne der AO vorliegt.

Aus dem oben Gesagten folgt, daß § 3 AO nur Verkaufsveranstaltungen im Einzelhandel betreffen kann, bei denen Waren verkauft werden. Denn nur solche Veranstaltungen unterliegen der Regelung der AO, die stets Warenumsätze voraussetzt, andere gewerbliche Leistungen also nicht ergreift (vgl. § 1 Rdn 28 ff.). Jubiläumsveranstaltungen etwa von Leihbüchereien, Verkehrsunternehmen, Banken, Bausparkassen, Fahrschulen oder Detektivbüros können daher nie unter § 3 AO fallen, wenn dabei nicht etwa „branchenfremd" auch Waren verkauft werden. **3**

Auch eine Verkaufsveranstaltung, die nicht im Einzelhandel stattfindet, fällt von vornherein nicht unter die AO, wird also auch von § 3 AO nicht erfaßt. Vgl. dazu den Fall BGH 23. 5. 75 (BB 1975, 1079, Jubiläumsstrumpfhose) und § 1 Rdn 24. Auch Sonder**werbe**veranstaltungen, z. B. ein „großes Geburtstagsgewinnspiel" aus Anlaß des einjährigen Bestehens eines Einkaufszentrums, fallen nicht unter § 1 AO und daher auch nicht unter § 3 AO (OLG Frankfurt WRP 1972, 385; vgl. § 1 Rdn 30). Denn solche Veranstaltungen sind keine **Verkaufs**veranstaltungen. Sie werben **generell** für das Unternehmen. Die Beschleunigung des Warenabsatzes ist dabei nur die erhoffte Folgewirkung und sie wird nicht durch den Eindruck der Gewährung besonderer Kaufvorteile angestrebt, sondern durch die im Problemkreis des § 1 UWG vieldiskutierte Ausnutzung der Spielleidenschaft der Umworbenen.

4 Schon oben ist betont worden, daß die werbliche Erwähnung langjährigen Geschäftsbestehens im Zusammenhang mit Verkaufsveranstaltungen regelmäßig die Voraussetzungen für eine Sonderveranstaltung im Sinne der AO schaffen wird. Vgl. dazu § 1 Rdn 81 ff., 174, 175 und die dort zitierte Rechtsprechung, besonders BGH 6. 7. 77, BB 1977, 1270; OLG Hamm 27. 10. 70, GRUR 1972, 93 und OLG Düsseldorf 27. 10. 72, GRUR 1973, 324 (ausführlich zitiert § 1 Rdn 83) und § 2 Rdn 5.

Wenn nun § 2 Abs. 2 Buchst. a AO die Abhaltung von Jubiläumsverkäufen unter bestimmten Voraussetzungen vom grundsätzlichen Verbot des § 2 Abs. 1 AO freigibt, so ist das ein Kompromiß des Gesetzgebers. Es soll der Wirtschaft ein lang eingebürgertes Werbemittel nicht absolut versperrt werden. Im Interesse des durch solche Verkaufsveranstaltungen **gruppentypisch** sehr gefährdeten Verkehrs werden aber strenge Voraussetzungen aufgestellt, denen Jubiläumsverkäufe genügen müssen, wenn ihre Abhaltung, **obwohl es sich um Sonderveranstaltungen im Sinne der AO handelt,** nicht gemäß § 2 Abs. 1 AO untersagt sein soll.

2. Nötig ist das Abhalten „zur Feier des Bestehens eines Geschäftes"

5 **Zweck des Jubiläumsverkaufes** ist, unter Hinweis auf die Geschichte und Entwicklung des Unternehmens und auf die Grundsätze, durch die sich die Firma im Verkehr betätigt hat, zu werben. Die AO sagt ausdrücklich, daß diese vom grundsätzlichen Verbot des § 2 Abs. 1 AO ausgenommenen Sonderveranstaltungen „zur Feier des Bestehens eines Geschäfts nach Ablauf von jeweils 25 Jahren abgehalten werden" müssen. Es muß das also bei Ankündigung und Durchführung des Jubiläumsverkaufes zum Ausdruck gebracht werden. Ein „stiller" als Sonderveranstaltung durchgeführter

Jubiläumsverkauf, bei dem dieser Anlaß nicht in Erscheinung tritt, wird daher durch § 3 AO nicht gedeckt.

Zur Feier des Bestehens des Geschäfts findet die Verkaufsveranstaltung aber nur dann statt, wenn nicht unbeachtliche Teile der Umworbenen den Eindruck haben, daß das Geschäftsjubiläum nicht lediglich ein beiläufiger Aufhänger, eine „Fangüberschrift" für die Werbung (vgl. § 1 Rdn 65), sondern **der Anlaß** dafür ist, **daß besondere Kaufvorteile gewährt werden.** Diese Kaufvorteile sind werbepsychologisch gleichsam das Geschenk, das der Veranstalter denjenigen Verbrauchern in Aussicht stellt, die sich — indem sie bei ihm kaufen — an der „Feier" beteiligen. Davon ist zu unterscheiden, wenn lediglich beiläufig in der Werbung auf langjähriges Geschäftsbestehen hingewiesen wird, ohne daß dadurch in der Vorstellung des Verkehrs gleichsam eine „Extrasituation" mit günstigen, nur während der Jubiläumsdauer gewährten Kaufvorteilen geschaffen wird. Als solcher beiläufiger Hinweis wird z. B. die „Goldene 50" in der Werbung vom Verkehr regelmäßig verstanden werden. Auch ein „goldener Katalog", in dem das 50-jährige Geschäftsbestehen betont wird, weist nicht auf einen Jubiläumsverkauf **zur Feier** des Bestehens des Unternehmens hin. Vgl. dazu auch § 3 Rdn 27.

3. Kreis der Teilnahmeberechtigten (§ 3 Abs. 3 AO)

Grundsätzlich dürfen nach § 3 Abs. 3 AO am Jubiläumsverkauf eines Gesamtunternehmens auch **Niederlassungen und Verkaufsstellen** teilnehmen, und zwar auch dann, wenn sie erst später als das Stammhaus gegründet worden sind. Unter **„Stammhaus"** ist dabei die erste Niederlassung, die „Keimzelle" des Gesamtunternehmens, zu verstehen. Das braucht nicht notwendig die Hauptniederlassung zu sein. 6

Immer aber beschränkt sich der Jubiläumsverkauf auf das **Gesamtunternehmen.** Geschäftsbetriebe, die nicht rechtlich Bestandteile des Gesamtunternehmens sind, die also unter- 7 schiedlich firmieren (z. B. sog. Tochtergesellschaften), sind von der Teilnahme am Jubiläumsverkauf auch dann ausgeschlossen, wenn sie demselben Kaufmann gehören und wirtschaftlich, etwa durch eine gemeinsame Verkaufsorganisation, mit dem Gesamtunternehmen eng verbunden sind. Eine in Form einer selbständigen „Verkaufs-GmbH" betriebene Verkaufsgesellschaft kann also am Jubiläumsverkauf der Herstellerfirma, deren Erzeugnisse sie vertreibt, nicht teilnehmen, und zwar auch dann nicht, wenn sie denselben Firmenkern besitzt wie diese: Sie hat ihren **eigenen** 25jährigen Rhythmus, der sich nach ihrer Gründung berechnet. Derartige selbständige Geschäftsbetriebe dürfen aber — wie jeder andere Bezieher — Waren einer Firma, die einen Jubiläumsverkauf veranstaltet, mit einem **Hinweis auf deren Jubiläum** anbieten. Sie dürfen jedoch nicht im Ganzen am Jubiläumsverkauf der Firma teilnehmen und in deren Jubiläumswerbung einbezogen werden.

8 Zweigniederlassungen oder unselbständige Verkaufsstellen des Gesamtunternehmens, das einen zulässigen Jubiläumsverkauf veranstaltet, können in ihren Jubiläumsverkauf aber auch Waren einbeziehen, die **nicht** aus der Fabrikation des Hauptunternehmens stammen. Denn soweit ein Einzelhandelsgeschäft, weil es ein Teil des ganzen Unternehmens ist, an einem Jubiläumsverkauf teilnehmen darf, kann es das mit seinem ganzen Warensortiment tun und es ist bedeutungslos, wie sich die Erzeugnisse des Hauptunternehmens mengenmäßig zu den Erzeugnissen aus anderen Unternehmen verhalten.

Bei einer **Verschmelzung mehrerer Unternehmen** liegen die Dinge dann einfach, wenn ein Unternehmen dabei „aufgekauft" worden und als juristische Person untergegangen ist. In solchen Fällen kann sich die Frage, wann ein Jubiläumsverkauf zulässig ist, nur nach den Verhältnissen des aufkaufenden Unternehmens richten: Die Gründungszeit des durch den Ankauf untergegangenen Unternehmens spielt keine

Rolle. Wenn aber ein Zusammenschluß mehrerer Unternehmen derart erfolgt, daß diese — etwa unter Gründung einer GmbH — zu einem Gesamtunternehmen sich zusammenschließen, das also die echte Fortsetzung der früher für sich selbständige juristische Personen bildenden Einzelunternehmen darstellt, wird entscheidend sein, ob die geschäftlichen Erfahrungen des Unternehmens, das den Jubiläumszeitraum aufweisen würde, im Gesamtunternehmen eine ins Gewicht fallende Rolle spielen. Außerdem wird man in derartigen Fällen einen Jubiläumsverkauf nur dann für zulässig erachten können, wenn der Firmenname sich von diesem Unternehmen ableitet: Hier ist also ausnahmsweise Konstanz des Firmennamens erforderlich, wobei aber Firmenzusätze diese nicht beseitigen, solange der „Firmenkern" erhalten bleibt. Eine andere Stellungnahme würde fusionierten Unternehmen die Veranstaltung von Jubiläumsverkäufen mehrfach zugestehen, falls die geschäftlichen Erfahrungen der zusammengeschlossenen Unternehmen etwa gleichstark im zusammengeschlossenen Unternehmen fortleben. Bei Konzernbildung unter Aufrechterhaltung der rechtlichen Selbständigkeit der Konzernunternehmen kann dagegen jede Konzernfirma, soweit bei ihr die Voraussetzungen des § 3 AO vorliegen, für sich einen Jubiläumsverkauf im Rahmen des § 3 AO veranstalten, an dem natürlich die anderen Konzernfirmen nicht teilnehmen dürfen.

4. Erfordernis der Geschäftskontinuität (§ 3 Abs. 1 Satz 2, § 3 Abs. 2 AO). Zeitliche Unterbrechungen. Begriff des „Geschäftszweiges". Änderung des Distributionssystems

§ 3 Abs. 1 Satz 2 AO stellt klar, daß ein Jubiläumsverkauf **9** nur dann zulässig ist, wenn das Unternehmen den „Geschäftszweig", den es bei der Gründung betrieben hat, **die fragliche Zeit hindurch** gepflegt hat.

10 **Konkurs** eines Unternehmens **unterbricht** meist die „Kontinuität" und damit die Laufzeit der 25jährigen Periode. Einen nicht allzu ausgedehnten **vorübergehenden** Stillstand des Geschäftes, etwa durch Todesfall oder Krieg, hält dagegen die h. M. für unschädlich. BGH 24. 5. 55 (GRUR 1956, 212) hat in anderem Zusammenhang (§ 3 UWG) sogar die Schlagzeile „Seit 50 Jahren Wirtschaftsarchiv" zugelassen, obwohl die Zeitschrift von 1933 bis 1949 nicht erschienen war. Man wird auch hier solche Unterbrechungen, die durch den Terror der Jahre nach 1933 oder durch Krieg und Nachkriegswirren verursacht worden sind, großzügiger übersehen können als solche, die willkürlich vom Geschäftsinhaber herbeigeführt worden sind, obwohl natürlich in beiden Fällen das Ergebnis, nämlich der Ausfall der fraglichen Zeit für den Aufbau von Beziehungen, für das Sammeln von Erfahrungen usw., das gleiche ist.

11 Das Gesetz gibt keine Definition dafür, was unter dem Wort „**Geschäftszweig**" zu verstehen ist. Man wird bei der Abgrenzung des Begriffs nicht kleinlich und wirtschaftsfremd verfahren dürfen. Immer wird es darauf ankommen, ob die **Kontinuität an Geschäftserfahrungen,** die das Publikum beim Jubiläumsverkauf erwartet, im erforderlichen Grade gegeben ist. Ganz allgemein werden ähnliche Erwägungen anzustellen sein wie bei der Beurteilung der Frage, ob die Angabe des Gründungsjahres in werblichen Äußerungen oder in der Firma als irreführende Werbung unter § 3 UWG fällt. Der Übergang vom Elektroinstallationsgeschäft zur Herstellung von Elektrowerkzeugen unterbricht z. B. die Kontinuität des Unternehmens und grundsätzlich bedingt der Wechsel der Wirtschaftsstufe auch bei Beibehaltung der Branche regelmäßig eine so eingreifende Änderung des Unternehmens, daß Rückgriffe auf das Gründungsjahr zu werblichen Zwecken nicht mehr zulässig sind (RG 6. 4. 38, GRUR 1939, 389; DW 1957, 7). Die einzelnen Wirtschaftsstufen (Industrie, Großhandel, Einzelhandel, Vertreter, ambulantes Gewerbe) haben eben heute **sehr unterschiedliche** Aufgaben. Es muß der wesentliche Charakter des Unternehmens gewahrt sein (RG 7. 10. 30, JW 1930, 3755 Nr. 19; BGH 20. 4. 51, GRUR 1951, 412).

Ist die zur Zeit des Jubiläumsverkaufes **allein** maßgebende Produktion erst längere Zeit nach der Firmengründung aufgenommen worden, so daß also die für die Beurteilung des Unternehmens in seiner **jetzigen** Betätigung maßgeblichen Erfahrungen erst später ihren Anfang nahmen, so kann der Jubiläumstag (§ 3 Abs. 4 AO) erst zu diesem späteren Zeitpunkt angesetzt werden. Vgl. dazu BGH 31. 5. 60, GRUR 1960, 563 (zu § 3 UWG, Alterswerbung).

Eine **Änderung des Distributionssystems** unter Beibehaltung **12** der Wirtschaftsstufe (Einzelhandel), z. B. der Übergang vom traditionellen Einzelhandel zum Versandhandel, unterbricht die Kontinuität nicht (vgl. § 3 Rdn 14).

Zweifellos hat die Änderung der technischen Verhältnisse gerade in unseren Jahrzehnten die Betätigung der Gewerbetreibenden sehr erheblich beeinflußt, ohne daß dadurch aber notwendig die betriebliche Kontinuität zerstört worden sein muß. Wenn z. B. ein Unternehmen als lederverarbeitender Betrieb gegründet worden ist, so möchte ich, wenn er inzwischen zur Verarbeitung von Kunststoffen übergegangen ist, das Vorliegen des gleichen Geschäftszweiges nicht verneinen. Es kommt dabei nicht nur auf technologische Betrachtungen an, sondern sehr wesentlich darauf, ob das fragliche Unternehmen noch einen ähnlichen Bedarf deckt wie bei seiner Gründung und ob alte Erfahrungen, z. B. auch hinsichtlich der Kundenwünsche und des Überblicks über die Entwicklung der Mode, in die geänderte Betätigung in einem ins Gewicht fallenden Umfang übernommen worden sind. Vor 50 Jahren gab es nur Ledertaschen, während jetzt ein erheblicher Teil des fraglichen Bedarfs in Kunststoffartikeln gedeckt wird. Ein solcher Übergang ist also organisch durch die allgemeine Wirtschaftsentwicklung bedingt. Der Unternehmer lernt dazu, baut auf seinen Erfahrungen weiter auf und paßt sich — was oft eine Lebensfrage ist! — den sich ändernden wirtschaftlichen Verhältnissen, den anderen Verbrauchergewohnheiten (Übergang zum SB-Betrieb usw.) und überhaupt dem der Wirtschaft eigenen **Zwang zur Umorientierung,** an dessen Nichtbeachtung heute ja viele mittelständige Betriebe leiden, an. Es ist, um auf das obige Beispiel zurückzukommen, allerdings nicht zu verkennen, daß die Verarbeitung von Kunststoff-Folien vor ganz andere technische Schwierigkeiten stellt als sie in der leder- oder kunstlederverarbeitenden Industrie auftreten. Die Kontinuität wird dadurch aber nicht unterbrochen.

13 Ein Unternehmen, das ursprünglich nur Matratzen herstellte, dann aber zur Herstellung von Polstermöbeln übergegangen ist, wird ebenfalls seinen Geschäftszweig im Sinne des § 3 Abs. 1 Satz 2 AO nicht geändert haben. Wenn eine Firma von der Porzellanherstellung zur Herstellung keramischer Erzeugnisse übergeht, so liegt darin ebenfalls keine Änderung des Geschäftszweiges. Wenn es sich um eine Firma handelt, die sog. Zierporzellan hergestellt hat, so wird man aber eine Änderung des Geschäftszweiges wohl bejahen müssen, wenn diese Firma beispielsweise jetzt dazu übergeht, die fraglichen Gegenstände aus Kunststoff herzustellen. Dabei werden zwar manche Erfahrungen, insbesondere hinsichtlich der äußeren Gestaltung, übernommen werden. Die Herstellung von Kunststoffplastiken stellt aber doch technisch ganz andere Probleme und es ist — was mir entscheidend scheint — ein solcher Übergang nicht etwas, was allgemein sich vollzogen hat. Vielmehr handelt es sich dabei um einen Sondervorgang in dem betreffenden Betriebe, der sich nicht einfügt in die allgemeine Branchenentwicklung, die der Verkehr kennt und als kontinuierlich gelten läßt. Eine Fahrradfabrik, die zur Herstellung von Motorrädern oder Automobilen übergegangen ist, ändert dagegen ihren Geschäftszweig nicht: Sie befriedigt das Bedürfnis des Verkehrs nach Verkehrsmitteln.

Daß dieses Bedürfnis zunächst durch Fahrräder gedeckt wurde, dann aber mit zunehmender Motorisierung durch Motorräder oder durch Kraftfahrzeuge, ist im Sinne des § 3 Abs. 1 Satz 2 AO keine Änderung des Geschäftszweiges, auch wenn das Unternehmen jetzt Fahrräder nicht mehr herstellt. Es ist hier keine „Zäsur", kein „Knick" in der Geschichte des Unternehmens vorhanden, mögen auch die Umstellungen jeweils technisch und finanziell weittragende Veränderungen bedingt haben[85]. Fraglicher ist es dagegen, wenn das Unternehmen, bevor es Fahrräder herstellte, etwa Druckereimaschinen hergestellt hat. Auch da wird man jedoch bei der weitgehenden „Austauschbarkeit" der technischen Grunderfahrungen auf dem Gebiete des allgemeinen Maschinenbaus das Fortwirken der Erfahrungen aus dem ursprünglichen Betätigungsgebiete oft noch bejahen können. Als „Geschäftszweig" wird man hier also eben „Maschinenbau" im weitesten Sinne annehmen und nicht etwa „Fahrzeugbau".

Der Übergang vom Weinbau und Weinhandel zur Sektherstellung ändert den Geschäftszweig im Sinne des § 3 Abs. 1 Satz 2 AO (BGH 31. 5. 60, GRUR 1960, 563; zu § 3 UWG, Alterswerbung).

Der seit langem überall herrschende **Zwang zur Umorientierung** muß bei interessengerechter Auslegung der AO stets beachtet werden. Für das unternehmerische Denken hat eben in der Wirtschaft stets die Zukunft schon begonnen! Ist etwa ein Unternehmen vor 50 Jahren als traditioneller Einzelhandelsbetrieb gegründet worden und dann in ein Versandhaus „umgewandelt" worden, so wird die Kontinuität dadurch **nicht** unterbrochen, auch wenn das Sortiment sich vom Textilbereich jetzt auf die riesige Palette des modernen Groß- 14

---

[85] Dabei kann es wichtig sein, daß die fragliche Umstellung jeweils in den Anfangszeiten des neuen Verkehrsmittels erfolgt ist, also sich eben als eine organische Überleitung, als ein organisches „Hineinwachsen" in ein „aufkommendes" neuartiges, nach der Art des zu befriedigenden Bedürfnisses aber eng verwandtes Gebiet darstellt.

versandhandels ausgeweitet hat. Ganz allgemein liegt die Hereinnahme auch „branchefremder" Waren heute in der notwendigen Entwicklung gerade beim Einzelhandel. Tankstellen verkaufen allgemein Lebensmittel, Bücher, Kosmetika usw. und Fleischereien Getränke und überall entwickelt sich das Angebot im Einzelhandel immer weiter in der Richtung zu einem breit- und tiefgestaffelten Sortiment von Verbrauchswaren für die **möglichst universelle** Bedarfsdeckung der Letztverbraucher. Eine solche Strukturwandlung **unter Beibehaltung der Handelsstufe (Einzelhandel)** unterbricht daher die Kontinuität grundsätzlich ebenso wenig wie der Übergang zu einem anderen Distributionssystem **innerhalb des Einzelhandels.** Immer bleibt die Grundlage erhalten mit den Erfahrungen im Handel. Die gerade durch eine freie Marktwirtschaft so entwickelte Dynamik der Betriebsformen mit ihrem Wettbewerb der verschiedenen Distributionssysteme untereinander und ihrer unter dem Gesichtspunkt eines funktionierenden Wettbewerbs so wichtigen **pluralistischen** Handelsstruktur verlangt auch vordringlich Beachtung bei der Auslegung des § 3 und überhaupt der AO.

Die Tatsache, daß ein Unternehmen einen **Teil** seines ursprünglichen Geschäftsbetriebes **aufgegeben** hat, steht natürlich der Veranstaltung eines Jubiläumsverkaufes für den übriggebliebenen Geschäftsbetrieb nicht im Wege.

15 Kann infolge Änderung des Geschäftszweiges nicht auf das eigentliche Gründungsjahr der Firma zurückgegriffen werden, so läuft dann der 25jährige Turnus des § 3 Abs. 1 AO von der Aufnahme des neuen Geschäftszweiges ab. Die Anordnung bringt das als offenbar selbstverständlich nicht besonders zum Ausdruck.

16 Nicht von der Vorschrift des § 3 AO gedeckt wird ein Jubiläumsverkauf anläßlich des 25. Jahrestages der **Geschäftsübernahme.** Denn die Übernahme eines Geschäfts setzt ein bereits bestehendes Unternehmen voraus. Sie ist lediglich ein rechtsgeschäftlicher Vorgang im Wechsel des Geschäftsinhabers. Ein solcher Wechsel unterbricht zwar, wie § 3 Abs. 2 AO klarstellt, nicht den zeitlichen Turnus der 25 Jahre, den § 3 AO für Jubiläumsverkäufe festlegt, schafft aber **keinen neuen Jubiläumsgrund** und setzt also keine selbständige „Jubiläumsperiode" in Gang. Dasselbe gilt von anderen, wenngleich einschneidenden Ereignissen in der Geschichte des Unternehmens, etwa großen baulichen Erweiterungen, weittragenden technischen Automatisierungen, örtlicher Geschäftsverlegung oder dgl. Denn die Ausnahmevorschrift des § 3 AO muß grundsätzlich eng ausgelegt werden: Ihr Ausnahmecharakter darf nicht dadurch durchlöchert werden, daß man willkürlich eine andere „Zeitrechnung" oder von der AO nicht vorgesehene Jubiläumsgründe einführt.

Daran kann auch die Tatsache nichts ändern, daß infolge „höherer Gewalt", etwa wegen Kriegs- oder Nachkriegsverhältnissen, ein Jubiläumsverkauf nicht stattfinden konnte. Das kann allenfals nach § 5 AO die **Erteilung einer Ausnahmegenehmigung** rechtfertigen, wenn es sich darum handelt, den infolge außergewöhnlicher **Umstände** versäumten Jubiläumsverkauf nachholen zu dürfen. Auch dabei wird man aber nur eine kurze Zeitspanne nach Wegfall der fraglichen „höheren Gewalt" gewähren dürfen, um nicht entgegen dem Sinne der AO die unerfreulichen Zustände, die durch ein wildes und ungeregeltes Jubiläumsverkaufswesen drohen, auf Umwegen wieder einzuführen. Vgl. dazu auch § 5 Rdn 1, 2.

Es handelt sich bei § 3 um das Jubiläum des **Unternehmens,** **17** nicht des Firmennamens. Nach § 3 Abs. 2 AO ist ein **Wechsel des Firmennamens oder des Geschäftsinhabers,** auch durch Verpachtung des Unternehmens (BGH 13.10.72, GRUR 1974, 340; zu § 3 UWG, Alterswerbung), für die Zulässigkeit der Veranstaltung von Jubiläumsverkäufen **ohne Bedeutung.** Auch eine **Änderung der Betriebsform des Unternehmens,** etwa die Umgründung einer AG in eine GmbH oder die Überführung des Geschäftes eines Einzelkaufmanns in eine GmbH, ist unschädlich. Es ist also weder Konstanz des Firmennamens noch der Rechtsform noch des Distributionssystems (vgl. § 3 Rdn 14) des Unternehmens nötig. Worauf es ankommt ist immer, daß die geschäftliche Grundlage weiter gegeben ist und daher also die an den langjährigen Geschäftsbetrieb geknüpften Vorstellungen des Publikums von besonderer Fachkunde oder Seriösität nicht enttäuscht werden, wobei aber die Dynamik der Betriebsformen und die im unternehmerischen Bereich ganz allgemein zwingende Umorientierung auch hinsichtlich des Sortiments usw. vorrangige Beachtung verlangen, nicht zuletzt im Interesse der Erhaltung einer für eine auf dem Wettbewerb aufbauende Wirtschaft **wesensnötigen pluralistischen Handelsstruktur.**

5. Angabe der Preisermäßigung in Prozenten

18 Auch bei Jubiläumsverkäufen darf der ermäßigte Preis in Prozentform des „alten" Preises („10 % Preissenkung") angegeben werden: Dieser Preis ist der für die Dauer des Jubiläumsverkaufes gültige „Normalpreis" (BGH 16. 2. 66, GRUR 1966, 382; OLG Celle 29. 11. 63, WRP 1964, 9; OLG Stuttgart 6. 8. 71, BB 1972, 1026; die Ankündigung eines Jubiläumsverkaufes unter der Devise „10 % Jubiläumsrabatt auf alle Preise bis zum 19. Mai" ist zulässig). Vgl. dazu auch § 1 Rdn 182; § 3 Rdn 25.

6. Vorschriften über Beginn und Dauer von Jubiläumsverkäufen (§ 3 Abs. 4 AO)

19 § 3 Abs. 4 AO trifft einzelne Vorschriften über die **zeitliche Durchführung des Jubiläumsverkaufs.** Dabei ist nur die eigentliche Verkaufszeit beschränkt. Anders als bei sog. Abschnittsverkäufen ist hier also eine **vorherige Werbung ohne zeitliche Grenze zulässig.** Es fehlt auch jede Beschränkung auf bestimmte Waren, wie sie die Saisonschlußverkaufsverordnung v. 13. 7. 50 (abgedruckt im Anhang Nr. 2) enthält.

Ein Verstoß gegen die Vorschrift des § 3 Abs. 4 ist auch zugleich ein **Verstoß gegen § 1 UWG.** Denn der so Handelnde verschafft sich in unlauterer Weise Vorteile gegenüber seinen rechtstreuen Mitbewerbern.

Die AO begrenzt die Verkaufszeit auf längstens zwölf Werktage. Was aber heißt hier **„Verkaufszeit"?** Verkaufen heißt, einen Kaufvertrag **abschließen.** Es verlangt aber m. E. nicht auch die **Erfüllung** des Vertrages. Man kann m. E. während des Jubiläumsverkaufes im Geschäft „kaufen" — d. h. den obligatorischen Kaufvertrag abschließen — und sich die Ware später zuschicken lassen oder sich die Ware zurücklegen lassen, um sie später abzuholen und zu bezahlen. In allen solchen Fällen ist während der Jubiläumsverkaufszeit „verkauft", wenngleich noch wesentliche Pflichten der Parteien, insbesondere auch des Verkäufers (Übereignung der Ware, Anliefern usw.) zu erfüllen sind. Für diese Auslegung spricht auch die Terminologie des BGB (§§ 443 ff.), wo vom Verkäufer beim **Abschluß** des Kaufvertrags gesprochen wird und wo dann von den Pflichten des Verkäufers gehandelt wird.

A. A. Hefermehl, Wettbewerbsrecht (12. Aufl., S. 1247), der die **Abwicklung** des Kaufvertrags zum Verkaufsvorgang rechnet und daher verlangt, daß die gekauften Waren innerhalb der 12-Tage-Frist an den Käufer abgesandt werden müssen, während ihr Zugang später erfolgen kann. Mich überzeugt das nicht. Nach dem umgangssprachlichen Sinn hat man etwas verkauft, wenn der obligatorische Kaufvertrag abgeschlossen ist. Es ist auch nach der ratio legis (Konkurrentenschutz, Verbraucherschutz) eine so enge Auslegung nicht gedeckt, die auch den realen Gegebenheiten im Geschäftsleben nicht gerecht wird und einen Formalismus aufbaut, ohne daß der Gesetzeswortlaut oder der Gesetzessinn das gebietet. Das gefährlich verlockende Moment der Jubiläumsverkäufe, nämlich ihre Seltenheit und **ihre kurze Dauer,** also das Hereinspielen des Zeitfaktors, wird m. E. durch eine Auslegung noch erhöht, die die Absendung der Waren so rasch verlangt. Denn wer erst in den letzten Tagen der 12-Tage-Frist kauft, riskiert, daß die Waren an ihn nicht mehr rechtzeitig abgesandt werden können. Die „Torschlußpanik" wird also durch die Auslegung Hefermehls noch verstärkt.

Bei Verkäufen auf **Kreditbasis,** die auch im Jubiläumsverkauf zulässig sind, dauert die Abwicklung des Kaufvertrags unausweichlich längere Zeit und die „besonderen Kaufvorteile" können unstreitig auch in günstigen Zahlungsbedingungen oder in einer langen Garantiefrist bestehen (vgl. § 1 Rdn 72 ff.). Die Gewährleistungspflichten kann der Verkäufer praktisch nie innerhalb der zwölf Tage erfüllen, sie reichen notwendig weit in die Zukunft.

21 Unstreitig dürfen aber Waren nicht vor Beginn der 12-Tage-Frist **„verkauft"** werden. Wie steht es aber, wenn — was besonders im Versandhandel praktisch wird — Bestellungen auf Jubiläumswaren schon vorher eingehen: es kann ja unbegrenzt vorher schon der Jubiläumsverkauf angekündigt werden (§ 3 Rdn 19). Hier wird sich das Unternehmen dadurch helfen müssen, daß es erklärt, daß vorher eingehende Bestellungen bis zum Beginn der 12-Tage-Frist unbearbeitet liegen bleiben, so daß eine Annahme des Kaufangebotes durch das Unternehmen solchenfalls erst mit Beginn der Bearbeitung erfolgt.

Daß aber im Versandhandel innerhalb der Verkaufszeit eingegangene Bestellungen noch nach dieser Zeit **ausgeführt** werden dürfen, ergibt sich daraus, daß der Kaufvertrag bereits abgeschlossen ist und nur seine Abwicklung über die 12-Tage-Frist hinausreicht. Es kann also auch im Versandhandel bis zur letzten Minute verkauft werden — genauso, wie im tradierten Einzelhandel.

22 Grundsätzlich muß bei der rechtlichen Beurteilung der zahlreichen Fragen, die gerade beim Versandhandel hier auftauchen, immer festgehalten werden, daß einerseits der Versandhandel gegenüber dem stationären Einzelhandel bei der

Durchführung von Jubiläumsverkäufen nicht Vorteile haben darf, daß aber andererseits dieses Vertriebssystem mit seiner eigentümlichen Auftragsabwicklung (z. B. elektronische Datenverarbeitung mit weitgehender mechanischer Erledigung der Bestellungen) nicht in der Durchführung der in der AO ausdrücklich zugelassenen Jubiläumsverkäufe benachteiligt werden darf, was auch verfassungsrechtlichen Bedenken begegnen würde.

23 Wie steht es, wenn die Durchführung eines ordnungsgemäßen Jubiläumsverkaufes durch einstweilige Verfügung, die **später aufgehoben wird,** untersagt wird? Kann dann der Unternehmer die Veranstaltung später durchführen bzw., wenn sie während der zwölftägigen Dauer unterbrochen worden ist, nach Aufhebung der einstweiligen Verfügung den Rest der zwölf Tage nachholen?

Entscheidungen zu dieser Frage sind mir nicht bekannt. Zu Räumungsverkäufen und Ausverkäufen liegen Urteile vor, wonach da eine Unterbrechung der gesetzlichen Frist **nicht** eintritt. Bei **Jubiläumsverkäufen** ist aber m. E. die Rechtslage anders. Deren Nachholung (evtl. gem. § 5 AO) führt nicht zu „auffälligen", wettbewerbsverzerrenden Verkaufsveranstaltungen. Es können daher m. E. Tage, an denen wegen eines behördlichen Eingriffs, der sich als nicht gerechtfertigt erweist, **nicht verkauft** werden konnte, nicht eingerechnet werden. Die 12-Tage-Frist wird also durch behördlichen Eingriff unterbrochen, **falls** sich dieser später als **unberechtigt** erweist, insbesondere also eine einstweilige Verfügung aufgehoben wird. Solchenfalls kann die Restzeit dann noch ausgenutzt werden, aber nur **unverzüglich.** Der Unternehmer kann nicht willkürlich hier sich dann die Zeit aussuchen, die ihm besonders günstig scheint. Man wird dem Unternehmer solchenfalls eine angemessene Frist für die Ankündigung und Vorbereitung der Fortsetzung seines zu Unrecht unterbrochenen Jubiläumsverkaufs zubilligen müssen. Der Unternehmer muß aber seinerseits alles tun, um die Beseitigung der Behinderung unverzüglich zu veranlassen. Er darf nicht einfach zusehen, um so rechtsmißbräuchlich einen Zustand der Unsicherheit in der Schwebe zu lassen. Wird die Durchführung des Jubiläumsverkaufs **vor** seinem Beginn verhindert, so gilt Entsprechendes: der Jubiläumsverkauf kann dann nach Beseitigung des Hindernisses durchgeführt werden, wenn die Verhinderung nicht berechtigt war.

Nach § 3 Abs. 4 AO muß der Jubiläumsverkauf in dem Monat beginnen, in den der Jubiläumstag fällt.

Verfassungsrechtliche Bedenken gegen diese Regelung bestehen m. E. nicht. Ungleichheiten können sich im Einzelfall ergeben, müssen aber hingenommen werden im Hinblick darauf, daß eine — wenn auch großzügig zu handhabende — zeitliche Bestimmung der Abhaltung solcher Jubiläumsverkäufe (vgl. § 3 Rdn 24) mit ihren Gefahren für die Verbraucher (vgl. § 2 Rdn 5, § 3 Rdn 4) **im Allgemeininteresse nötig** ist. So ist es sicher ungünstig, wenn etwa für ein Unternehmen, das betont Wintersportartikel verkauft, der Jubiläumstag ins Frühjahr oder in den Sommer fällt. Oft lassen sich aber solche zeitlichen Anomalien auch geschickt **legal ausnutzen;** so etwa eine Überdeckung der nach § 3 Abs. 4 AO einzuhaltenden Jubiläumsverkaufszeit **mit den Saisonschlußverkäufen.** Da kann z. B. die gleichzeitige Veranstaltung eines Jubiläumsverkaufes mit dem Saisonschlußverkauf sich werblich recht günstig auswirken. Oder es kann kurz vor oder bald nach dem Saisonschlußverkauf ein Jubiläumsverkauf durchgeführt werden. In allen solchen Fällen muß aber darauf geachtet werden, daß der Jubiläumsverkauf nicht vom Verkehr als Saisonschlußverkauf angesehen wird, etwa als vorweggenommener oder verlängerter Saisonschlußverkauf (vgl. § 1 Rdn 10). Und ein Unternehmen, das ausgesprochen Waren verkauft, die im Winter gekauft werden, muß sich mit geschickter Werbung dahin etwa helfen, daß man im Jubiläumsverkauf im August günstig sich für den Winter eindecken kann. Es sind ja hinsichtlich der Durchführungszeit immer Vor- und Nachteile möglich: wer z. B. den Jubiläumsverkauf nach § 3 Abs. 4 AO während der Zeit der Sommerferien durchführen muß, kommt einerseits in eine Saure-Gurken-Zeit, andererseits aber, wenn es sich um einen Ort mit Fremdenverkehr handelt, auch in eine Zeit, in der die Zahl der Verbraucher größer ist als im Herbst.

Wer einen Jubiläumsverkauf **zu früh** veranstaltet, darf nicht später, zu der nach § 3 Abs. 4 AO **richtigen** Zeit, **nochmals** „jubilieren". So auch G. Maier, WRP 1967, 389. Sein Vorrecht aus § 2 Abs. 2 Buchst. a AO ist solchenfalls verbraucht, auch wenn sein vorzeitiger Jubiläumsverkauf nicht zu Ende geführt werden konnte, weil dagegen etwa mit einstweiliger Verfügung vorgegangen wurde. Eine andere Auslegung würde den rechtsuntreuen Kaufmann, der das Risiko eines zu zeitigen Jubiläumsverkaufs auf sich nimmt, ungerecht bevorzugen. Anders, wenn der Unternehmer zwar einen zu zeitigen Jubiläumsverkauf **angekündigt** hat, ihn dann aber — etwa zufolge behördlichen Einschreitens oder weil ihm Bedenken kommen — **nicht** durchgeführt hat: er wird dann für die rechte Zeit den Jubiläumsverkauf, gedeckt durch § 2 Abs. 2 Buchst. a AO, ankündigen und durchführen dürfen. **24**

Ein zu früh (oder zu spät) veranstalteter Jubiläumsverkauf ändert aber am 25jährigen Turnus nichts. Dieser richtet sich immer nach dem „richtigen" Jubiläumstage. Vgl. auch diese Rdn am Ende.

Allerdings besteht hinsichtlich des Jubiläumstages (§ 3 Abs. 4 AO) eine **erhebliche Toleranzbreite** und man wird da mit dem Datum des „Bestehens des Geschäftes" — das man oft recht unterschiedlich ansetzen kann — großzügig sein müssen. Die bei der wettbewerbsrechtlichen Beurteilung der Alterswerbung herausgearbeiteten Grundsätze können oft förderlich sein. Leitlinie muß sein, daß es auf **materielle** Vorgänge, nämlich darauf ankommt, seit wann im Unternehmen entsprechende Erfahrungen gesammelt und erarbeitet wer-

Jubiläumsverkäufe

den konnten. Das läuft auf den Beginn der Unternehmensexistenz, die sich auf den **Tätigkeitsbeginn** stützt, hinaus. Die handelsrechtliche **formale Gründung** wird zwar grundsätzlich den Jubiläumstag rechtfertigen, fixiert ihn aber nicht. Sie kann als formaler Rechtsakt vor oder nach dem Tätigkeitsbeginn erfolgen. Vgl. dazu Schweitzer-Faust, WRP 1977, 88. Der beim ersten Jubiläumsverkauf angenommene Jubiläumstag (§ 3 Abs. 4 AO) muß aber auch bei späteren Jubiläumsverkäufen grundsätzlich festgehalten werden, soweit er sich **irgendwie rechtfertigen** läßt und der Unternehmer ihn redlich als begründet angenommen hat. Er legt also den Turnus fest, der sonst, wenn man da kleinlich verfährt, in Unordnung kommt, was schlimmer ist als wenn sich später herausstellt, daß der erste Jubiläumsverkauf von einem Jubiläumstag ausgegangen ist, der um einige Monate zu früh oder zu spät angenommen wurde. Oft finden sich da ja auch erst lange Zeit später Unterlagen, die ergeben, daß früher irrtümlich der Zeitpunkt des Bestehens des Geschäftes unrichtig angesetzt worden ist.

25 Zur Abhaltung von Sonderverkaufsveranstaltungen, insbesondere von Sonderangeboten, für im Jubiläumsverkauf liegengebliebene Waren vgl. § 1 Rdn 180.

Das Rabattgesetz, die Zugabeverordnung und das UWG sind natürlich auch bei der Durchführung eines Jubiläumsverkaufes zu beachten. Unzulässig sind daher Jubiläumsrabatte an Kunden — im Gegensatz zur prozentualen Herabsetzung der Preise während des Jubiläumsverkaufes, die als zeitweilige **Änderung des Normalpreises** vom Rabattgesetz nicht erfaßt wird (vgl. § 3 Rdn 18). Vgl. dazu § 1 Rdn 182.

26 Die Werbung im Jubiläumsverkauf darf sich nur auf solche Waren beziehen, für die tatsächlich besondere Kaufvorteile gewährt werden. Sonst liegt ein Verstoß gegen das UWG vor. Die unrichtige Erweckung des Eindrucks der Gewährung besonderer Kaufvorteile kann sich auch nie in den Rahmen des

regelmäßigen Geschäftsbetriebs eines Unternehmens einfügen und solche Verkaufsveranstaltungen finden notwendig außerhalb des „regelmäßigen Geschäftsverkehrs der Branche" statt. Vgl. dazu § 1 Rdn 48, 69, 90 ff. und 140.

7. Irreführende Alterswerbung

§ 3 verlangt das Abhalten der Verkaufsveranstaltung **zur** 27 **Feier des Bestehens eines Geschäftes** (§ 3 Rdn 5). Damit verknüpft der Verkehr die Erwartung von Kaufvorteilen, die über die sonst bei Sonderveranstaltungen gewährten Kaufvorteile (§ 1 Rdn 78) **hinausgehen.** Wird der Veranstalter dieser Erwartung nicht gerecht, so ist die Abhaltung des Jubiläumsverkaufs zwar vom Verbot des § 2 Abs. 1 AO ausgenommen, weil § 3 AO nicht die Gewährung solcher außergewöhnlicher Kaufvorteile fordert. Die Abhaltung ist dann aber nach §§ 1, 3 UWG unzulässig.

Meist erwartet der Verkehr ganz allgemein bei einer im Zusammenhang mit der Ankündigung der Gewährung besonderer Kaufvorteile gebrachten Alterswerbung die Gewährung außergewöhnlicher, „jubiläumsartiger" Kaufvorteile. Werden diese nicht geboten, so verstößt die Abhaltung solcher Veranstaltungen gegen §§ 1, 3 UWG. Solche Veranstaltungen fügen sich aber auch deshalb und wegen ihrer werblich betonten Außergewöhnlichkeit nie in den Rahmen des Geschäftsbetriebes des Unternehmens ein und finden auch stets außerhalb des regelmäßigen Geschäftsverkehrs statt (vgl. § 1 Rdn 1, 47 ff., 53 ff., 63, 146, 166 ff.; Fußnote 81). Ihre Abhaltung ist daher, falls nicht alle in § 3 AO geforderten Merkmale eines Jubiläumsverkaufs vorliegen, nach § 2 Abs. 1 AO untersagt. Außerdem verbietet da aber auch das UWG **stets**, gegebenenfalls in Konkurrenz mit der AO (vgl. § 1 Rdn 9), das irreführende Abhalten solcher Veranstaltungen.

§ 4 Resteverkäufe

(1) Besondere Resteverkäufe dürfen während der letzten drei Tage der Saisonschluß- und Inventurverkäufe (Sommerschluß- und Winterschlußverkäufe) in für diese Verkaufsveranstaltungen zugelassenen Waren abgehalten werden.

(2) Als Reste sind nur solche aus früheren Verkäufen verbliebene Teile eines Ganzen anzusehen, bei denen der verbliebene Teil, für sich genommen, nicht den vollen Verkaufswert mehr hat, den er im Zusammenhang mit dem Ganzen besessen hat.

Inhalt der Erläuterungen

1. Resteverkäufe als Sonderveranstaltungen im Sinne der Anordnung 1–4
2. Besondere Voraussetzungen für Resteverkäufe . . . 5, 6
3. Resteverkäufe und Beteiligung am Schlußverkauf . . 7
4. Verhältnis des § 4 zu § 1 Abs. 2 AO. Resteverkäufe als zeitlich begrenzte Angebote 8

1. Resteverkäufe als Sonderveranstaltungen im Sinne der Anordnung

1 § 4 AO regelt die Zulässigkeit von Resteverkäufen, die **während der letzten drei Tage der Schlußverkäufe** stattfinden und die, was für das Verständnis der Vorschrift wichtig ist, von der AO aber **nicht ausdrücklich hervorgehoben wird**, „zeitlich begrenzt" angekündigt werden.

Ob es allerdings werbepsychologisch ratsam ist, „üblicherweise" am Ende des Schlußverkaufs nochmals neue Kaufgelüste zu wecken, kann fraglich sein (vgl. Reimann, WRP 1963, 349).

Wie § 2 Abs. 2 AO ergibt, muß es sich dabei um Verkaufs- **2** veranstaltungen handeln, deren Abhaltung ohne diese Sondervorschrift gem. § 2 Abs. 1 AO untersagt wäre.
Durch § 2 Abs. 2 Buchst. b AO werden nun solche Sonderveranstaltungen, die den Erfordernissen des § 4 AO genügen, zwar **nicht** aus der Legaldefinition des § 1 AO herausgenommen, aber vom **Verbot** des § 2 Abs. 1 AO **ausgenommen.** Vgl. dazu H. Tetzner, GRUR 1959, 309.
Es muß also zunächst geprüft werden, ob überhaupt eine **3** unter § 1 AO fallende unzulässige Sonderveranstaltung im Sinne der AO vorliegt. Erst wenn **alle** Erfordernisse dafür gegeben sind, kann sinnvollerweise geprüft werden, ob die fragliche Sonderveranstaltung gem. § 2 Abs. 2 Buchst. b AO vom Verbot des § 2 Abs. 1 AO deshalb ausgenommen ist, weil dabei die Voraussetzungen des § 4 AO vorliegen.
§ 4 AO betrifft daher nur „besondere" Resteverkäufe, die au- **4** ßerhalb des regelmäßigen Geschäftsverkehrs (vgl. § 1 Rdn 35 ff.) im Einzelhandel stattfinden. Resteverkäufe, die **innerhalb** des regelmäßigen Geschäftsverkehrs veranstaltet werden, die „regulärer" Natur sind und sich organisch in den branchenüblichen Geschäftsgang einfügen, sind von vornherein keine Sonderveranstaltungen im Sinne der AO und fallen daher auch nicht unter § 4 AO.
Reimann (WRP 1963, 349) führt aus, daß aus dem subsidiären Charakter des § 9 a UWG und damit der AO folgt, daß Resteverkäufe, die **als Teil eines Schlußverkaufs** durchgeführt werden, während der ganzen Dauer des Schlußverkaufs durchgeführt werden dürfen und nur unter die VO v. 13. 7. 50 (abgedruckt im Anhang Nr. 2) fallen[86], während die **nicht** in der Form eines Schlußverkaufs durchgeführten „besonderen" Resteverkäufe schlußverkaufsfähiger Waren in den letzten drei Schlußverkaufstagen nur unter § 4 AO fallen, also nicht den werblichen Beschränkungen der Schlußverkäufe unterliegen. Die scharfsinnige Begründung Reimanns, der

---

[86] Die Beschränkung in § 4 Abs. 2 AO gilt da also nicht.

Resteverkäufe

sein Ergebnis selbst als „denkgesetzlich befremdend" bezeichnet, verlangt allerdings die Abgrenzung der nicht in der Form des Schlußverkaufs durchgeführten Resteverkäufe von den „als Teil eines Schlußverkaufs durchgeführten" Resteverkäufen, was oft nicht ganz einfach sein wird. Gegen Reimann, aber m. E. nicht überzeugend, Hefermehl, Wettbewerbsrecht (12. Aufl., S. 1249).

2. Besondere Voraussetzungen für Resteverkäufe

5 Resteverkäufe, die an sich als Sonderveranstaltungen im Sinne der AO anzusehen sind, die also insbesondere deshalb auch nicht als erlaubte Sonderangebote im Sinne des § 1 Abs. 2 AO gelten, weil sie **zeitlich begrenzt** auf die letzten drei Tage eines Schlußverkaufs **angekündigt werden,** sind unter bestimmten Voraussetzungen, die § 4 AO festlegt, erlaubt. Zunächst dürfen derartige besondere Resteverkäufe **nur während der drei letzten Tage der Sommer- und Winterschlußverkäufe** und auch nur in den für diese Verkaufsveranstaltungen zugelassenen Waren abgehalten werden[87]. Insoweit ist also die VO des Bundeswirtschaftsministers über Sommer- und Winterschlußverkäufe v. 13. 7. 1950 (abgedruckt im Anhang Nr. 2) zu beachten, in deren Regelungsbereich der ganze Komplex wirtschaftlich eigentlich gehört.

6 Außerdem bestimmt § 4 Abs. 2 AO, daß dabei nur solche aus früheren Verkäufen verbliebene Teile eines Ganzen angeboten werden dürfen, bei denen der verbliebene Teil, für sich genommen, nicht mehr den vollen Verkaufswert hat, den er im Zusammenhang mit dem Ganzen besessen hat. Es handelt sich dabei also nicht um Restpaare, Restbestände usw., sondern um **Teile eines wirtschaftlich zusammengehörenden Ganzen,** z. B. um Einzeltassen eines Services oder bei Stoffen um sog. Meterware.

---

[87] Wesentlich ist dabei aber, daß diese zeitliche Begrenzung hier **zum Ausdruck gebracht werden darf!**

3. Resteverkäufe und Beteiligung am Schlußverkauf

Ob die Reste **aus eigenen Verkäufen des Veranstalters** stammen müssen oder ob solche Reste eigens zum Zwecke der Veranstaltung eines „Resteverkaufs" **zusammengekauft** werden können, kann fraglich sein. Der Sinn der Vorschrift spricht dagegen: Es soll die rasche Räumung **liegengebliebener Reststücke** in den letzten drei Tagen des Schlußverkaufs unter Aufhebung des Verbots des zeitlich begrenzten Anbietens ermöglicht werden. Es soll also ein im fraglichen Unternehmen erfahrungsgemäß auftretender „Notzustand" beseitigt werden, nicht aber sollen derartige zeitlich begrenzt angekündigte Resteverkäufe zum Schluß der großen Ausverkaufswochen als **Institutionen eigener Art** zugelassen werden. Auch der Wortlaut des § 4 AO stützt diese Auslegung, wenn dort von Waren gesprochen wird, die als „Reste aus früheren Verkäufen" verblieben sind: der Zusammenhang läßt dabei die „früheren Verkäufe" als solche des Unternehmens selbst erscheinen. Die Zulassung eines „Zusammenkaufens" von Resten würde dazu führen, daß ein Unternehmer Reste seiner Mitbewerber verkauft und so unter Inanspruchnahme der Ausnahmevorschrift des § 2 Abs. 2 Buchst. b AO einen gar nicht aus **seinem** Unternehmen herausgewachsenen „besonderen Resteverkauf" in sehr massiver Weise organisiert und durchführt. Das widerspricht aber der systematischen Stellung des § 4 AO: sie läßt erkennen, daß der Resteverkauf eng mit dem ihn durchführenden Unternehmen zusammenhängt, aus **dessen** früheren Verkäufen er herausgewachsen ist. Nicht nötig ist aber, daß der Veranstalter des „besonderen Resteverkaufs" sich am fraglichen Schlußverkauf beteiligt hat, wenngleich das die Regel sein wird. Denn § 4 AO verlangt nicht, daß es sich um „Saisonschlußverkaufsreste" handelt; er spricht nur von Resten „eines Ganzen", die „aus früheren Verkäufen verblieben" sind und als unvollständige Teile nicht mehr den vollen Verkaufswert, den sie im Zusammenhang mit dem Ganzen hatten, haben.

4. Verhältnis des § 4 zu § 1 Abs. 2 AO. Resteverkäufe als zeitlich begrenzte Angebote

8 Die Vorschrift des § 4 AO ist praktisch **nicht sehr wichtig.** Jedenfalls ist festzuhalten, daß durch die Vorschrift des § 4 AO nicht etwa die nach § 1 Abs. 2 AO zulässigen Sonderangebote beschränkt werden. Es werden also auch nicht betroffen sog. „Resteverkäufe", wie etwa die vielfach anzutreffenden Restetische in Kaufhäusern, bei denen echte Reste (Restpaare, Restbestände von Meterware, Restposten von Strümpfen u. dgl.) preisgünstig angeboten werden. Sie sind, soweit nicht „zeitlich begrenzte" Angebote vorliegen, meist zulässige Sonderangebote nach § 1 Abs. 2 AO, unterliegen also schon deshalb **nicht der AO** und sind daher im Rahmen der allgemeinen Bestimmungen des Wettbewerbsrechts frei zulässig. Man kann sich fragen, was demgegenüber eigentlich die Vorschrift des § 4 AO bzw. des § 2 Abs. 2 Buchst. b AO Neues bringt. Das, was durch diese Bestimmungen geändert wird am allgemeinen Rechtszustande der Sonderveranstaltungen ist, daß **unter den besonderen Umständen** des § 4 AO die in § 4 AO definierten „Reste" in besonderen Verkaufsveranstaltungen **„zeitlich begrenzt" angeboten werden können.** Durch § 4 AO wird also diese wichtige Schranke, die § 1 Abs. 2 AO für zulässige Sonderangebote errichtet, für eng begrenzte Waren während der letzten drei Tage der Schlußverkäufe beseitigt. Es können derartige „Resteverkäufe" unter dem Motto „Nur drei Tage" oder mit ähnlichen, **auf ihre zeitliche Begrenzung hinweisenden Texten** angekündigt werden. Sie sind — wenn diese zeitliche Begrenzung im Angebot **nicht** erwähnt wird — meist „zulässige" Sonderangebote[88]. Sie bleiben dagegen, wenn sie zeitlich begrenzt auf die drei letzten Ausverkaufstage angekündigt werden, **Sonderveranstaltun-**

---

[88] Während der Schlußverkaufswochen würde der Verkehr solche Sonderangebote allerdings meist als Schlußverkaufsveranstaltungen ansehen, so daß dann also die Vorschriften der VO v. 13. 7. 1950 (abgedruckt im Anhang Nr. 1) eingehalten werden müßten.

gen im Sinne der AO, deren Legaldefinition durch § 4 AO **nicht berührt** wird. Durch § 2 **Abs. 2** AO werden derartige Sonderveranstaltungen im Sinne der Anordnung, wie sie Resteangebote gemäß § 4 AO darstellen, aber **vom grundsätzlichen Verbote** des § 2 Abs. 1 AO **trotz ihrer zeitlichen Begrenzung ausgenommen,** ebenso wie die **Jubiläumsverkäufe** des § 3 AO. Vgl. dazu H. Tetzner, GRUR 1959, 309. Vgl. dazu auch § 4 Rdn 4.

Daß die Resteverkäufe gem. § 4 Abs. 2 AO von den umworbenen Verkehrskreisen allgemein als der **Schlußpunkt** des Saisonschlußverkaufs angesehen werden, also dem Verkehr dessen Ende sehr deutlich bewußt machen, ist schon früher (§ 1 Rdn 10) betont worden. Ich halte daher die Gefahr, daß später stattfindende Verkaufsveranstaltungen von nicht unbeachtlichen Teilen des Verkehrs **allein** wegen der zeitlichen Nähe als „verlängerte Schlußverkäufe" angesehen werden, für gering und die üblicherweise da geforderte Karenzzeit von 14 Tagen (§ 1 Rdn 11) für im allgemeinen zu lang.

§ 5 Ausnahmegenehmigung

Die höhere Verwaltungsbehörde kann nach Anhörung der zuständigen amtlichen Berufsvertretungen von Handel, Handwerk und Industrie Ausnahmen von den Vorschriften der §§ 2 bis 4 gestatten.

Erläuterungen

1 Derartige Ausnahmegenehmigungen werden nur **sehr selten** erteilt. Sie können etwa dann begründet sein, wenn ein Unternehmen infolge der Judenverfolgungen nach 1933 oder infolge Kriegs- und Nachkriegswirren (Flüchtlingsbetriebe) einen Jubiläumsverkauf nicht stattfinden lassen konnte. Da werden aber heute die fraglichen Ereignisse so lange zurückliegen, daß eine Ausnahmegenehmigung nicht mehr gerechtfertigt ist. Vgl. dazu § 3 Rdn 16.

2 Wo Einzelhandelsunternehmen etwa durch öffentliche Bauarbeiten (U-Bahn-Bau; Bau großer Amtsgebäude usw.) **außergewöhnlich einschneidend** betroffen waren, sind Ausnahmen in seltenen Fällen bewilligt worden (Frankfurter U-Bahn-Bau). Behinderungen, die zwar den Zugang zum Geschäft erschweren, aber nicht nahezu gänzlich lahmlegen, werden eine Ausnahmegenehmigung nicht rechtfertigen, ähnlich wie sie nach h. M. auch nicht zur Durchführung eines Räumungsverkaufs gem. § 7 a UWG berechtigen.

Der **Tod des Geschäftsinhabers** rechtfertigt die Erteilung einer Ausnahmegenehmigung nicht, wenngleich dadurch das Unternehmen schon aus Pietätsgründen an der Durchführung eines Jubiläumsverkaufes gehindert sein kann. Etwas anderes kann m. E. in seltenen Ausnahmefällen gelten, wenn der Unternehmer etwa bei politischen Unruhen ums Leben gekommen ist.

Grundsätzlich sollte die Erteilung einer Ausnahmegenehmigung dann in Frage kommen, wenn die rechtzeitige Abhaltung eines Jubiläumsverkaufes **durch höhere Gewalt verhindert** (und nicht nur erschwert) worden ist, so etwa durch einen Streik. Es wird dann die Wettbewerbsgleichheit zu den Mitbewerbern, die nicht an der Abhaltung eines Jubiläumsverkaufes gehindert waren, wieder hergestellt. Das ist Sinn und Zweck des § 5 AO. In solchen Fällen wird aber für die Abhaltung des nachzuholenden Jubiläumsverkaufes eine Frist gesetzt werden müssen, und der 25jährige Turnus des § 3 AO wird durch eine solche singuläre zeitliche Verschiebung nicht verändert. Er berechnet sich für die nachfolgenden Jubiläumsverkäufe also wieder nach § 3 Abs. 4 AO.

Während hinsichtlich der in den §§ 7 b Abs. 1, 2 und 7 c Abs. 5 **3** UWG für zuständig erklärten höheren Verwaltungsbehörden durch Art. 14 des Gesetzes vom 10. 3. 1975 (BGBl I, 685) durch Einfügung des § 7 d UWG die Landesregierungen ermächtigt worden sind, durch Rechtsverordnung anstelle der in den §§ 7 b und 7 c UWG für zuständig erklärten höheren Verwaltungsbehörden **andere** Behörden für zuständig zu erklären, wobei diese Ermächtigung auch auf oberste Landesbehörden übertragen werden kann, sind für die Erteilung einer Ausnahmegenehmigung nach § 5 AO nach wie vor **nur die höheren Verwaltungsbehörden** zuständig. Eine dem § 7 d UWG entsprechende Ermächtigung ist **nicht** erteilt worden.

§ 6

Meine Anordnung vom 14. Mai 1935 (Deutscher Reichsanzeiger Nr. 112) zur Regelung von Verkäufen, die zur Wende eines Verbrauchsabschnittes regelmäßig stattfinden, bleibt unberührt.

Die Vorschrift ist **überholt** durch die VO des Bundeswirtschaftsministers vom 13. 7. 1950 (abgedruckt im Anhang Nr. 2). Vgl. dazu Fußnote 18.

Anhang

1. Aus der amtlichen Begründung zum Gesetz zur Änderung des Gesetzes gegen den unlauteren Wettbewerb vom 26. 2. 1935 (RGBl I, S. 311)
(Deutsche Justiz 1935, 424)

I, II und III betreffen die §§ 7 bis 9 UWG. IV betrifft den durch das Gesetz vom 26. 2. 1935 neu eingefügten **§ 9 a UWG.**

IV

In dem Maße, in dem Ausverkäufe und Räumungsverkäufe der vom Gesetz behandelten Art Beschränkungen unterworfen werden, verstärkt sich die Neigung, Verkaufsveranstaltungen besonderer Art vorzunehmen, die bisher keiner ausdrücklichen Regelung unterliegen. Weiße Wochen, Aussteuertage, Wochenendverkäufe und ähnliche Erscheinungen haben schon seit längerem derart zugenommen, daß der gewöhnliche Geschäftsbetrieb dagegen mitunter stark zurücktritt. Um Unzuträglichkeiten zu begegnen, die sich daraus für die Mitbewerber und auch für das kaufende Publikum ergeben, erhält der Reichswirtschaftsminister die Ermächtigung, Bestimmungen zur Regelung von Verkaufsveranstaltungen der genannten Art zu treffen. Dadurch kann den Besonderheiten ihrer verschiedenen, häufig wechselnden Erscheinungsformen besser Rechnung getragen werden als dies durch Aufnahme von Einzelvorschriften in das Gesetz selbst möglich wäre...

2. Verordnung des BWM über Sommer- und Winterschlußverkäufe vom 13. 7. 1950 (BAnz. Nr. 135), geändert durch VO vom 28. 7. 1969 (BAnz. Nr. 138)

§ 1

(1) Verkäufe am Ende eines Verbrauchsabschnittes im Sinne des § 9 des Gesetzes gegen den unlauteren Wettbewerb finden zweimal im Jahre statt. Sie beginnen am letzten Montag im Januar und am letzten Montag im Juli. Die Verkaufszeit beträgt 12 Werktage.

(2) Der im Januar beginnende Verkauf ist als Winterschlußverkauf, der im Juli beginnende Verkauf als Sommerschlußverkauf zu bezeichnen.

(3) Die Landesregierungen können durch Rechtsverordnung den Beginn der Sommer- und Winterschlußverkäufe in Bädern und Kurorten mit Rücksicht auf eine abweichende Dauer der Verbrauchsabschnitte in diesen Orten anderweitig festsetzen. Die Landesregierungen können diese Befugnis auf Oberste Landesbehörden übertragen.

§ 2

Es dürfen zum Verkauf gestellt werden:

a) in beiden Verkaufsveranstaltungen Textilien, Bekleidungsgegenstände, Schuhwaren sowie aus der Gruppe Lederwaren Damenhandtaschen, Damenhandschuhe, Lederblumen und Damengürtel,

b) im Winterschlußverkauf auch Waren aus Porzellan, Glas und Steingut.

§ 3

(1) Auf die Verkäufe hinweisende öffentliche Ankündigungen müssen den Tag des Beginns des Verkaufs deutlich angeben. Enthalten sie Warenangebote, so sind sie frühestens am letzten Werktage vor dem Beginn der Verkäufe, und zwar in Zeitungen und Zeitschriften mit Beginn dieses Tages, im übrigen erst nach Ladenschluß zulässig.

(2) Mit der Plakatwerbung und der Verteilung von Druckschriften kann am letzten Werktage vor dem Beginn der Verkäufe nach 14 Uhr begonnen werden.

(3) Die vor Beginn und die während der Verkäufe gültigen Preise dürfen in öffentlichen Ankündigungen, insbesondere in Schaufenstern, nicht einander gegenübergestellt werden. Dies gilt nicht für Preisangaben innerhalb der Verkaufsräume.

§ 4

Die vorstehende Regelung ist auch für die von Versandgeschäften veranstalteten Sommer- und Winterschlußverkäufe anzuwenden.

§ 5

Diese Anordnung tritt am Tage nach ihrer Verkündung in Kraft. Gleichzeitig treten alle früheren auf Grund des § 9 des Gesetzes gegen den unlauteren Wettbewerb erlassenen Vorschriften über Sommer- und Winterschlußverkäufe außer Kraft.

3. Fundstellenverzeichnis der zitierten BGH-Entscheidungen

Datum	GRUR	BGHZ	NJW	BB	WRP	Stichwort
1951						
20. 4. 51	1951, 412			1951, 514		Graphia
1952						
22. 1. 52	1952, 516	5, 1	1952, 784	1952, 707		Hummelfiguren I
1955						
24. 5. 55	1956, 212					Wirtschaftsarchiv
1956						
27. 1. 56	1956, 223	19, 392	1956, 588	1956, 223	1956, 199	Anzeigenblatt
16. 11. 56	1957, 131	22, 167	1957, 59	1956, 1164	1957, 117	Arzneifertigwaren
1957						
22. 1. 57	1957, 365	23, 365	1957, 748	1957, 347	1957, 134	Suwa
22. 10. 57	1958, 233	25, 369	1958, 300	1958, 95	1958, 60	„mit dem feinen Whipp"
1958						
25. 3. 58	1958, 395		1958, 945	1958, 461	1958, 185	Sonderveranstaltung I (Hähnchen)
7. 10. 58	1959, 138		1958, 1868	1958, 1274	1959, 21	Italienische Note
1960						
25. 4. 60		32, 208	1960, 1149	1960, 537		Fahrendes Kaufhaus
20. 5. 60	1960, 558		1960, 1853	1960, 799	1960, 235	Volkswagen
31. 5. 60	1960, 563		1960, 1856	1960, 804	1960, 238	Sektwerbung
1961						
23. 6. 61	1962, 36			1961, 882	1961, 277	Sonderangebot (C & A I)
23. 6. 61	1962, 42		1961, 1768	1961, 914	1961, 275	Sonderveranstaltung II (C & A II)
1962						
13. 7. 62	1963, 270		1962, 2149	1962, 1175	1962, 404	Bärenfang
1964						
13. 3. 64	1964, 509		1964, 1274	1964, 490		Wagenwaschplatz

Fundstellenverzeichnis

Datum	GRUR	BGHZ	NJW	BB	WRP	Stichwort
1965						
26. 2. 65	1965, 489	43, 278	1965, 1325	1965, 513	1965, 223	Kleenex
26. 2. 65	1965, 542		1965, 1329	1965, 514	1965, 257	OMO
14. 7. 65	1966, 214			1965, 1327	1965, 438	Einführungsangebot
22. 12. 65	1966, 323	45,1	1966, 828	1965, 1327	1966, 386	Ratio
1966						
16. 2. 66	1966, 382		1966, 975	1966, 383	1966, 184	Jubiläum
1967						
3. 5. 67	1968, 53					Probetube
5. 7. 67	1968, 106		1967, 2402	1967, 1220	1967, 405	Ratio-Markt I
1968						
9. 10. 68	1969, 299		1969, 134	1968, 1450	1969, 26	Probierpaket
1969						
29. 10. 69	1970, 461	53, 339	1970, 1364	1970, 727	1970, 254	Euro-Spirituosen
1970						
22. 5. 70	1970, 517			1970, 859	1970, 354	Kölsch-Bier
29. 5. 70	1970, 557		1970, 1457	1970, 1069		Erotik in der Ehe
1971						
2. 4. 71	1972, 365			1971, 670	1971, 274	Wörterbuch
16. 6. 71	1972, 125				1971, 517	Sonderveranstaltung III
1972						
6. 10. 72	1973, 210	59, 317	1973, 42	1972, 1472	1973, 29	Telexwerbung
13. 10. 72	1974, 340					Privathandelsschule
3. 11. 72	1973, 653		1973, 1607	1973, 1278	1973, 466	Ferienpreis
24. 11. 72	1973, 416				1973, 94	Porzellan-Umtausch
1973						
12. 1. 73	1973, 477					„Für den Osterkauf"
26. 1. 73	1973, 418		1973, 652	1973, 1280	1973, 210	Das goldene A
13. 6. 73	1973, 658		1973, 1608	1973, 1278	1973, 470	Probierpreis
16. 11. 73	1974, 474		1974, 460	1974, 156	1974, 85	Großhandelshaus
14. 12. 73	1974, 341		1974, 461		1974, 149	Campagne
1974						
20. 5. 74	1975, 491				1975, 150	Schräger Dienstag
3. 7. 74	1975, 320		1974, 1906	1975, 713	1974, 623	Werbegeschenke
11. 10. 74	1975, 375		1975, 119	1975, 109	1974, 677	Kaufausweis II
12. 11. 74	1975, 144					Vorsaisonpreis

Fundstellenverzeichnis

Datum	GRUR	BGHZ	NJW	BB	WRP	Stichwort
1975						
23. 5. 75				1975, 1079	1975, 528	Jubiläums-Strumpfhose
30. 5. 75	1976, 314				1975, 721	Büro-Servicevertrag
4. 7. 75	1976, 248	65, 68	1976, 51	1975, 1498	1975, 672	Vorspannangebote (Rauchgläser)
7. 11. 75	1976, 316			1976, 381	1976, 155	Besichtigungsreisen II
19. 12. 75			1976, 520	1976, 435	1976, 172	Versandhandels-Preisausschreiben
1976						
9. 1. 76	1976, 702			1976, 284	1976, 174	Sparpreis
7. 5. 76	1977, 264		1976, 284		1976, 174	Miniaturgolf
30. 6. 76	1976, 704		1976, 2165	1976, 1243	1976, 553	Meßbecher
30. 6. 76	1976, 637		1976, 2013	1976, 1203	1976, 555	Rustikale Brettchen
1977						
4. 3. 77	1977, 791				1977, 399	Filialeröffnung
4. 3. 77	1978, 54			1977, 1063	1977, 569	Preisauskunft
20. 5. 77	1977, 748			1977, 1061	1977, 568	Kaffeeverlosung II
6. 7. 77	1977, 794			1977, 1270	1977, 706	Geburtstagswerbung
4. 11. 77	1978, 375		1978, 542	1978, 1181	1978, 197	Taschenrechnerpackung
4. 11. 77	1978, 112		1978, 756	1978, 61	1978, 442	Inventur
11. 11. 77	1978, 173		1978, 267	1978, 56		Metro
1978						
15. 2. 78	1978, 372		1978, 1055		1978, 368	Farbbilder
24. 2. 78				1978, 1487		Gruppenreisen
28. 4. 78	JZ 1979, 68		1978, 2598	1979, 64	1978, 806	Tierbuch
7. 7. 78					1978, 658	„Elbe-Markt"

Sachregister

Es bedeutet:

> **E** = Einleitung vor § 1
> **F** = Fußnote

Die **fett**gedruckten Zahlen verweisen auf die Paragraphen. Die jeweils folgenden **dünn**gedruckten Zahlen verweisen auf die zugehörigen Randnummern.

Abonnementsverträge
1 65; **F** 27

Abschnittsverkäufe
s. u. Saisonschlußverkäufe

Abstoßen von Sonderposten
1 57

Aktivlegitimation
– Von Verbänden und Verbrauchern **E** 2, 3; **F** 3

Alterspyramide und Verbrauchermentalität
E 14, 15; **1** 71

Alterswerbung
1 55, 81 ff., 138, 174; **3** 5, 27; **F** 83

Alterszusammensetzung und Verbrauchermentalität
E 14, 15; **1** 71

Ambulantes Gewerbe und AO
1 14, 62, 159 ff.; **F** 44

Analogieverbot
1 15, 32; **F** 73

Angebot der Woche
1 53, 150, 153, 154

Angst
– Werben mit der – **1** 148

Ankündigung der Veranstaltung
– Begriff **1** 66, 67
– kann für sich allein verboten werden **1** 66; **2** 1
– muß geeignet sein, den Eindruck der Gewährung besonderer Kaufvorteile hervorzurufen **1** 68 ff.
– Vorankündigung ist keine – **1** 67; **2** 1; **F** 48, 49
– wesentlich für die Beurteilung der Verkaufsveranstaltung **1** 53, 66; **2** 1
– zu unterscheiden von Hinweisen auf die – **1** 67; **F** 48, 49

Antiquariatsbuchhandel
1 63, 74, 112, 167

Auslaufende Modelle 1 79, 85

Auslaufpreise 1 149

Auslegung der AO
– Allgemeines **E** 2, 9, 11 ff., 14; **1** 5, 42
– Analogieverbot **1** 15, 32; **F** 73

- Beachtung betriebswirtschaftlicher Notwendigkeiten bei –
  1 40, 44, 45, 125, 131, 171
- Entlokalisierung **E** 10
- keine authentische durch den Bundeswirtschaftsminister **1** 7
- keine einseitige Betonung des Konkurrentenschutzes **E** 2, 3
- Mentalität der Verbraucher **E** 14, 15; **1** 51, 70, 71
- Praejudizienkult bei – bedenklich **E** 14
- Verbot ausdehnender – **E** 12; **1** 15; **F** 73
- verbraucherorientierte – **E** 2, 3, 13; **1** 52

Auslegung des Urteilstenors 5 16

Ausnahmegenehmigung 5 ff.

Außergewöhnliches
- grundsätzlich unverträglich mit Stattfinden im regelmäßigen Geschäftsverkehr oder mit einer Einfügung in den Rahmen beim regelmäßigen Geschäftsbetrieb des Unternehmens **1** 47, 53 ff., 63, 170, 173; **3** 27; **F** 81

Ausverkäufe
E 4 ff.; **1** 9 ff.; 43, 63, 146

Authentische Interpretation der AO durch den Bundeswirtschaftsminister nicht möglich 1 7
Automatenvertrieb F 38
Avon-Beraterinnen 1 49

Banken 1 33; **F** 31
Bausparkassen 1 33; **3** 3; **F** 31
Belegschaftshandel 1 59 ff.
Benotung durch Testinstitut
- als Kennzeichnung nach Güte **1** 118

Beratung, fachkundige
- als besonderer Kaufvorteil **1** 79
- liegt grundsätzlich im regelmäßigen Geschäftsverkehr **1** 153

Beschleunigung des Warenabsatzes 1 63 ff.

Betriebsabteilung 1 112, 169

Betriebswirtschaftliche Überlegungen
- Können den regelmäßigen Geschäftsverkehr und Geschäftsbetrieb formen **1** 40, 44, 45, 125, 131, 171

Bilderwerbewoche 1 34
„Billige Woche" 1 151
Blindenware
- als besonderer Kaufvorteil **1** 79

Branchenfremder Eigenbedarf Gewerbetreibender 1 22

Sachregister

Branchenfremde Nebenwaren
— ungekoppelter Verkauf
1 39
Branchenüblichkeit
— Fortentwicklung der —
1 40 ff., 83
— maßgebend für Abgrenzung des regelmäßigen Geschäftsverkehrs 1 35 ff.
— im Wandergewerbe 1 62, 159 ff.
Buchhandel s. u. Antiquariatsbuchhandel
Büromaschinen
— Sommerpreise für — 1 57
Büro-Service-Vertrag 1 44
Bußgeld bei Verstößen gegen die AO 1 4, 15; 2, 4

Dauerangebot 1 52
— erkennbares — schließt Sonderveranstaltung und Sonderangebot aus
1 81, 132, 138, 147, 167, 175
Dauerpreis 1 52
Demoskopische Befragungen E 15
Dienstleistungen
— Anbieten von — fällt nicht unter die AO 1 33, 34
DIN
— als Kennzeichnung nach Güte 1 118
Discountpreise 1 73
„Drei tolle Tage" 1 80

„Eduscho-Express-Kaffee zum Ferienpreis" 1 125
Eigenbedarf Gewerbetreibender 1 22
Einfügen in den Rahmen des regelmäßigen Geschäftsbetriebs des Unternehmens
1 90, 132, 134, 166 ff., 176
Einführungspreis 1 54, 65, 75, 83, 130, 133; F 55
Einführungsverkauf 1 54, 65, 75, 83, 130, 133; F 55
Einigungsstellen 2 3
Einzelangebot keine Ankündigung 1 66
Einzelhandel
1 18, 20, 22 ff., 28 ff.
— Begriff 1 19 ff.
— Mischaktivität im — 1 22
— Vertriebsform gleichgültig 1 22
Einzelne Waren (§ 1 Abs. 2 AO) 1 105 ff.
— Abstellen auf die Betriebsabteilung 1 112
— und Häufung von Sonderangeboten 1 49, 114
„Enorme Nachfrage, daher empfiehlt sich Ihr baldiger Besuch bei uns" 1 126
Enteignungsgleicher Eingriff
— bei polizeilichem Einschreiten 1 14
Entlokalisierung der Sonderveranstaltungen E 10

Entwurf eines Gesetzes zur Änderung des UWG
1 15; F 3
Ermächtigung in § 9 a UWG
– fraglich, ob durch sie § 1 Abs. 2 AO gedeckt ist
1 67, 84 ff.
– Rechtsungültigkeit der –
1 15, 67, 84
„Erntefest der kleinen Preise"
1 86, 122
Eröffnungsangebote
1 54, 65, 122, 130, 133, 150, 153; F 37, 55, 72
Eröffnungsverkauf
1 65, 83, 130; F 55
– zu unterscheiden von Eröffnungsangeboten
1 54, 65, 73, 83, 130; F 55

Fahrten, billige zu Verkaufsveranstaltungen 1 34
Farbbilder 1 34
Ferienpreise 1 125
Fernheizwerke 1 33
Festtagsangebote
1 57, 129, 150, 171, F 72, 83
Filialeröffnungsangebote
1 130, 133; F 55
s. auch u. Geschäftseröffnung
Firmenname
– Wechsel des – und Jubiläumstag 3 17
Fortentwicklung der Branchenüblichkeit 1 43 ff.

Friseurgeschäfte 1 33
Fuhrunternehmen 1 33

Gastarbeiter und Verbrauchermentalität
E 14, 15; 1 71
Geburtstag, Wir feiern 1 135, 174
„Geburtstagsgewinnspiel"
– ist keine Verkaufsveranstaltung 1 30; 3 3
Gemeinschaftswerbung 1 24
Gesamtunternehmen und Betriebsabteilung (§ 1 Abs. 2 AO) 1 169
Geschäftsbestehen
– Hinweise auf – 1 55, 81 ff., 138, 174, 175; 3 5; F 83
Geschäftsbetrieb, regelmäßiger
– Begriff und Fortentwicklung 1 98, 166 ff., 171, 175 ff.
– Einfügung in den Rahmen des – 1 132, 136, 166 ff., 176
– und Jubiläumsverkauf
1 179
– kein – bei wettbewerbsfremdem Verhalten
1 48 ff., 146, 166, 171; 3 26, 27
Geschäftseröffnung 1 65, 80, 83, 122, 130, 133; F 55
Geschäftsverkehr, regelmäßiger
– Außergewöhnliches verträgt sich nicht mit dem –
1 47, 53 ff., 173

Sachregister

- Begriff **1** 35 ff., 53
- grundsätzlich aus dem Branchenverhalten abzuleiten **1** 37 ff., 58
- Handelsüblichkeit und – **1** 42, 50
- Hineinwachsen in neue Werbe- und Vertriebsmethoden **1** 40 ff., 48 ff., 125, 166
- kein – bei wettbewerbsfremdem Verhalten **1** 48, 49 50, 69, 141, 146, 166, 171; **3** 26, 27
- Preisschaukelei schließt – aus **1** 44, 45
- und Umbau **1** 55
- was nicht im – liegt, ist deshalb nicht notwendig auch wettbewerbsfremd **1** 49, 69, 90, 91, 98; **3** 26

Geschenkideen s. u. Geschenkvorschläge

Geschenkvorschläge **1** 57, 121, 129, 150

Gesellschaftsreisen 1 33

Gewerbliche Leistungen
- Anbieten keine Verkaufsveranstaltung i. S. der AO **1** 33, 154

Gewerbliche Verbraucher und AO 1 21

Gewinnspiel 1 30; **3** 3

„Goldene 50" **3** 5

„Goldener Katalog" **3** 6

„Greifen Sie zu, bevor Ihnen jemand zuvorkommt!" **1** 126

Großhändler als Veranstalter von Sonderveranstaltungen **1** 23; **F** 4

Großveranstaltung
- Ankündigung im Wandergewerbe **1** 162

Grundgesetz und Wirtschaftsverfassung E 12; **F** 9

Gruppentypische Gefahrenlage s. u. Typische Gefahrenlage

Güte
- Kennzeichnung nach – bei Sonderangeboten **1** 115 ff.

Gütekennzeichen
- als Kennzeichnung nach Güte **1** 118

Handelsmißbräuche 1 50

Handwerksarbeit, reine **1** 117

Häufung von Einzelangeboten als Sonderveranstaltung **1** 49, 87, 114, 152

Hersteller und Veranstaltung von Sonderveranstaltungen **1** 23

„Heute nur 6 DM!" **1** 149

Hinweise auf Ankündigungen sind keine Ankündigungen **1** 67; **F** 48, 49

„Image" eines Unternehmens
– und regelmäßiger Geschäftsbetrieb
1 40, 83, 169, 174 ff.; **F** 1

Integration von Sonderangeboten 1 49, 87, 114, 152

Interpretation der AO durch den Bundeswirtschaftsminister 1 7

Inventur und Sonderveranstaltung 1 146

Irrationalität des Verbraucherverhaltens
– nur in der Phase der Marktentnahme 1 171

Irreführende Alterswerbung 3 27 s. auch u. Alterswerbung

Jetzt
– kann zeitlich begrenzend wirken 1 52, 136, 156

Jubiläum
– Hinweis auf – 1 81 ff., 84, 138, 174, 175, 179, 180
s. auch u. „Jubiläumsverkäufe gem. § 3 AO"

Jubiläumsverkäufe gem. § 3 AO 3 1 ff.
– Ankündigung, daß Preise nicht heraufgesetzt werden, nach Abschluß der – unzulässig 1 180
– Erfordernis der Geschäftskontinuität bei – 3 9 ff.
– finden notwendig im Einzelhandel statt 3 3
– gleichzeitiige Abhaltung von – mit einem Saisonschlußverkauf 1 10; 3 23
– Jubiläumstag bei – 3 24
– Konkurs und – 3 10
– Reihenfolge bei Prüfung der Merkmale des § 3 AO 3 2
– sind notwendig Sonderveranstaltungen i. S. der AO 3 1, 2
– „Stille" – fallen nicht unter § 3 AO 3 5
– Teilnahmeberechtigung an – 3 6 ff.
– Verkaufszeit bei – 3 20 ff.
– und Versandhandel 3 21, 22
– Zweck 3 5, 27

Kaffeehandel und AO 1 38, 39, 125

Kaufvorteile
– besondere 1 72 ff., 78 ff.
– bei Alterswerbung 3 27
– bei Jubiläumsverkäufen 3 27
– Prestigegewinn als – 1 79
– Vergleichsebene dabei 1 74

Kennzeichnung nach Preis oder Güte 1 115 ff.
– wenig informierend 1 121; **F** 32

Sachregister

Klagantrag
- muß konkret sein
  2 16; F 64, 84
- Rahmen bei der Unterlassungsklage 2 16

Klagbefugnis, zivilrechtliche
- nur für Unterlassungsklage
  2 3
- der Verbände 2 3
- keine – der Verbraucherverbände E 3; 1 15; 2 3; F 3

„Kommen Sie bald!" 1 157

Konkurrenz der AO mit anderen Normen
  1 9 ff., 69; 3 18, 19

Konkurs und Jubiläumsverkauf 3 10

Konzentrationsfördernde Wirkung der Werbung E 9

Konzertunternehmen 1 33

Ladenfreier Sonntag 1 34

„Langer Samstag"
- Superangebote am –
  1 46, 132

Lastkraftwagen
- Verkauf vom – 1 132, 172

Leasingverträge 1 32

Letztverbraucher 1 18 ff.
  s. auch u. Verbraucher

Liegengebliebene Waren
- Verkauf nach Abschluß des Jubiläumsverkaufs
  1 179, 180; 3 25

Lockvogelwerbung
  E 1; 1 26, 144, 148; F 1, 68

Marke
- als Kennzeichnung nach Güte (§ 1 Abs. 2 AO) 1 119

Meinungsumfragen E 15

„Meissner Porzellan"
- als Kennzeichnung nach Güte 1 119

Mentalität der Verbraucher
  s. u. Verbraucher

Miet-Kauf-Verträge 1 32

Mischaktivität im Handel 1 22

Mischverbände
- Klagbefugnis 2 3

„Mit kleinen Schönheitsfehlern" 1 75

Mittelstandsförderung durch Sonderveranstaltungen
  E 9; 1 33; F 8

„Morgen gehts los! Preissturz durch Sondereinkäufe!" 1 52

Nachkonstitutionelles Recht
- die AO als – 1 15

Nachschieben nach Jubiläumsverkauf 1 181
  s. auch u. Vor- und Nachschieben

Neue Vertriebswege und regelmäßiger Geschäftsverkehr 1 40 ff., 43

Novemberangebote 1 141

„Nur drei Tage"
- als zeitliche Begrenzung
  1 163, 164

„Nur solange der Vorrat reicht" 1 123, 144 ff.

Sachregister

Oktoberfestangebote
1 59, 137; **F** 72
OMO 1 23
Opalstrumpfhose 1 24; 3 3
Ordnungswidrigkeit von Verstößen gegen die AO
1 4, 15; **2** 4
Osterangebote
1 57, 129, 150; **F** 72, 83

Parkzeit
– Verkauf während der –
als zeitliche Begrenzung
1 132, 172
„Persianerwoche" 1 151; **F** 78
Pfingstangebote
1 57, 129, 150; **F** 72, 83
Pflegesymbole
– als Kennzeichnung nach Güte 1 118
Polizeiliches Einschreiten
1 12 ff., 22
– enteignungsgleicher Eingriff **1** 14
Polizeistaatliche Natur der AO
E 12; **1** 5
„Popeline-Mäntel, ganz gefüttert" 1 117
Porzellanumtausch 1 23
Preis
– Kennzeichnung nach –
bei Sonderangeboten
1 115 ff., 182
Preisaktivität und Preiselastizität wird durch die AO nicht gehindert E 1

„Preise wie vor 10 Jahren" 1 77
Preisermäßigung in Prozenten 1 182, 183; 3 18
Preisgegenüberstellung
– bei auslaufenden Modellen
1 79
– bei Jubiläumsverkäufen **3** 18
– bei Sonderveranstaltungen und Sonderangeboten
1 182, 183
„Preisherabsetzung wie noch nie" 1 52
Preissturz 1 52
Prestigegewinn als Kaufvorteil 1 79
Probierpreis 1 142
Prüfzeichen als Kennzeichnung nach Güte 1 118

Räumliche Integration von Sonderangeboten
1 49, 87, 114, 152
Räumungsverkäufe E 4; 1 63
Rechtsgültigkeit der AO
– Bedenken gegen die – von
§ 1 Abs. 2 AO
1 67, 84 ff., **F** 57
– heute unstreitig **1** 3 ff.
– richterliche Nachprüfung
der – **1** 4, 15
Reihenfolge der Prüfung der Merkmale
– bei Jubiläumsverkäufen
gem. § 3 AO **3** 2
– bei Sonderangeboten **1** 99

Sachregister

Reine Wolle 1 117

Reparaturwerkstätten 1 33

Resteverkäufe, besondere 4 1 ff.
- und Beteiligung am Schlußverkauf 4 7
- und Sonderangebote 4 8
- als Teil eines Schlußverkaufs 4 4

Riesenwirbel 1 54

Saisonpreise 1 47, 48; **F** 78
- bei Büromaschinen 1 57

Saisonschlußverkäufe und Überdeckung mit der Jubiläumsverkaufszeit 1 10, 3 23
s. auch u. Schlußverkäufe

Schadenersatzansprüche bei Verstößen gegen die AO 2 3

Schallplattenklub 1 65

Schlagerangebot 1 76, 152

Schlußverkäufe 1 9 ff., 43, 146, 157, 179, 180; **F** 4
s. auch u. Saisonschlußverkäufe

Schnellverkauf 1 149

„Schräger Dienstag" 1 50, 171

„Seit 20 Jahren sind Sie gut mit uns gefahren" 1 82

„Sie kaufen jetzt so preiswert wie noch nie" 1 52, 77

„So billig nur jetzt" 1 52, 136, 156

Sofortangebote 1 149

„Solange Vorrat reicht"
1 123, 145 ff.

Sommerpreise 1 47, 57; **F** 78

Sonderangebote 1 87 ff.
- Angebot „einzelner Waren" 1 105 ff.
- Bedenken gegen die Regelung in § 1 Abs. 2 AO 1 87, 88
- Einfügung in den Rahmen des regelmäßigen Geschäftsbetriebs des Veranstalters 1 90 ff., 166 ff.
- als Einschränkung des Begriffs der Sonderveranstaltung im Sinne der AO 1 90 ff.
- von im Jubiläumsverkauf liegengebliebener Ware 1 179 ff.
- keine zeitliche Begrenzung 1 122 ff.
- Merkmale 1 94, 102 ff.
- Nachschieben von Ware zulässig 1 63, 144, 181
- Reihenfolge der Prüfung der Merkmale 1 96 ff.
- im Wandergewerbe 1 159 ff., 167

Sonderposten 1 57

Sonderpreis
- Auszeichnung durch Händler oder Hersteller 1 124

Sonderschau 1 34, 70

Sachregister

Sonderveranstaltungen
- Aktionen größeren Umfangs nicht erforderlich 1 21 ff.
- Ankündigung von – 1 53, 66; 2 1
- Gegensatz zum Dauerangebot 1 81, 132, 138, 147, 167, 175
- gesetzliche Regelung E 8 ff.
- durch Häufung von Sonderangeboten 1 87
- nach Jubiläumsverkauf 1 180; 3 25
- Merkmale 1 17 ff.
- als mittelstandsfreundliche Aktionen E 9; F 8
s. auch u. Veranstaltung

Sonderwoche 1 137

Sozialtypische Wirkung der Werbung E 15

Sparen
- Wirkung des Wortes – 1 125

Streitwert 2 6 ff.

Stückzahl
- Angabe als zeitliche Begrenzung 1 144 ff., 147

Subsidiarität der AO 1 9, 10, 16; 4 4

Subsidiaritätsgrundsatz bei polizeilichem Einschreiten 1 12 ff.

Suggestivwerbung 1 72

Superangebote zum langen Samstag 1 46, 132

Theater 1 33

Tod des Geschäftsinhabers
- grundsätzlich kein Grund für Ausnahmegenehmigung nach § 5 AO 5 2

„Tschibo-EDEL" 1 107

Typische Gefahrenlage der Verbraucher als ein Grund für den Erlaß der AO E 2, 3, 13; 1 20, 32, 57, 74, 115, 127; 2 5; 3 4

Überdeckung der Jubiläumsverkaufszeit mit Saisonschlußverkäufen 1 10; 3 23

Übersteigerte Angebote 1 47, 53 ff., 170, 173

Umorientierung, Zwang zur
- und Jubiläumsverkauf 3 14
- in der Kaffee-Einzelhandelsbranche 1 39
- nach neuen massenpsychologischen Erkenntnissen 1 177

Umsatzschwache Wochentage 1 41, 45, 50, 125, 132, 171

Umtauschaktionen 1 31, 75, 139, 140, 147, 167; F 45, 76

Ungekoppelter Verkauf branchenfremder Nebenwaren 1 39

Unlauterer Wettbewerb
- und AO 1 9; 3 27
- schließt regelmäßigen Geschäftsverkehr und regelmäßigen Geschäftsbetrieb

aus **1** 44, 48, 49, 50, 166, 171; **3** 26, 27

„Unwahrscheinlich hohe Umsätze" **1** 70

Veranstaltung
– Begriff **1** 25 ff., 87 ff.
  s. auch u. Sonderveranstaltungen

Verbände
– Aktivlegitimation **E** 2, 3; **F** 3
– Streitwert bei Klagen **2** 12 ff.

Verbraucher
– Aktivlegitimation **E** 3; **F** 3
– Alterszusammensetzung wichtig **E** 14
– Begriff **E** 2, 3
– gewerbliche – und AO **1** 21
– Irrationalität des Verhaltens der – **1** 171
– letzter – **1** 21
– Mentalität **E** 14, 15; **1** 51, 70, 71, 136, 169; **F** 75, 82
– nötige Beachtung der Zuwanderung der Gastarbeiter **E** 14, 15
– regionale Verschiedenheit der Mentalität **1** 169
– als Schutzobjekt der AO **E** 2, 3; **1** 20, 110
– sozialtypisches Verhalten **E** 15

Verbraucherbezogenheit der AO **E** 2 ff.; **1** 20, 37, 42

Verbraucherverbände
– keine zivilrechtliche Klagbefugnis bei Verstößen gegen die AO **E** 2; **2** 3
– Streitwert bei Klagen von **2** 14

Verderbliche Waren
– befristetes Angebot **1** 154, 171

Verfassung und Werbung **E** 12; **F** 9

Verhältnismäßigkeitsgrundsatz
– bei polizeilichem Einschreiten **1** 12 ff.

Verkaufsangebot
– und Leasingverträge **1** 32
– von Waren **1** 28 ff., 34

Verkaufscampagne **1** 49

Verkaufsveranstaltung
s. u. Sonderveranstaltungen, Veranstaltungen

Verkaufszeit beim Jubiläumsverkauf **3** 20 ff.

Vermieten **1** 32

Versandhandel **1** 48, 52, 57, 128; **3** 20, 22; **F** 38

Verstöße gegen die AO
– sind – bußgeldbedroht? **1** 15; **2** 4
– polizeiliches Einschreiten **1** 12 ff.

- Klagantrag **2** 16
- zivilrechtliche Klagbefugnis von Verbänden **E** 2; **2** 3
- zivilrechtliche Klagbefugnis von Verbrauchern **1** 15; **2** 3; **F** 3

Vertriebsform
- gleichgültig **1** 22
- Mischaktivitäten **1** 22

Vertriebsformen, neuartige
- und regelmäßiger Geschäftsverkehr bzw. regelmäßiger Geschäftsbetrieb **1** 43 ff., 48

Volkswirtschaftliche Bedeutung der Sonderveranstaltungen E 9, 10, 13

Von-Bis-Angaben 1 120

Vorankündigung von Verkaufsveranstaltungen 1 67; **2** 1; **F** 48
- ist nicht zeitlich begrenzt **1** 67

s. auch u. Hinweise

Vorsaisonpreise 1 48

Vor- und Nachschieben
- nach Jubiläumsverkauf **1** 181
- zulässig **1** 63, 75, 123, 181

Vorübergehende Natur von Sonderveranstaltungen und Sonderangeboten 1 52, 63, 75, 127, 144, 167, 175

s. auch u. Dauerangebot

Vorzugspreisliste 1 69

Wäschereien 1 33
Wandergewerbe und AO 1 14, 62, 159 ff.; **F** 44
Waren i. S. der AO 1 28 ff., 33
Warenabsatz, Beschleunigung 1 63 ff.
Warenvorrat, kleiner
- zeitliche Begrenzung **1** 123, 132, 144, 145, 147 ff., 157

Ware zweiter Wahl
- Angebot als „Ware mit kleinen Schönheitsfehlern" **1** 52, 75, 85

Wegfall der Ermächtigung in § 9 a UWG E 1, 3, 6

Wegweiser zur Sonderveranstaltung keine Ankündigung 1 67, 104

Weihnachtsangebote 1 57, 129, 150; **F** 72, 83

Wein-Werbe-Woche 1 40, 83, 113

„Weit unter Preis" bei Wandergewerbetreibenden 1 165

„Wenn ich Käufer wäre, würde ich mich jetzt entschließen" 1 148

Werbegespräch als Ankündigung 1 66

Werbeveranstaltungen sind keine Verkaufsveranstaltungen 1 30, 34, 64; **3** 3

Wertgeminderte Waren 1 52, 75, 85

Sachregister

Wiedereröffnung 1 54
"Wieviel Jahre co op sb-Warenhaus?" 1 83, 154
Winterpreise 1 47, 57; **F** 78
"Wir bieten mehr fürs Geld"
 1 86
"Wir feiern Geburtstag"
 1 135, 174
"Wir haben Inventur gemacht" 1 146
"Wir wollen Platz schaffen für die Frühjahrsmode"
 1 63
"Wir ziehen um" als zeitliche Begrenzung 1 143
Wirtschaftsverfassung und Grundgesetz E 12; **F** 9
Woche
– Angebot der – **1** 150 ff.

Zeitliche Begrenzung
– durch Alterswerbung
 1 81, 82, 137
– beim Angebot zu Auslaufpreisen **1** 149
– durch das Wort "jetzt"
 1 136, 156
– kalendermäßige – nicht nötig **1** 122 ff.
– keine – für die Vorankündigung **1** 67
– beim Schnellverkauf **1** 149
– durch übersteigerte Angebote **1** 53 ff., 170, 173
– durch Betonung des geringen Vorrats **1** 144 ff.
– beim Verkauf ab Lkw
 1 132, 172
– im Wandergewerbe **1** 159 ff.
– "Wir ziehen um" als – **1** 143
– zulässig bei Resteverkäufen
 4 8
Zeitliche Integration von Sonderangeboten
 1 48, 87, 114, 152
Zirkusunternehmen 1 33
ZugabeVO und AO 1 9
"Zurück zur Schule" 1 131
Zuständigkeit
– der Einigungsstellen **2** 3